범재 김규흥과 3.1혁명

항 / 일 / 역 / 사 / 바 / 로 / 잡 / 기

즐거운지식 **40**

범재 김규흥과
3.1혁명

김상철 · 김상구 지음

이담
Books

여는 글

2010년 올해는 일제의 침략으로 국권을 상실하여 우리민족이 식민 통치를 받게 된 100년째 되는 해이다. 일제의 강제병합으로부터 광복 65년이 되는 해이기도 하다.

일제강점기 동안, 목숨을 포함하여 자신의 모든 것을 포기하고 민족의 정체성과 민족혼을 지키고자 한 선조들이 있었다. 반면 일제의 주구가 되어 나라를 일본에 바친 대가로 은사금과 토지와 훈장, 작위를 받아 대대로 부귀영화를 누린 부류도 분명히 있었다.

"역사는 승자의 기록이다."라는 라틴 속담이 있다. 이해가 되지 않는 것은, 그리고 용서할 수 없는 것은 친일모리배들이 일제하에서뿐 아니라 "우리는 심판받을 일이 없다."고 지금도 역사의 승리자 노릇을 하고 있는 현실이다.

역사란 바로 세우기가 중요하다. 이 책의 발간 목적이다. 이 책은 이제껏 잘 알려지지 않은 역사적 사실과 역사적 진실을 위하여 썼다. 일본제국이 주체가 되고 조선이 객체가 된 침략의 역사를 확인시켜 주기 위해서뿐만 아니라, 조선이 주체가 되어 일본에 맞서 싸운 투쟁의 역사를 강조하기 위하여 썼다.

대한민국은 국가의 경사로운 날을 기념하기 위하여 법률에 의해 3·1절, 제헌절, 광복절, 개천절, 한글날 등을 5대 국경일로 정하여 기념을 하고 있다. 3·1운동은 우리 민족이 공유하는 집단 기억 중 대단히 중요한 위치를 점하고 있다. 이 기억은 현재 우리의 모습과 미래의 비전을 보여 주는 거울의 역할을 하며, 민족의 정체성을 형성하는 데 있어서 결정적인 역할을 하는 만큼 위험하기도 하다.

특히 일반 사람의 경우에 집단 기억은 역사에 대한 어떤 이론적인 해석보다는 과거의 위인들에 대한 이미지를 중심으로 형성되기 십상이며, 또 허구이건 진실이건 간에 대중의 기억 자체가 역사를 움직이는 중요한 힘으로 작용한다는 것도 사실이다. 문제는 사실을 객관적으로 정리해야 하는 역사다. 역사도 해석의 여지가 없는 것은 아니지만 일단은 사실의 정리가 필요한 것이다. 객관적 인식의 고백이 필요하다. 그것이 전제되지 않으면 이미 역사가 아니다.

대개의 위대한 혁명에는 주인공이 등장한다. 프랑스 대혁명에는 당통과 로베스피에르가 있었으며, 레닌은 러시아 혁명의 주연이었다. 미국의 독립혁명에는 조지 워싱턴, 그리고 중국 신해혁명은 손문이라는 영도자를 배출했다.

우리 민족에게 3·1절은 다른 나라의 혁명 못지않은 커다란 의미의 날이다. 하지만 기념식은 성대하게 거행하면서도 이상하게도 3월 1일의 주인공을 찾는 일은 외면하고 있다. 분명히 기미년독립운동을 기획하고 실행한 주체가 있었다. 서울을 비롯한 전국 방방곡곡, 그뿐 아니라 상해, 연해주, 길림, 하와이, 샌프란시스코 등

한민족이 주거하고 있는 곳, 전 지구촌에서 거의 동시에 독립을 외쳐 부른 사실은 세계사적으로도 드문 사건이며, 결코 우연이 아니다.

독자들에게 생소한 범재 김규홍이란 인물을 소개한다. 실국의 시절, 그는 몇몇 대리인을 제외하곤 자신의 정체를 철저히 비밀로 하였다. 그가 처한 위치와 상황이 조국의 광복을 위해, 그리고 항일투쟁을 위해 음지를 선택할 수밖에 없었다는 뜻이다. 이 책에 등장하는 김규홍은 우리가 외면하고 있는, 혹은 왜곡된 3·1운동의 진실을 찾는 길잡이 역할을 하리라 확신한다.

수십 년 전의 유골도 머리카락 하나의 유전자 검사로 찾을 수 있다고 한다. 김규홍이란 숨겨진 코드를 대입하면, 3·1운동을 포함하여 임시정부의 수립과정과 파리강화회담의 전말, 의열단·항일무력투쟁으로 마지막까지 결사항쟁을 선택한 독립지사들의 각오 등 독립운동의 비밀과 비사를 찾을 수 있게 된다. 그동안 베일에 싸였던 범재의 활동과 이력을 제외한 채 기록된 수많은 글들이 이제는 수정되어야만 한다는 것을 이 책을 읽은 독자들은 동의하리라 믿는다. 특히 기미년독립운동과 독립선언서 등 주요 항일투쟁의 논문이나 학술저서를 쓰고자 하는 학자들에게도 이 책은 참고가 되리라 본다. 그동안 한국 근 · 현대사를 기록한 논문이나 학술서적을 연구할 때 풀리지 않았던 여러 의문들에 대한 답변과 진실을 이 책이 제공해주리라 확신한다.

3·1운동을 비롯한 일제강점기하의 근세사를 정립하는 것은 우리의 의무이기도 하다. 영원히 없어지려는 항일투쟁의 비밀을 푸는 것과 아울러 진실을 찾아야 하는 것은 자라나고 있는 우리의 후손들에게 민족의 미래를 위한 길잡이 역할을 하는 의미도 포함한다. 정부와 학계, 그리고 우리 모두가 진실을 찾는 여행에 동참하기를 간곡하게 바란다.

필자는 범재 김규흥 공의 증손이지만 자손으로서의 주관성은 가능한 한 배제하고 자료에 의한 객관성을 유지하며 이 책을 작성하였음을 밝혀 둔다. 이 책을 함께 집필한 김상구님에게 동지의 뜻을 전한다. 기초 자료를 제공한 김한영 숙부님과 독립기념관 이명화 박사님에게 특별히 감사드리며, 그 외 소중한 정보를 나누어 준 많은 분들의 도움이 없었더라면, 이 책은 빛을 보지 못하였을 것이다. 그분들 모두에게 깊은 감사의 인사를 드린다.

기미년 독립운동 91주년을 맞아
뉴욕에서 김상철 드림

차 례

大韓民國二年一月一日
臨時政府及議政院新年祝賀式記念撮影

제1부

조작된 국경일과 진실께임

제1장
3월 1일은 한국인에게
무슨 의미가 있을까

1987년에 개정된 헌법전문은 다음과 같이 시작된다.

"유구한 역사와 전통에 빛나는 우리 대한국민은 3 · 1운동으로 건립된 대한민국임시정부의 법통과 불의에 항거한 4 · 19민주이념을 계승하고……"

우리 헌법은 1948년 제헌헌법 이후 8차례 개정되었다. 그동안 대한민국이 임시정부의 법통을 계승했다는 내용은 몇 번의 헌법 개정 시 제외되기도 했지만, 3 · 1운동이란 어휘 자체가 누락된 적은 한 번도 없다.

3 · 1절은 '국경일에 관한 법률'에 따라 정해진 5대 국경일 중의 하나이며, 임시정부 시절을 포함하여 정부수립 이후 국가수반이 단 한 번도 기념식에 불참하지 않은 국가와 민족이 경축하고 있는 가장 의미 있는 날이기도 하다. 그러면 오늘을 살아가고 있는 우리 한국인에게 3월 1일은 무슨 의미가 있을까?

몇 년 전 우익 언론들이 "민족의 성스러운 기념일에 골프라니" 따위의 싸구려 이미지를 동원해서 "3 · 1절에 골프 친 국무총리"라는 누명 아닌 누명으로 이해찬이란 아까운 정치인이 결국 낙마하게 되었을 때, 보수우익진영뿐 아니라 진보를 자처하는 인사들 대부분도 묵시적으로 동조하면서 부화뇌동했다.

다음 해인 2007년, 임기를 반년 정도 남긴 상태였던 김성일 공군참모총장은, 3월 1일 군 골프장에서 골프를 즐겼다는 물의 등의 이유로 사의를 표명했어야만 했다.

하나 더 예를 들겠다. 2005년, 노무현 정권이 '박정희 지우기 시도'의 일환으로 그동안 '박정희 정권의 문화적 상징물'로 여겨져 왔던 세종문화회관에서의 3·1절 행사를 이화여고 유관순기념관에서 치르기로 장소 변경을 공지하자, 천도교 등 종교계뿐만 아니라 조선일보와 세계일보 등 언론의 집중 포화를 맞고 결국 해프닝으로 끝난 사실도 있다.

전임 정권의 3·1절 몰이해 사례 때문인지 2009년 3월, 이명박 정권은 '3·1운동 및 임시정부 수립 90주년'이라는 역사적 의의를 부각시키며, 천안 독립기념관에서 기념식을 대대적으로 개최했으며, '기록으로 본 그날의 함성' 등 3·1정신 계승행사를 거창하게 준비하기도 했었다.

이러한 사례는 무엇을 뜻하는가?

정치권의 빈약한 역사인식을 탓해야만 하는가?

혹은 시민대중의 획일적인 집단무의식 또는 민족주의의 과잉 때문인가?

그러나 단순히 결론을 내리기에는, 우리 민족에게 있어서 3월 1일이라는 의미가 너무 무겁다. 2005년 2월 24일, '3·1절 기념행사장 변경 철회를 요구하는 비상대책회의'에서 밝힌 '국민 여러분께 드리는 호소문'에 다음과 같은 내용이 있다.

"지난 86년 전, 지금 우리가 발 딛고 있는 이 땅의 방방곡곡에서는 이념과 종교, 그리고 신분을 넘어 남녀노소의 한국인 모두의 손에 손에는 태극기가 들리고, 모두가 목 놓고 감격의 '대한독립 만세'를 외쳤습니다. 그날은 우리 한민족의 의지가 삼천리 반도를 울려 퍼졌고 만천하에 동방의 작은 땅 조선이 살아 있음이 확인되는 순간이었습니다.

그날은 우리를 침탈한 일제를 스스로 무력감에 젖어 부끄럽게 만든 날이고, 세계는 우리의 항거에 '동방의 빛 코리아'라는 존경을 보낸 날이었습니다. 그렇기에 3·1독립만세운동은 우리의 자부이자 자랑이고 우리의 혼입니다. ……

3·1독립만세운동, 그 뒤로 26년간의 지난한 독립운동을 통해 우리는 비로소 자유대한으로 광복의 날을 맞이했습니다. 광복의 날은 그렇기에 3·1독립만세운동에서부터 시작한 것입니다. 우리가 3·1절을 국가의 최대 기념일로 삼는 이유도 바로 여기에 있는 것입니다. 그래서 이날은 국가가 공식적인 기념행사를 하고 당시의 만세운동의 정신을 기억하며 선양해 후손의 영원한 귀감으로 삼는 것입니다. ……

그러나 애석하게도 3·1절의 86주년을 맞이했음에도 불구하고 그 거족적인 운동을 기념할 만한 성전이 없다 보니 편법으로 지금까지 국가의 공식 기념행사장인 '세종문화회관'을 이용해야 했습니다. ……"

그렇다. 3·1독립만세운동은 우리의 자부이자 자랑이고 우리의 혼임을 국민 대부분은 동의하고 있으며, 60여 년 동안 헌법조문에서의 그 의의도 변하지 않았다. 그러나 우리는 지금까지 3·1운동의 정신을 기리는 그 흔한 기념관 하나 마련하지 않고 있다. 무언가 이상하지 않은가? 이쯤에서 질문을 하나 하겠다. 우리는 지금까지 별 이의 없이 3·1운동이란 용어를 사용하고 있는데, 그러면 언제부터 이 용어를 쓰게 되었을까?

3·1운동인가 3·1혁명인가

'운동'과 '혁명'은 그 어감도 다르고 의미도 다르다. 왜 굳이 '혁명'이라 했는지, 삼균주의로 유명한 조소앙 선생이 1941년 작성하고 대한민국 임시정부가 채택한 '대한민국 건국강령'에 그 답이 있다.

"…… 우리나라의 독립선언은 우리 민족의 혁혁한 혁명을 일으킨 원인이며 (중략) 이는 우리 민족이 3·1헌전을 발동한 원기이며 동년 4월 11일에 13도 대표로 조직된 임시의정원은 대한민국을 세우고 임시정부와 임시헌장 10조를 만들어 반포하였으니 이는 우리 민족의 힘으로써 이족전제를 전복하고 5,000년 군주정치의 허울을 파괴하고 새로운 민주제를 건립하여 사회의 계급을 없애는 제일보의 착수였다. ……"

제국주의, 군주제, 그리고 계급의 속박을 벗어던진 자유와 민주를 향한 함성! 그렇기에 1919년 3월 1일 선포한 '독립선언서'를 '헌전'으로, 3·1만세운동을 '혁명'으로 명명했던 것이다. 그다음 1943년, 3·1절 24주년 기념일을 맞이해 임시정부 주석 백범 김구 선생은

"…… 3·1대혁명은 한국민족 부흥을 위한 재생적 운동이다. 달리 말해 이 운동은 단순히 일본에 빼앗긴 나라를 되찾자는 운동만이 아니라 우리 대한민국이 5,000년 이래로 갈고닦아 온 민족정기와 민족의식을 드높이자는 것이다. ……"라고 '석(釋) 3·1혁명정신'이라는 글을 「대공보(大公報)」라는 중국신문에 기고하기도 했다.

이 글에서 백범은 '3·1독립선언'을 나라를 되찾기 위한 운동의 차원을 넘은, 한민족 안에 있던 '정기'와 '의식'을 새롭게 살리는 운동이라고 주장하고 있다. 백범이 얘기하는 '3·1대혁명'의 기본정신 즉 5,000년 이래로 갈고닦은 민족정신 네 가지는 '자존(自存)과 공존(共存) 정신', '민주와 단결 정신', '기개와 절의(節義) 및 도의(道義) 정신', '자신감과 자존(自尊) 정신'이다. 이 같은 민족정신이 "3·1대혁명 중에 최고조로 발양되었다."라고 백범은 3·1절 24주년이 되는 해에 동포들에게 고하며, 이를 계승, 발양(發揚)할 것을 당부했다.

'대한민국 건국강령'과 백범의 '석(釋) 3·1혁명정신'에 묘사된 혁명의 의미를 '5,000년 이래 갈고 닦아 온 민족정기와 의식을 드높이는' 의미의 '의식개조의 대혁명'으로 파악할 것인지, 혹은 '군주제와 제국주의'를 타파하고자 하는 '혁명'임을 뜻하는지에 대해서는 좀 더 논의를 해야 할 것이다. 그러나 '3·1운동'이라고만 표현하기에는 뭔가 석연치 않음은 분명하다.

그러면 지금부터 3·1혁명이 3·1운동으로 둔갑하게 된 과정을 기록한 제헌의회의 속기록을 함께 살펴보기로 하자. 다음은 당시 국회의장이던 이승만의 말이다.

"…… '우리들 대한국민은 유구한 역사와 전통에 빛나는 민족으로서 기미년 3·1혁명에 궐기하여 처음으로 대한민국 정부를 세계에 선포하였으므로 그 위대한 독립정신을 계승하여 자주독립의 조국재건을 하기로 함'이라는 문구를 헌법 전문에 넣자고 제의합니다. …… 3·1혁명의 사실을 발포하여 역사상에 남기도록 하면 민주주의라는 오늘에 있어서 우리가 자발적으로 일본에 대하여 싸워가지고 입때 진력해 오던 것이라 하는 것을 우리와 이후의 우리 동포들이 알도록, 잊어버리지 않도록 했으면 좋겠습니다. ……"[1]

이승만의 발언 이후, 이승만의 비서실장을 지냈던 윤치영이 이승만의 발언대로 수정안을 낸다. 그런데 조국현 의원이 이의를 제기하며, 다음과 같은 이유로 '혁명' 글자를 빼자고 한다.

"3·1민족운동이라는 것이 일본정부의 유인(裕仁, 히로히토)정권 밑에서 제도를 고치자는 혁명이 아닙니다. 대한이 일본에 뺏겼던 그놈을 광구(匡救)하자는 운동인 만큼 혁명은 아닙니다. '항쟁'이라고 할지언정 혁명은 아니지요. 혁명은 국내적 일이라는 게 혁명입니다. 다시 말하자면 이태조가 고려왕조를 전복시킨 것이 혁명이고, 갑오의 운동이 혁명운동이고, 우리 조선이 일본하고 항쟁하는 것은 혁명이라는 것은 아닙니다. 만일 여기다가 '혁명'을 쓴다면 무식을 폭로하는 것이라고 내가 생각하기 때문에 이 '혁명' 글자를 변경해서 '항쟁'이라고 했으면 좋겠다고 생각합니다."[2]

이에 윤치영은 좋겠다고 하고 더 좋은 게 있으면 수정해도 좋다고 말한다. 그러자 바로 이승만은 "혁명이라는 것이 옳은 문구가 아니라는 말씀을 내가 절대로 찬성합니다. 혁명이라면 우리나라 정부를 번복(飜覆)하자는 것인데 원수의 나라에 와서 있는 것을 뒤집어 놓는 것은 혁명이라는 게 그릇된 말인데 '항쟁'이라는 말은 좋으나 거기다 좀 더 노골적으로 '독립운동'이라고 그러면 어떻습니까?"라고 말했으며, 그다음 윤치영은 '광복'으로 고치면 어떻겠냐고 하고, 이어서 조헌영 의원은 '그냥 3·1운동'으로 하자고 한다.

결국 백관수, 김준연, 조국현, 이종린, 윤치영 5인을 선정해 전문을 손보는 것으로 결정한다. 그리고 마침내 '3·1운동'으로 '대한민국 헌법'에 실리게 되고, 현재의 헌법까지 그 표기는 그대로 유지되고 있다. 이때부터 '3·1혁명'이라는 표현은 사라지게 되었으며 이제는 낯선 표현이 되었다.

"유구한 역사와 전통에 빛나는 우리들 대한민국은 3·1혁명의 위대한 독립정신을 계승하여 지금 자주독립의 조국을 재건함에 있어서……"

제헌의회 본회의에 보고된 이 최초의 헌법기초안의 전문도입부가

"悠久한 歷史와 傳統에 빛나는 우리들 大韓國民은 己未三一運動으로 大韓民國을 建立하여 世界에 宣布한 偉大한 獨立精神을 繼承하여 이제 民主獨立國家를 再建함에 있어서 正義人道와 同胞愛로써 民族의 團結을 鞏固히 하며 모든 社會的 弊習을 打破하고 民主主義 諸 制度를 樹立하여 政治·經濟·社會·文化의 모든 領域에 있어서 各人의 機會를 均等히 하고 能力을 最高度로 發揮케 하며 各人의 責任과 義務를 完遂케 하여 안으로는 國民生活의 均等한 向上을 期하고 밖으로는 恒久的인 國際平和의 維持에 努力하여 우리들과 우리들의 子孫의 安全과 自由와 幸福을 永遠히 確保할 것을 決議하고 우리들의 正當 또 自由로이 選擧된 代表로 構成된 國會에서 檀紀 4281年 7月 12日 이 憲法을 制定한다. 檀紀 4281年 7月 12日 大韓民國國會議長 李承晩"라고 결정된 간략한 경과이다.

제헌의회에서 '3·1혁명'이 '항쟁', '광복', 그다음 '독립운동'을 거쳐 그냥 '3·1운동'으로 바뀐 것이 어떤 시나리오에 의해서, 또는 '혁명'이라는 단어에 과민반응을 보여 그렇게 된 것으로는 보이질 않는다. 그러나 <건국강령>을 기초했던 조소앙이나 <석(釋) 3·1혁명정신>을 썼던 김구가 제헌의원으로 있었다면 어땠을까? 아무래도 제헌의회가 '3·1혁명'을 '3·1운동'으로 바꾼 것은 '3·1운동'의 의미를 일제에 대한 독립운동으로만 파악했다는 생각을 지울 수 없다. 제헌의회에 상해 임시정부 요인들이 대부분 빠졌다는 우울한 역사가 지금도 아쉽기만 하다.

대한민국은 민주공화국이다

1919년 3월 1일 이후 만들어진 한성, 상해, 러시아령의 임시정부에서 모두 약속이나 한 듯이 '대한민국은 민주공화국'임을 헌법 제1조로 정했던 사실, 해방 후 그 혼란 속에서도 군주파-공화파의 갈등도 없었고, 왕정복고의 주장은 더더욱 없었고, 좌·우파를 막론하고 '민주공화제' 말고 다른 정체를 얘기한 정치집단이 없었던 역사적 사실은 한민족이 수천 년 동안 전제왕권 밑에서 살았고, 수십 년간 일본 천황 밑에서 살았던 사실을 생각해 본다면 결코 그냥 쉽게 생각할 부분은 아니다. 참고로 몇몇 주요한 국가의 헌법 제1조를 소개하겠다.

미국 헌법 제1조

이 헌법에 의하여 부여되는 모든 입법권한은 합중국연방의회에 속하며, 연방의회는 상원과 하원으로 구성한다.

프랑스 헌법 제1조

프랑스는 비종교적이며, 민주적인, 분할 불가의 사회 공화국이다.

독일 헌법 제1조

인간의 존엄성은 침해되어서는 안 된다. 인간의 존엄성을 존중하고 보호하는 것이 모든 공권력의 의무이다.

캐나다 헌법 제1조(전문에 포함되므로 엄밀히 따지면 1조가 아님)

여왕 폐하의 가장 충성스러운 지밀한 충신들의 간언으로 여왕께서 공명정대하게 선언하시나니, 이 선언으로부터 6개월이 지나기 전에, 캐나다, 노바 스코티아, 뉴 브룬스윅, 3개 주는 캐나다라는 이름 아래에 하나의 자치지역을 이루도록 하여라.

러시아 헌법 제1조

러시아, 러시아 연방은 공화제 정부를 갖고 있는 민주주의 법치 연방이다. "러시아 연방"과 "러시아"라는 명칭은 동등하다.

팔레스타인 정부의 헌법 제1조

팔레스타인은 거대한 아랍 세계의 부분이며, 팔레스타인 국민은 아랍인의 부분이다. 아랍의 단결은 팔레스타인 국민이 성취하기 위해 노력하는 목표이다.

일본 헌법 제1조
천황은 일본국의 상징이고, 일본 국민 통합의 상징으로서, 그 지위는 주권을 갖는 일본 국민의 총의에 기초한다.

중국 헌법 제1조
중화인민공화국은 노동자 계급이 영도하고, 공농연맹을 기초로 하는 인민 민주 전제 정치의 사회주의 국가이다.

중화민국(대만) 헌법 제1조
중화민국은 삼민주의에 기초한, 국민을 위한, 국민에 의한, 국민의 민주공화국이다.

조선민주주의인민공화국 헌법 제1조
조선민주주의 인민공화국은 전체 조선 인민의 이익을 대표하는 자주적인 사회주의 국가이다.

그리고 끝으로, 우리의 헌법
대한민국은 민주공화국이다. 대한민국의 주권은 국민에게 있고, 모든 권력은 국민으로부터 나온다.

제헌헌법에 새겨진 '대한민국은 민주공화국이다'는 주권재민의 조항, 그리고 각종 국민의 권리 조항들, 권력분립의 정신은 결코 '공짜'

로 또는 '미국이 갖다 준 것'이 아니라 한민족 인민들이 수십 년에 걸쳐 수많은 피와 땀을 흘린 끝에 쟁취한 '헌법혁명'의 결과물이다.

김수진은 다음과 같이 주장한 바 있다.

"이미 1917년 이후 그 세력이 쇠퇴하고 있던 복벽주의 혹은 보황주의 노선은 표면적으로 독립운동계에서 자취를 감추게 되었으며, 대동단결선언에서 선언한 보황주의 노선의 종결은 1919년 2월 대한독립선언서를 통하여 완전한 공화주의의 지향을 이루게 된 것이다."[3]

제헌의회에서 잃어버렸던 '3·1혁명'이란 표현을 이제는 되찾아야 한다. 물론 이러한 작업을 하기 위해선 3·1운동이 어떻게 발생했으며, 그 배경은 무엇인지 주체세력이 누구였는지, 그리고 우리가 모르고 있는, 혹은 외면하고 있는 3·1혁명의 진정한 주인공이 누구였는가에 대한 역사적 고증작업이 선행되어야만 할 것이라고 믿는다.

이러한 과정을 통하여, 승리한 혁명이란 자랑스러운 표현을 이제는 되찾아, 일제강점기 시절 자유와 평등·조국의 독립을 위해 투쟁하다 이름 없이, 무덤 없이 돌아가신 수많은 분들의 넋을 조금이라도 위로해 드리는 것이 후손된 우리의 의무이자 도리라고 확신한다.

제2장

우리는 3·1운동에
대하여 얼마나 알고 있나

연합뉴스 2009년 2월 26일자 보도에 의하면

"정부는 올해 3·1운동 90주년을 맞아 일제에 항거해 만주지역에서 독립군으로 활동한 장기초 선생을 비롯한 119명의 순국선열과 애국지사를 포상한다고 26일 밝혔다.

이번에 포상되는 독립유공자는 건국훈장 72명, 건국포장 16명, 대통령 표창 31명으로, 생존자는 없고 여성 2명이 포함됐다. 보훈처는 자체 전문사료 발굴분석단에서 독립유공자 공적심사대상 472건에 대해 관련 자료를 수집, 분석하고 사학 전문가들로 구성된 독립유공자 서훈 공적심사위원회 등의 심도 있는 심사를 거쳐 포상자를 결정했다고 밝혔다.

보훈처는 '포상자 중 91명은 활동 당시의 판결문과 각 읍·면·동 사무소에 보관된 수형인 명부 등의 자료를 검토해 발굴했으며 24명은 중국의 당안(당이나 관청) 자료를 분석해 순국사실을 확인했고 나머지 4명은 당시 신문을 통해 사실을 확인했다.'고 말했다. ……"4)

한편 지금까지 독립유공자로 선정된 10,126명 중 3·1운동 관련으로 서훈된 사람은 2,762명으로 전체의 27% 정도이다. 그 외 임정중국방면, 국내항일, 만주노령방면, 미주방면, 광복군, 광복회 등의 운동계열로 수상한 사람 중 3·1운동에 참여했던 이들을 포함하면 건국훈장 수여자의 절반 가까이가 3·1운동에 직간접적으로 간여한 것으로 나타난다. 우리 정부가 3·1운동을 얼마나 중요하게 생각하고 있는지에 대한 반증이다.

정부는 그동안 만 명이 넘는 독립유공자를 선정하면서, 자체 전문사료 발굴분석단을 운영했으며 사학 전문가들로 구성된 독립유공자 서훈 공적심사위원회에서 자료를 수집, 분석하고 심도 있는 심사를 거치는 작업을 해 왔다고 한다. 일단 정부의 발표를 믿으며 그 노고를 치하한다. 그러나 뭔가 중요한 것을 빠뜨렸다는 의구심이 자꾸 드는 것은 무슨 이유일까?

정부는 가장 기본이 되는 것을 외면하고 있는 듯하다. 3·1절 기념행사를 호화롭게 거행하고 각종 이벤트를 거창하게 치른 것은 좋다. 그러나 그 이전에 진정한 3·1정신이 무엇인지, 발생요인으로서, 3·1운동이 우연히 생긴 것인지, 혹은 우리가 익히 알고 있는 소위 민족대표 33인이 기획하고 실행한 주체인지, 아니면 우리가 모르고 있는 또 다른 숨겨진 독립운동본부가 존재했었는지 등기초적인 정보에 대한 고증작업을 얼마나 정확하게, 성의 있게 하고 있는지 궁금하기만 하다. 3·1운동이 국민세뇌용의 정치적 도구로 이용되어서는 안 된다는 뜻이다.

보편적 국민들의 역사 지식은 중·고교 시절의 교과서로부터 크게 의존하기 마련이다. 교과서가 왜곡·과장되어 있다면 대부분의 국민들이 비틀린 역사지식을 참으로 알고 지내기 마련이다. 그만큼 교과서는 중요하기도 하고 위험하기도 하다. 몇 가지만 지적하겠다.

중학교 국사 교과서 235쪽을 보면 "일이 뜻대로 진행되지 못한 데 대해 통분하던 이준 열사는 그곳에서 순국하였다."[5]고 되어 있는데 예전처럼 할복자살했다고 노골적으로 표현하지는 않았지만 아직도 그런 뉘앙스를 풍기고 있다. 그러나 이준은 고질병이었던 뺨 종기가 갑자기 악화되어 그만 헤이그에서 분사하고 말았다는 사실이 이미 고증되었지 않았던가? 이러한 역사적 진실을 왜 지금도 외면하고 있는지 그 이유가 궁금하기만 하다.

같은 교과서 270쪽에는 '대한민국 임시정부의 활동'이라는 소제목 아래에

"대한민국 임시정부는 김규식을 파리 강화회의에 민족 대표로 파견하여 한국의 독립을 주장하고 ······."[6] 김규식이 파리로 출발한 때는 1919년 1월경이었으니 아직 3·1운동은 일어나지 않았을 때이고 4월 11일 수립된 임시정부와는 더욱이 아무 관계가 없었다는 것을 누구라도 쉽게 알 수 있다. 그러면 고등학교에서는 어떻게 가르치고 있을까?

"1919년 1월 상하이의 신한청년당은 파리 강화 회의에 보낼 독립 청원서를 작성하여 김규식을 파리에 대표로 파견하였다. ······"[7]

고등학교 시절, 한국 근·현대사가 아니고 국사를 배운 사람들은 많이 어리둥절할 것이다. 신한청년당이라니? 아마 이 글을 읽는 분들도 대부분 처음 들어 보는 명칭일 것이다. 군사정권 몰락 이후 조금씩 우리의 교과서도 진실을 찾고 있는 반증의 하나이다. 그러나 이 교과서도 아직은 많은 부분이 숨겨져 있거나 왜곡되어 있다.

같은 교과서 171쪽을 보면 <대한독립선언서>의 발표시기가 1918년으로 기록되어 있는데, 이 선언서가 일명 무오독립선언으로 알려져 있다 보니 1918년 무오년으로 착각한 듯하다.8) 사실 대한독립선언서의 발표 시기는 매우 중요한데, 이에 대한 것은 1917년에 발표된 대동단결의 선언과 함께 나중에 좀 더 자세히 다루겠다. 마지막으로 3월 1일의 전 국민적 아이콘이 된 유관순에 대하여 알아보자.

"…… 유관순의 경우, 해방 이전에는 전혀 무명 인사였지만, 친일의 혐의가 있는 박인덕과 전인택이 '순국소녀 유관순전'이란 전기를 통해 해방 이후 새로운 영웅을 만들었다. 이후 유관순은 애국소녀이자 조선의 잔 다르크, 독실한 기독교신자 등의 이미지로 자리하게 되었다. 그야말로 애국과 기독교, 나아가 순결과 죽음까지 동원하여 가장 이상적인 그리고 불멸의 영웅 신화를 만든 것 같다.

하지만 유관순 영웅 신화는 애초부터 근거가 부족한 신화가 아닌지 의심스럽다. 유관순의 한자이름, 출생일, 순국일, 형량, 토막살해 여부 등이 그동안 알려진 사실과 많이 다르다. 그녀의 가족관계가 어느 정도 밝혀진 바에 의하면, 오빠 유우석의 이름, 병천 만세사건 당시 모친 이소자의 죽음 여부 등도 다르고, 부친 유중권과 오빠가 실제로는 기독교인이 아니었을 가능성이 많다.

더욱이 수형 기록부에 나타나 있는 170㎝ 정도의 거구에 쪽머리를 한, 그리고 결혼을 한 듯한 여인이 과연 우리가 익히 알고 있는, 청순하고 진취적이며 가녀린 개신교의 애국소녀와 동일 인물인지 의심스럽다. 필자가 보기에는 유관순은 개신교 친일전력자가 자신의 전력을 덮고 다른 한편으론 개신교 선교 전략의 일환으로 의도된 영웅 신화 만들기에 지나지 않는 단순한 사건일 가능성이 많다."9)

실제 유관순 신화는 국어 읽기 4 - 1을 비롯하여 갖가지 매체가 왜곡·과장된 정보로 우리를 세뇌시키고 있다. 그러나 유관순에 대한 일화는 그 당시 언론뿐 아니라 3·1혁명 다음 해인 1920년에 간행된 <한국독립운동지혈사>에도 그 흔적을 찾을 수 없다.

설령, 그동안 우리가 알고 있는 유관순에 대한 정보가 모두 참이라고 하더라도 유관순이 3월 1일의 주인공이 된다는 것은 무언가 어색하지 않은가? 이제 정부와 한국 사학계가 얼마나 직무유기를 하고 있는지 이해가 되는지 모르겠다.

우리는 정확하게 알아야만 한다.

3·1운동의 주인공이 유관순인지?

아니면 태화관이라는 요정에서 4명 불참하에 선언을 했던 소위 민족대표 33인이 3·1운동의 배후인지?

천도교에서 주장하는 바대로 손병희가 3·1운동의 기획자인지?

33인 중 16명이 기독교이니 기독교가 주관자인지?

혹은 또 다른 기획자나 단체가 별도로 존재했었는지?

그리고 거의 같은 시기에 발표된 3·1독립선언, 2·8동경선언, 대한독립선언이 어떠한 연관이 있는지 그 진실을 밝혀내야만 한다.

이러한 작업이 우선되어야만 3·1운동이 왜 혁명으로 불리어야만 하는가에 대한 이유를 알게 될 것이며 일련의 이 선언서들과 독립운동이 우리 민족이 근황제를 극복하는 한편 일제 파시즘으로부터 독립하여 자유민주주의 국가를 추구하게 되었다는 진정한 3·1 정신을 알게 될 것이다.

물론 그동안 우리가 익히 알고 있는 보편적 평가 즉, "3·1운동은 대내외적으로 우리 민족의 독립정신을 선명히 드러낸 바가 되어, 우리 근대민족주의 운동의 시발점이 되었다. 그 결과 대내적으로는 일제의 무단정치가 끝나고 보다 교활한 문화정치가 등장하게 되었으며, 대외적으로는 상해의 임시정부 탄생, 해외 무장독립운동의 촉진, 그리고 아시아의 다른 식민지 및 반식민지의 민족운동 등에 강한 영향을 끼쳤다. 특히 중국의 5·4운동, 인도의 무저항 배영운동인 제1차 <사타그라하>운동, 이집트의 반영자주운동, 터키의 민족운동 등 아시아·중동지역의 민족운동을 촉진시킨 것으로 높이 평가된다."라고 하는 3·1운동의 의미와 의의도 좀 더 확실하게 정립될 것임에 틀림없다.

제3장

3·1운동의 진실,
그동안 왜 숨겨져 왔을까

국가보훈처는 지난 2005년 3·1절을 맞아 몽양 여운형 선생을
비롯해 안동 출신 권오설 선생 등 54명의 사회주의 계열 독립운동
가들에게 훈·포장을 추서키로 의결했다. 이로써 사회주의 계열이
라는 이유로 독립유공자 서훈 대상에서 제외됐던 독립운동가들이
해방 60년 만에 빛을 보게 됐다.

사회주의 독립운동가들에 대한 정부의 '복권' 조치는 국가보훈처
가 2005년 1월, 공산주의자로 규정돼 서훈에서 제외된 자를 '사회
주의 국가건설을 목적으로 한 활동에 주력했거나 적극 동조한 자'
로 개정한 데 따른 것이다. 일제하 신간회와 해방 직후 조선건국준
비위원회(건준) 등 민족독립을 위해 좌우합작에 참여했던 '친사회
주의적 민족주의 좌파'를 정통 사회주의자와 구별해 독립운동가로
복권시키겠다는 진일보한 변화인 셈이다. 몽양의 경우 2005년 건국
훈장 2급 서훈을 받은 후, 2008년 3월 대한민국장(1급)을 수여받아
선생에 대한 사회적 인식과 평가가 재인식되고 있음을 알 수 있다.

몽양 여운형, 유정 조동호 등이 2005년 복권된 것은 그동안 숨겨져

왔던 혹은 왜곡되었던 3·1운동의 진실을 밝혀내는 데 커다란 계기가 되고 있다. 물론 아직 길은 멀고 험하기만 하다. 그러나 이쯤에서 우리는 누가 왜 3·1운동의 진실을 은폐했는지에 대하여 궁금증을 푸는 단초는 제공된 듯싶다. 이왕 건국훈장 이야기가 나왔으니 우선, 현재 1급으로 추정된 건국의 영웅들을 함께 살펴보기로 하자.

<표 1-1 건국훈장 1등급 명단>

이름	출생지	생존기간	훈격연도	운동계열	종교
이승만	황해 평산	1875.3.26~1965.7.19	1949	임시정부	기독교
이시영	부산	1869.12.3~1953.4.17		임시정부	대종교
장개석	중국	1887.10.31~1975.4.5	1953	독립지원	
강우규	평남 덕천	1855~1920.11.29		재등총독주살	
김 구	황해 해주	1876.8.29~1949.6.26		임시정부	기독교
김좌진	충남 홍성	1889.11.24~1930.1.24		북로군정서	대종교
김창숙	경북 성주	1879.7.10~1962.5.10		임시정부	
민영환	서울	1861.7.2~1905. 11		순절	
손병희	충북 청주	1861.4.8~1922.5.19		3·1운동	천도교
신익희	경기 광주	1892.6.9~1956.5.5		임시정부	
안중근	황해 신천	1879~1910.3.26		이등박문주살	기독교
안창호	평남 강서	1878.11.9 ~1938.3.10	1962	임시정부	기독교
오동진	평북 의주	1889~1944.5.20		정의부	
윤봉길	충남 예산	1908.6.21~1932.12.19		상해홍구공원 투탄	
이강년	경북 문경	1858~1908		의병	
이승훈	평북 정주	1864.4.25~1930.5.9		3·1운동	기독교
이 준	함남 북청	1858.12.18~1907.7.14		임시정부	기독교
조병세		1827~1905.12.1		순절	
최익현		1833.12.5~1906.11.17		의병	
한용운	충남 홍성	1879.7.12~1944.5.8		3·1운동	불교
허 위	경북 선산	1855.4.2~1908.10.21		의병	
진과부	중국	1892.9.7~1951.8.25	1966	독립지원	
송미령		1897.3.5~2003.10.23			
손 문		1866.11.12~1925.3.12	1968		
진기미		1878.1.17~1916.5.18			

이름	출생지	생존기간	훈격연도	운동계열	종교
조만식	평남 평양	1883.2.1 ~	1970	교육, 언론	기독교
임병직	충남 부여	1893.10.26 ~ 1976.9.21	1976	미주방면(이승만 비서)	기독교
서재필	전남 보성	1863.11.18 ~ 1951.1.5	1977	독립협회	기독교
김규식	부산 동래	1881.1.29 ~ 1950.11.15	1989	임시정부	기독교
조소앙	경기 파주	1887.4.30 ~ 1958		임시정부	

2009년 6월 현재, 건국훈장 대한민국장이 추서된 분은 여운형을 포함하여 모두 31명이다. 이 표를 보는 이들은, 대한민국 최고의 훈장 수여자들인데 들도 보도 못한 사람이 너무 많은 데 놀랄 터이며, 신채호, 박은식, 이육사, 윤동주, 홍범도, 지청천, 나석주 같은 분들이 1급이 아니라는 데 동의를 못 하겠다는 표정을 짓고 있는 분들도 있으리라 본다. 일부 열혈분들은 왜 이승만의 포장을 박탈하지 않는가라고 분노하는 이들도 있을 터이다.

더욱이 수상한 것은 중국인 5명이다. 국가보훈처가 제공하는 홈페이지 나라사랑 코너를 방문하면 독립유공자에 대한 간략한 공적 내용이 기록되어 있는데, 이들 중국인들에 대해선 '임정지원'이라는 말 외는 일체의 설명이 없다. 도대체 정부는 우리 국민을 얼마나 우습게보고 있는 것일까? 그리고 이런 해괴한 사실에 대하여 지적하는 언론 하나 없는 현실은 무엇을 뜻하는가?

분통이 터지는 일은 또 있다. 비록 1급은 아니지만 정부로부터 각종 훈·포장과 표창을 받은 인물 중 친일파로 판명된 이들도 다수 포함되어 있다는 사실이다.

<표 1-2 주요 친일인사 상훈 현황>

이름	주요 친일 행적	훈·포장 및 표창
김활란	조선임전보국단 부인대 활동	대통령 표창, 문화포장, 국민훈장 무궁화장
이종욱	조선불교회 비행기 헌납	건국훈장 국민장
권상로	국민총력연맹 참사	문화훈장
모윤숙	조선임전보국단 부인대 활동	국민훈장 모란장, 금관문화훈장
이상범	일제 국방헌금 마련 참여	문화훈장
유진오	대동아 문학자대회 조선대표	국민훈장 무궁화장
유치진	친일단체 현대극장 대표	국민훈장 모란장
백낙준	조선장로교 애국기 헌납기성회	국민훈장 무궁화장
홍진기	전주지법 판사	국민훈장 모란장, 문화훈장 금관장
현제명	경성후생실내악단 이사장	국민훈장 모란장
민복기	경성지법 판사	국민훈장 무궁화장
김은호	친일 미술 활동	문화훈장 대통령장
박시춘	친일음악 다수 작곡	문화훈장 보관장
조진만	대구지법 부장판사	근정훈장 청조장
김성태	친일음악 다수 작곡	문화훈장 대통령장, 국민훈장 동백장, 홍조소성훈장
김인승	조선미술가협회 간부	문화포장, 국민훈장 동백장
김경승	조선미술가협회 간부	문화훈장
주요한	조선문인보국회 시부회장	국민훈장 무궁화장
황신덕	국민총력조선연맹 후생부 위원	문화훈장 대통령장
김성수	국민총력조선연맹 이사	건국공로훈장 복장
김연수	중추원 참의	국민훈장 무궁화장
이병도	조선사편수회 활동	국민훈장 무궁화장, 금성충무무공훈장
김기창	대동아전쟁 찬미 작품 활동	국민훈장 모란장, 문화훈장 금관장
장지연	친일 문학 활동	건국공로훈장 단장
윤치영	친일 연설활동	건국포장
김응순	국민정신총동원 예수교장로회 활동	건국훈장 애족장
고재호	대구지법 판사	국민훈장 무궁화장
이 호	경성지법 판사	국민훈장 무궁화장, 무공훈장 을지장, 근정훈장 청조장
김정렬	일본군 장교	국민훈장
김태동	무주군수	근정훈장 황조장
장성환	일본군 장교	보국훈장 통일장, 대통령 표창

이들은 일제강점기 경력을 바탕으로 해방 뒤에도 친일행적을 남긴 분야에서 계속 활동하며 상훈까지 챙긴 셈이다. 그러면 누가 이들을 심사했을까?

독립유공자에 대한 첫 정부포상이 실시된 1962년의 문교부 독립유공자 공적조사위원회 위원 7명(위원장 포함) 중에는 신석호(申奭鎬), 이병도(李丙燾)라는 이름이 들어 있다.

신석호는 1930~1937년의 총독부 수사관보(修史官補)를 거쳐 37년부터 수사관으로 조선사편수회에 참여했던 인물이며, 이병도는 1925~1927년에 총독부 수사관보, 이후는 촉탁으로 조선사편수회에 참여했다. 두 사람 모두 일제하에서 조선역사를 왜곡하고 식민사관을 뿌리내린 장본인이었다.

다음 해인 1963년에는 내각사무처 독립운동유공자 상훈심의회가 심사를 맡았다. 그런데 심사위원 22명 중 이때도 고재욱(高在旭), 신석호, 유광렬(柳光烈), 이갑성(李甲成) 등 4명의 친일인사가 끼었다.

고재욱은 1939년 7월 12일 결성된 경성배영(排英)동지회 상무이사 및 같은 해 8월 5일 결성된 전조선배영동지회연맹 상무이사를 지냈던 사람이다. 유광렬은 총독부 기관지 『매일신보』 편집국장으로, 1937년 9월 하순부터 화북·상해 전선에 종군하면서 『제1번보정입성기(保定入城記)』(1937. 9. 28~) 같은 종군기를 발표했으며, 조선임전보국단 평의원과 조선언론보국회 이사 등을 역임하면서 친일논설 및 시국해설 다수를 발표한 친일언론인이다.

1968년에는 총무처 독립유공자 상훈심의회가 심사를 맡았는데 역시 위원 21명 중 고재욱, 백낙준(白樂濬), 신석호, 유광렬, 이병도, 이선근(李瑄根), 홍종인(洪鐘仁) 등 7명의 친일인사가 들어 있다. 앞에서 언급하지 않은 나머지 3명 중 백낙준은 1942년 4월 29일 창간한 친일 『기독교신문』의 산파 겸 편집위원으로 기독교 황민화에 앞장섰으며, 이선근은 '만주제국협화회 전국연합협의회'에서 빈강성(濱江省) 협의원을 수차 역임한 사람이다.

'만주제국협화회'라는 단체는 관동군의 지도로 1932년 7월 25일 발족해 만주국 정부의 정신적 모체 역할을 한 만주국의 전 인종적 조직체로 그 최고의결기관인 전국연합협의회는 만주국 국회에 해당되며, 동(同) 협의원은 그 의원에 해당하는 직책이다. 끝으로 홍종인은 조선총독부의 기관지로서 조선인들의 민족성을 말살하는 데 주력한 친일신문 『매일신보』의 사회부장과 국민총력조선연맹 이사를 지낸 인물이다.

1977년도에는 원호처 독립유공자 공적심사위원회가 심사를 맡았는데 심사위원 11명 중 친일파 출신으로는 다시 유광렬, 이은상(李殷相) 등 2명이 들어 있다. 이 중 이은상은 친일신문 『만선(滿鮮)일보』에 적을 두었던 사람이다.

1980년에도 심사위원 11명 중 앞에서의 친일파 신석호가 '끈질기게' 참여했는데 이를 마지막으로 1982년도부터는 독립유공자 공적심사위원 명단에 친일권력자들의 이름이 자취를 감추었다.

이처럼 독립유공자를 심사하는 자리에 친일파들이 대거 참여한 결과 그동안 선정된 독립유공포상자 중에는 친일파들이 상당수 포함되었다. 친일파가 수십 년 동안 독립유공자를 심사했으니 그 결과는 말하지 않아도 빤하지 않겠는가? 이것이 우리의 역사였다.

이제 세월은 흘렀다. 역사의 흐름은 좀 더 정직한 방향으로 흐르고 있는 중이다. 친일인명사전도 발간되었고 많은 분야에서 친일의 그림자가 걷히고 있다. 그러나 대한민국의 헌법 정신과 필연적인 관계가 있을 수밖에 없는 건국훈장문제는 하루라도 빨리 재검토해야만 한다. 등급문제의 재조정부터 시작하여 훈장을 취소해야 할 사람은 속히 박탈해야만 할 것이다. 이와 함께 무엇보다 중요한 것은 받아야 할 분이 아직 누락된 경우는, 유족의 심사청구가 없더라도 정부가 앞장서서 진상을 규명하는 작업을 진지하게 실시해야 되리라 본다.

제4장
정부는 3 · 1운동 진상규명위원회를 조속히 구성하라

　필자는 앞의 글에서 몇 차례에 걸쳐 독립운동본부에 대하여 언급을 하였다. 1920년에 간행된 <한국독립운동지혈사 하편> 제3장과 제6장에도 언급된 적이 있는데, 만일 3 · 1운동 역사에 우리가 모르고 있는 독립운동본부가 있었다면 국가차원에서 그 진상을 규명해야만 된다고 본다. 물론 이 책에서도 향후 계속 다루겠지만, 이 작업은 개인 혹은 일개 단체가 시행하기에는 너무나 어렵고 험난한 길이다.

　대부분의 진실은 북경과 상해에 있는 도서관에 숨겨져 있다고 추측한다. 일전, 고려대학교 아세아문제연구소에서 단재 신채호의 천고(최광식 교수 역주)를 편찬할 때, 한 권의 도서를 번역하는 일도 중국에서의 작업이 얼마나 험난했는지 머리말과 해제 등에서 저자가 밝힌 바 있다.

　그러나 인식표 하나를 단서로 러시아 중앙군사자료실에 있던 10만여 페이지의 기록 속에서 코프 대위의 격추기록을 찾아냈던 미국의 코프대위 찾기를 참조했으면 한다.

"코프 대위는 1952년 9월 16일 김포에서 F-86 세이버 제트전투기를 몰고 출격, 압록강 상공에서 소련 미그 5기와 공중전을 벌이다 격추된 뒤 실종됐다. 실종 40여 년이 지난 1995년 한 미국인 사업가가 중국 단둥의 군사박물관에서 우연히 인식표(군번표)를 발견, 이를 전달받은 미군 당국의 10년에 걸친 기록추적 및 발굴 작업 끝에 2004년 6월 코프 대위는 유해로 돌아왔다."[10]

'세월이 아무리 흘러도, 전우의 흔적이 남아 있는 곳은 어디라도 달려가 조국으로 데려온다'는 미군은 비록 53년 만에 돌아온 전우지만, 최대한 장엄하고 경건하게 영결식을 치렀으며, 코프 대위가 한국전에 나갈 때 네 살이었던 아들 자니 코프(58) 씨는 "이것으로 우리 가족이 걸어온 50년에 걸친 긴 기다림의 여정이 끝났다. 우리는 조국에 감사하고 있다."고 말했다. 조카 크리스 코프(48) 씨는 "삼촌을 기다리던 가족들이 5년 전에 고향(아칸소)에서 장례식을 치렀다."며 "삼촌의 귀환은 미국과 중국, 러시아 정부가 협력해 만들어 낸 기적"이라고 말했다. 삼촌이 한국전에서 실종됐다는 로빈 피아신 씨는 "삼촌이 포로가 됐다는 이야기를 듣고 어머니가 잠을 못 이루며 기다린다."며 "언젠가는 유해라도 돌아올 것이란 희망을 버리지 않고 있다."고 말했다. 미군은 지금도 동남아 밀림지대와 북한 같은 적대국 내부까지 들어가 제2차 세계대전 이후 실종 전우 17,000여 명을 찾고 있다고 한다.

이 문제는 대단히 심각하게 받아들여야 된다고 본다.

왜냐하면, 지금 우리가 알고 있는 3·1운동 지식만으론 3·1운동이 우리의 자부이자 자랑이고 우리의 혼임을 전 국민이 동의하는 데 있어서 아무래도 무리가 따름을 솔직히 인정해야만 한다는 뜻이다.

우리의 눈을 잠시 90년 전으로 돌려 보자.

소위 민족대표를 자처했던 사람들이 시위현장인 탑골 공원에는 아무도 나타나지 않았다.

선언문 낭독 장소도 평민들은 얼씬도 할 수 없는 고급 요정 태화관에서였는데, 33명 중에서 4인은 일신상의 사유를 들어 참가마저 하지 않았다.

그리고 선언이 끝나자마자 일본 경찰에 자수하여 구속되었다. 그것까지는 좋다. 3·1운동의 취지가 평화적 독립운동이었으니.

그런데 아무래도 33인 중 몇 명은 소위 민족대표라는 그 명칭을 박탈해야만 할 듯하다. 그러면 이쯤에서 구속 후 재판과정에서 어떻게 행동했는지 그들의 육성을 들어 보기로 하겠다.

<표 1-3 3·1운동 서명자 재판기록부>

피고는 독립선언서가 온당하다고 생각하는가?	
정춘수	잘된 것도 없고 잘 안 된 것도 있으나 나는 독립 청원을 할 의사가 없고 그 선언을 한 것도 내 의사가 아니므로 3월 1일에 오지 않았다.
피고는 앞으로도 독립운동을 할 것인가?	
권동진	그렇다. 독립이 될 때까지는 어떻게든지 할 것이다.
김완규	그렇다. 나는 한일합병을 반대하므로 언제든지 기회만 있으면 할 것이다. 또 나는 일본국민이 되지 않을 것을 명심하고 있다.
김창준	그렇다. 나는 원래 한일합병을 반대해 왔으며, 앞으로도 나 혼자만은 할 수 없을 것이나 기회만 있으면 언제든지 실행할 것이다.
나용환	그렇다. 기회만 있으면 또 할 작정이다 .(4/18) 내가 이런 말 하면 비겁한 자라고 생각할지 모르나 실제 나는 정치에 무관심하므로 총독 정치에 불만이 없다. 그러므로 앞으로는 독립운동을 하지 않겠다. (7/29)
나인협	그렇다. 독립하려고 이번에 독립운동을 한 것이니 앞으로도 기회만 있으면 또 하겠다.
박동완	물론 그렇다.
박준승	앞으로 기회 있으면 하겠다.
백상규	기회만 있다면 할런지 몰라도 지금 같아서는 아무런 생각이 없다.
손병희	기회만 있으면 독립운동을 하려는 내 뜻을 관철하려고 생각하고 있다. 평화적인 방법으로 독립운동을 할 것이다.

신석구	그렇다. 나는 한일합병에도 반대했으니 독립이 될 때까지는 할 생각이다.
신홍식	그런 계획들이 있을지는 모르나 새로 일어날지는 우리들이 알지 못하는 일이고 몸은 끌려 왔지만 정부나 총독이 선언서를 인정할 줄로 생각하니까 목적은 이룰 줄로 생각한다.
홍기조	지금은 말할 수 없다.
오화영	기회만 있다면 할 것이다.
이필주	그렇다. 어디까지든지 독립운동을 할 것이다.
정춘수	최초 목적을 이루지 못한 것을 스스로 깨닫기 때문에 종교사업이나 하겠다.
최 린	그렇다. 나는 끝까지 독립운동을 할 것이다.
한용운	그렇다. 계속하여 어디까지든지 할 것이다. 반드시 독립은 성취될 것이며 일본에는 중(僧)에 월조(月照)가 있고 조선에는 중에 한용운이가 있을 것이다. (3/11)
	그렇다. 언제든지 그 마음을 고치지 않을 것이다. 만일 몸이 없어진다면 정신만이라도 영세토록 가지고 있을 것이다. (5/8)

선언서를 기초했다는 최남선은 정작 서명도 하지 않았고, 길선주는 선언장소에 아예 나타나지도 않았다가 그 후 경찰에 자진 출두하여, 어떻게 변명을 했는지 무죄로 선고받았다 한다. 게다가 정춘수라는 자의 말을 보라.

"잘된 것도 없고 잘 안 된 것도 있으나 나는 독립 청원을 할 의사가 없고 그 선언을 한 것도 내 의사가 아니므로 3월 1일에 오지 않았다." "최초 목적을 이루지 못한 것을 스스로 깨닫기 때문에 종교 사업이나 하겠다."

다시 한 번 그들의 말을 음미해 보라. 이들 중 민족대표 혹은 민족의 사표로 섬길 분들이 과연 몇 명이나 되는가? 그리고 출옥 후 그들 중 변절하지 않고 민족의 독립을 위하여 끝까지 싸운 사람은 정말 몇 명이나 되었던가?

그러나 우리 후손들은 너무나 관대했다. 적극적인 친일행위로 민족의 지탄을 받았던 박희도, 정춘수, 최린, 그리고 무죄를 받았던 길선주와 사회주의 이력 때문에 서훈이 불가능했던 김창준 목사

외에는 모두 건국훈장을 수여받았는데, 손병희와 한용운, 이승훈은 1급을 받았으며 그 외에도 모두 2등급인 대통령장을 받았다.

사정이 이러하니 3·1운동을 적극적으로 재조명하지 못하는 정부와 학계의 사정도 이해할 만하다. 그러나 만일 아래의 가정이 참이라면 3·1운동의 역사적 의미는 어떻게 변하게 될까?

첫째, 3·1운동을 처음부터 조직적으로 기획한 독립운동본부가 있었다.

둘째, 비슷한 시기에 만주 길림선 39명의 해외 망명객들이 대한독립선언서를 발표하고, 일본선 유학생들이 중심이 되어 2·8동경선언을 하고 그다음 국내에서 고종 국장을 즈음하여 독립선언을 하기로 처음부터 계획을 세웠다.

셋째, 천도교와 기독교, 불교계 일부 인사만이 3·1운동의 대표였다는 것은 오해다. 3·1독립선언서와 대한독립선언서, 2·8동경선언서의 서명자를 모두 망라해 보아야 정확한 시각이다. 이 경우 앞의 세 종교계뿐 아니라 대종교, 유신유교계 등 종교계인사들, 조선의 대표적인 지식인들, 학생대표, 그리고 미국, 일본, 중국, 러시아, 조선을 아우르는 명실상부한 한민족의 대표적 독립운동 명망가들이 이 운동에 적극적으로 참여했음이 진실이다.

넷째, 독립운동본부가 일련의 독립선언서를 시차를 두어 발표를 하고 해외를 포함한 전체 한민족이 독립운동에 참가하도록 시도한 의도와 최종적인 목표는 파리평화회담에 참가한 전 세계의 국가들에 한민족 독립의 정당성과 타당함을 알려, 평화적인 독립을 쟁취하고자 함이었다.

다섯째, 3·1운동이 시작되자마자 이 운동에 주도적으로 참여했던 명망 독립운동지사들 대부분이 상하이로 결집하였으며, 상하이에 임시정부를 즉시 수립한 이유도 전 세계 민중들에게 우리 민족의 수권 능력을 보여 주기 위함이었다.

여섯째, 3·1운동이 시작되기 2개월 전인 1월 달에 이미 김규식을 파리평화회의에 출발시킨 것도 같은 맥락이다.

일곱째, 여운형, 조소앙, 선우 혁, 장덕수 등이 러시아, 일본, 조선 등으로 잠입하여 각지의 독립운동가들을 접촉한 것도 같은 맥락이다.

여덟째, 기미년에 발생한 이 모든 독립운동은 상하이 프랑스 조계지역에 있던 독립운동본부가 모든 일을 주관하였다.

아홉째, 파리회담의 결과가 애초의 목적을 달성하기엔 불가능한 것으로 판명되자, 열강 제국주의의 횡포와 무심함에 분노한 독립운동본부는 평화독립의 희망을 포기하고, 의열단 노병회조직 등 무력투쟁의 길로 방향을 선회하게 된다.

열째, 이 독립운동본부를 실질적으로 이끌던 배후의 지도자가 있었다. 상기 기술한 내용이 모두 사실이라면, 우리가 허무하게 알고 있던 3·1운동의 일부 그늘진 역사는 어떻게 변화하게 될까?

아마 3·1운동이란 애매한 용어보단 3·1혁명이라고 주저 없이 우리뿐 아니라 전 세계가 인정해 주리라 보며, 일본, 중국 그 외 그 당시 식민지 상황이었던 아시아 열국들이 모두 3·1혁명의 재평가에 들어가리라 확신한다.

이 책은 상기의 가정들이 대부분 진실임을 증명하고자 펴냈다. 단지 보다 정확한 고증을 위하여 역사계의 참여와 정부의 협조를 진심으로 바라고 있는데, 이 작업은 대한민국의 역사적 정통성 확립과 더불어 민족의 자긍심 고취에도 크게 기여할 대단히 의미 있는 일일 뿐 아니라 후손으로서 우리들의 의무이기도 함을 부디 인지했으면 한다. 이제 이 책을 코프 대위의 인식표로 삼아 민족의 정기를 되살리는 작업을 정부가 지금부터 책임졌으면 한다. 정부는 3·1운동 진상규명위원회를 조속히 구성하라.

제 2 부

3 · 1운동의 산실, 항일비밀단체 동제사

제1장
신해혁명과 한국인,
범재 김규흥

1) 신해혁명에 참여한 유일한 한국 사람은 누구인가

"항일 독립운동가로 대한자강회(大韓自强會), 대한협회 등에서 활동하였다. 중국의 신해혁명(辛亥革命)에도 가담하였다. 조국의 장래를 근심하여 단식하다 스스로 목숨을 끊었다. 1962년 대한민국 건국훈장 대통령장이 추서되었다."[1]

"······ 중국으로 망명한 후 중국혁명문화단체인 '남사'에도 외국인으로는 유일하게 참가하여 혁명단원들과 폭넓은 교유를 갖게 되었다. ······ 예관은 중국 혁명의 성공이 조국 독립과 밀접한 관련이 있다고 생각하여 그 성공을 위하여 한국인으로서는 유일하게 신해혁명에 참여하였으며 ······"[2]

"······ 1911년 11월에 중국으로 망명하여 동맹회(同盟會)에 가입하고 손문(孫文)의 무창기의(武昌起義)에 참가하였으며, 중국인 호한민(胡漢民)·송교인(宋敎仁)·진독수(陳獨秀) 등이 경영하는 상해(上海)의 민권보(民權報)에 보조하였다. ······"[3]

사실 어느 자료나 논문을 보더라도 대동소이하다. 신해혁명에 한국인도 참여를 하였다. 그 최초의 인물은 예관 신규식 선생이다. 그러나 최근 또 한 명의 최초가 탄생하였다. 함께 보기로 하자.

　　"…… 역사연구가 김재승 씨가 시민시대 12월호에 게재한 '애국지사 동해 한흥교의 숨은 항일활동'은 공백으로 남아 있던 퍼즐 조각들을 맞추는 단초가 되는 글이다. …… 하지만 고향에서 의사로 편하게 지내는 삶을 택하기보다 그는 1911년 10월 중국으로 건너가 중국 신해혁명에 참가한 최초의 한국인이 된다."[4]

　　한흥교, 신규식 모두 위대한 독립운동가임에는 이론의 여지가 없다. 그러나 후손, 혹은 그분들을 숭앙하는 사람들이 역사적 진실을 외면하고 왜곡 혹은 과장을 하였다면 오히려 그분들에게 누를 끼치는 것임을 명심했으면 한다.

　　한 가지만 지적하겠다. 한흥교 선생이 중국으로 건너간 시기는 10월, 신규식 선생이 망명한 시기는 11월로 되어 있는데, 10월에 발생한 신해혁명에 어떻게 참여할 수 있었을까? 알다시피 신해혁명은 보편적인 쿠데타, 혹은 전쟁이 아니다. 수백 년 지속되었던 청나라를 무너뜨림과 동시에 수천 년 이상 지속되었던 봉건 왕정을 대체하여 중국 역사에서 중국 민족 자산 계급이 주도하여 처음으로 공화국을 수립한 혁명이다.

　　무엇보다 비밀엄수와 구성원의 단결을 우선시해야 할 혁명에, 타민족을 그것도 현지에 금방 도착한 사람을 혁명에 동참시킬 지도자가 과연 존재할 수 있을까? 더욱이 누군가의 소개나 보증도 없이.

　　신규식 선생의 경우, 사위 되는 석린 민필호 선생이 1950년대 중반에 <한국의 얼>이란 예관의 글을 재발간할 때, 그분의 전기를 추가하면서 신규식의 신해혁명 한국인 최초 참가설을 기록하면서 그 내용이 정설로 지금까지 이르게 되지 않았는가 하는 게 필자의 추측이다.[5]

참고로 예관의 망명 경로는 그의 시집 <아목루(兒目淚)>를 통해 추적해 볼 수 있는데, 다음과 같다. 압록강(鴨綠江)을 건너 안동현(安東縣)을 지나 사하진(沙河鎭), 요양(遼陽)(고려문(高麗門)), 성경(盛京)(심양(瀋陽)), 산해관(山海關)을 거쳐 연경(燕京)(북경(北京))에 도착하였다. 북경에서 청사 조성환(曹成煥)을 만나서 중국의 현황에 대한 말을 듣고 그 실상을 파악한 뒤 다시 북경을 출발하여 천진(天津), 산동성(山東省), 청도(靑島) 교주방(膠州)을 지나 드디어 상해에 도착하게 되었다.

1911년 4, 5월경 한국을 출발하였다고 했을 때, 그가 상해에 도착하였을 때는 당시의 교통편 등을 고려하면 대략 11월경으로 추측된다. 그러므로 많은 자료에 11월에 중국으로 망명했다고 기록하는 근거가 여기에 있다. 다시 말하지만, 11월에 상해에 도착하여 상해보다 더욱 남쪽에서 발생한 무창봉기에 도대체 무슨 방법으로 참여할 수 있었겠는가?

한편 예관이 후일 즉 2차 신해혁명에 관련했다는 것은 사실인 듯하다. 그 증거로 그는 <아목루>에 다음과 같은 시를 남겼다.

<손중산 대통령을 축하하며>

공화국 새 세상 만들어 내여

낡은 세상 돌려세우니

사해의 만백성 기뻐들 하며

<손중산에게>
촉수오산의 길 평탄치 않아도
그대는 가시덤불 헤쳐 왔어라
피어린 싸움으로 키워 온 포부
만백성 다 그대를 환호하네[6]

손문에게 축하시를 보내며, 신해혁명 주역 중의 한 명인 진기미가 암살당했을 때 제문을 남기는 등 그의 시를 보면, 혁명에 관련된 사람들과 예관 신규식의 교류가 있었음은 분명하다. 신규식의 시는 그의 행적을 밝히는 데 주요한 단서가 된다. 예를 들어 그의 시 <연경에서 청사를 찾아>란 글을 보면 "중화땅 그 소식 실로 정말이던가?"란 내용이 나오는데, 이를 보면 신규식이 북경에 있을 무렵 신해혁명의 소식을 들었다는 것을 짐작할 수 있다.

그러나 그가 최초로 신해혁명에 참여한 유일한 한국인이라는 주장은 지금부터라도 철회해야 될 듯하다. 그 이유를 좀 더 구체적으로 제시하겠다.

2) 범재 김규흥이 신해혁명에 참여한 증거

첫 번째 증거, 범재는 신해혁명 전해인 1910년에 광동을 방문하였다.

라부산의 월중(산속)은 명산이다.
오래전부터 한 번 돌아보고 싶었는데.

쉽게 겨를을 내지 못하고 있던 중
취당 전병준 씨와 가깝게 되어
"참동계"라는 책을 읽고
라부산 순방길에 오를 수 있는 원인을 얻었다.
십수일을 두루 살피니 선인이 노닐은 듯
산천이 잘 어우러진 멋진 경치였고
깎아지른 듯 험하고 깊은 산이었다.
박라군을 관장하는 고정당의 환제 왕장은 씨가
파병하여 호위해 주시니
그 뜻 심히 감사하는 바이다.
돌아오는 길에 위서(관공서)에
며칠간 머물면서 여러 곳에 들러 따뜻하고
정겨운 말을 주고받으니 즐거움이 넘쳐흘렀다.
기념하기 위하여 같이 찍은 사진은
흰 수염에 우리들 중 가운데 있는 사람이 취당이고,
풍요로운 얼굴에 두 손을 무릎 위에
가만히 얹어 있는 사람이 환제이고,
긴 수염에 맨 가에서 빙그레 웃으며
앉아 있는 사람이 바로 나다.
(경술 1910년 3월 13일 범재 '김복' 씀)

범재의 후손들이 소장하고 있는 몇 장 안 되는 사진 중의 하나
이다. 상기 글은 사진 뒷면에 있는 범재 공의 친필 메모를 번역한
것인데, 짧은 글이지만 우리에게 생각보다 많은 정보를 제공한다.

첫째, 중국 복단대 교수 순커즈(孫科志)에 의하면, 1910년 이전에는 상해에서 장기간 거주한 한인은 많지 않았을 뿐 아니라 서로 간의 내왕도 많지 않았으며, 상해로 한국인들이 몰려오기 시작한 것은 일본이 한국을 병합한 것이 계기가 됐다고 한다.[7] 한편, 이 사진은 범재 공이 19010년도에, 상해보다 훨씬 남방인 광동에 위치한 라부산을 방문하였다는 사실을 증거하고 있다.

신해혁명 발생 전해인 **1910**년 광동 근교 라부산을 방문하여 찍은 사진.
뒷면에 범재 김규흥의 친필 글이 적혀 있다.

둘째, 광동에 소재하고 있는 박라군을 관장하고 있는 왕장은이라는 중국의 관리가 일개 조선인에게 호위병을 파병하여 신변을 보호해 주었을 뿐 아니라 관공서에도 며칠간 머무르게 하는 등 대단한 호의를 베풀었다는 정보를 제공하고 있다.

셋째, 평소에 라부산을 보고 싶었지만, 명분이 없어 짬을 내지 못하다가, "참동계"라는 책을 읽다가 관광을 겸하여 무언가의 목적을 갖고 방문하였다는 라부산 방문 목적을 알게 한다. 참동계(參同契)에서 참(參)은 "잡(雜)"을, 동(同)이란 "통(通)을, 계(契)란 "合"을 말하는데, 주역참동계(周易參同契)를 뜻한다. 이 책은 도교 경전의 하나로 볼 수 있지만, 한 편으로는 병법과도 통하기 때문에 신해혁명을 위하여 3개의 회가 합하여 구성된 삼합회를 은밀하게 나타낸 것으로도 볼 수 있다.

넷째, 라부산은 중국 광동성(廣東省)에 있는 산인데, 높이가 1,296m이며 광주(廣州)에서 북동쪽으로 80㎞ 떨어진 지점에 있다. 이 산의 범위는 매우 광대하게 자리 잡고 있을 뿐 아니라 옛날부터 작전상 매우 중요한 요새로서 많은 이점과 불리한 점을 지니고 있는 산으로 알려져 있다. '참동계'라는 책이 도교 경전의 하나이지만 한편으론 병법과도 통하고 있다는 점 등을 고려하면, 범재의 라부산 방문이 군사적인 목적이 아니었는가 하는 추측을 가능하게 한다.

다섯째, 더욱이 1910년 3월이면 무창봉기가 일어나기 1년 6개월 전이다. 라부산의 위치가 신해혁명의 발상지 인근인 점과 그 시기 등을 고려하면, 라부산 방문 목적이 혁명과 관련이 있다는 심증을 더욱 굳히게 한다.

몇 가지 추측도 포함하였지만, 분명한 것은 1910년 3월에 범재

혁명정부의 도독부 총참의 겸 육군소장 범재 김규흥

공은 신해혁명의 발상지 부근에 있었다는 사실이다.

　두 번째 증거, 중국 혁명군 장군의 복장을 하고 있는 사진 두 장이다.

　이 두 장의 사진 역시 범재 공의 후손들이 소중하게 간직하고 있는 백 년 전 범재 공의 모습이다. 이 사진에 나타난 장군 복장 등을 고증하면 신해혁명 당시의 혁명군과 범재 김규흥의 관련 관계가 정확하게 밝혀지리라 본다.

　한편, 예관 신규식의 <도야공에게>란 시를 보면 범재 김규흥에게 바친 헌사임을 짐작할 수 있다.

갑옷은 장성의 달빛 아래 무겁고
보검은 말릉의 가을 맞아 차갑네.
장군의 공훈 북녘 땅에 빛나도
품은 뜻은 여전히 동녘 땅 위함이라
나라를 구함은 공민 된 의리거니
이내 걱정 하늘에 넘치네
이역만리엔 찬바람 불어치는데
석별의 정 다 같이 끝이 없어라.8)

　이 시의 내용을 살펴보면, 장군(범재 김규흥)이 중국혁명에 참가하여 북녘 땅, 즉 북경혁명정부에 큰 공훈을 세웠지만, 이 모든 것은 동녘 땅, 즉 조선의 독립을 위한 행동이었음을 밝히고 있다.

이 사진에 나타난 복장을 고증하면 범재 김규흥이 신해혁명에 한국인
최초로 참가했음이 확인될 것으로 본다.

세 번째 증거, 범재 공이 모친에게 보낸 친필 편지를 보면 알 수 있다.

1) 1912년 <'새로 난 손녀'라는 글에서>

…… 작년에 ○○관이요, 금년에는 고문관으로 이직했다. ……
명색이 대관 지위에 앉아서 겨레의 괴로움을 구제하지 않을 수 없
어서 구제한 것이 …….9)

2) 1916년 <'진원은 자녀 삼 남매 낳다'라는 글에서>

…… 만리타국에 있더라도 정부 대관으로 떠받치어 지내 오니
아무 걱정 마시옵소서. ……10)

이 편지에서 말하는 정부 대관의 직위가 어느 정도의 위치인지
에 대해선, 범재 공의 조카이며 공의 임종 시까지 함께 구국 활동
을 한 자중 김진영 선생이 1962년도에 쓴 청풍김씨 가승(家乘) 행
장(行狀)에서 다음과 같이 밝혀 주고 있다.

"…… 광동 혁명가들과 함께 혁명대업을 완수하여 도독부 총참의
겸 육군소장에 취임하여 청렴공명정대하게 시행하니 여러 동지들이
선견지명이 탁월하여 제갈량이 환생한 듯하다고 칭송하였다. ……"11)

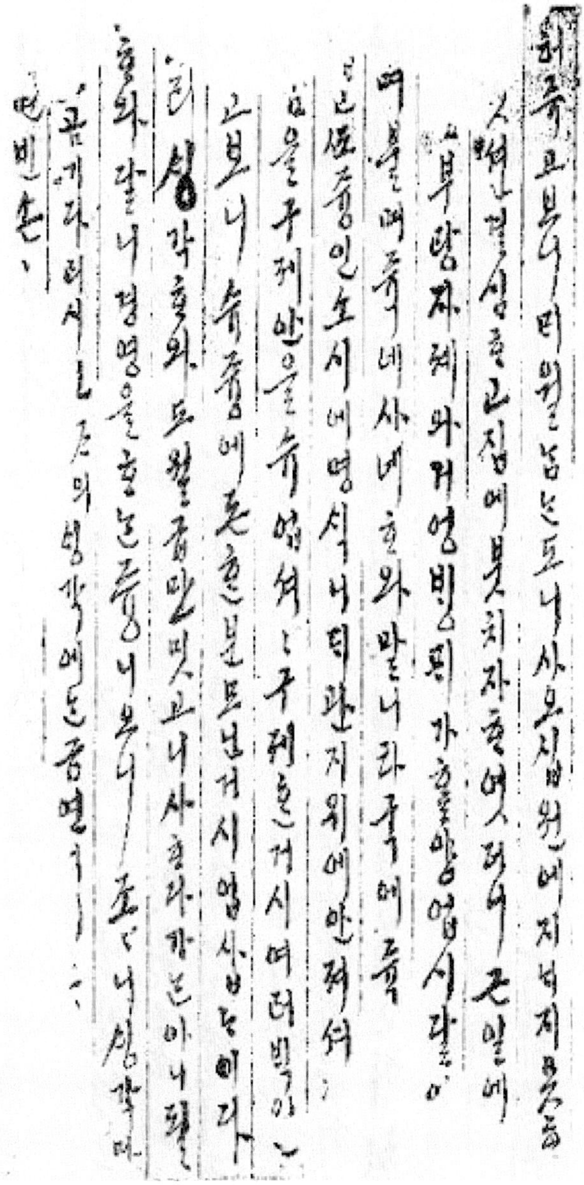

김규흥이 모친에게 보낸 편지의 일부. 그의 효심이 잘 드러나 있다.

네 번째 증거, 1911년 3월 7일 샌프란시스코 대한국민회에 보낸 범재 공의 편지가 증명한다.

"…… 단 지혜와 술책(術策)이 천박하고 못나서 실패하여 국내(조선)에 있지 못하고 멀리 중국으로 망명하여 기구한 고생을 겪고 있습니다. 다만 제 어리석은 의견을 말씀드리면 지금의 이 세계는 자기의 이해관계를 위하여 다투고 있으며 그런 맥락에서 볼 때 지구 상 오대양 중 우리 한국과 이해관계가 일치하는 곳이 중국만한 나라가 없습니다.

하지만 현금(現今)의 중국은 일본과 러시아의 풍조가 침투하여 나라 전체를 크게 울려 흔들리게 하므로 (오히려) 국민의 애국심(民氣)이 사방으로 퍼져 나가고 있으니 이야말로 광복성취를 위한 좋은 때(大可爲之秋)일 것입니다.

광동(廣東)은 중국에서 제일 먼저 개화한 땅일 뿐 아니라 도적(盜賊)을 증오하고 원망하는 '골'이 아주 깊게 파여 있는 곳입니다. 그런 까닭에 제(弟)는 수년 동안 광동에서 기거하였고 그러는 동안 여러 지사의 돌봄으로 자못 피차에 지기지간(知己之間)이 되었으며 ……

공성(孔聖) 2462(-551)=1911년 3월 7일 김복 근상(謹上)

거듭 말씀드리기를 '복(復)'의 본명은 김규흥(金奎興)이니 이 점 양해하시고 제(弟)의 성명 및 진행사항은 절대로 신보(新報)나 잡보(雜報)에 등재하지 마시고 비밀(秘密)을 지켜 주시기 바랍니다. 회신은 광동성(廣東省) 구창항(舊倉巷) 도강의원(圖强醫院) 조보사무소(朝報事務所)로 보내 주시기 바라며 여러분이 회의하신 결과에 희망 있는 단서가 있으시면 우선 전보로 알려 주시기를 간절히 앙망하나이다. 여러 동지의 노심(勞心)에 큰 위안이 되었습니다."[12]

大國之人物之衆之地之廣視世界列強無縣□其兵項
鄉之名値無騰獅歎縣天□道之際喬權連□綠悍
韓國方今中國人皆□發有不□天之祝此□□
祖與天良願知□激不可同拳之義□衛教□
愉中洲祝經□惟□惠老以為□一利害之世界
開者□知中國而況今中國震藏日□之頁渕民氣方
立國當先開之地而且□不□最□之慶故□族
冬會議組一新報以為鍾吹□人心□給之□

1911년 샌프란시스코 대한국민회에 보낸 범재 공의 편지 중 일부 다섯 번째 증거, 대정5년(1916년) 9월 22일, 조선총독부에서 작성한 기밀문서가 증명해 주고 있다.

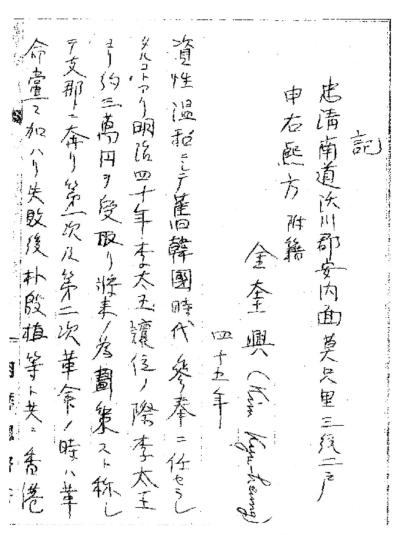

1916년 조선총독부가 작성한 기밀문서,
김규흥이 제1, 2차 신해혁명에 참여했다는 사실이 기록되어 있다.

당시 일제는 "조선인과 독일인의 음모에 관한 건"이라는 제목으로 여러 차례에 걸쳐 상당히 심각하게 거론한 문서를 작성 한 바 있다. 이 사건의 주모자로 이철 및 김규흥을 지목하고 있는데, 특히 김규흥에 대해선 가족 관계를 비롯한 간략한 약력을 첨부하고 있다. 이 이력서에 김규흥이 제1, 2차 신해혁명에 참여하였고, 혁명 실패 후 박은식 등과 함께 홍콩으로 이주하였다는 내용이 기록되어 있다. 이 문서는 김규흥이란 인물의 정체를 파악하기 위한 대단히 중요한 단초가 되므로 아래에 번역본 전문을 소개하겠다. 본문 중 "본인(김규흥)이 중국에 건너간 후 1914년(대정3) 5월에 목하 장사를 하고 있다는 편지를 아들 진원 앞으로 보낸 적이 있을 뿐이다. 이후 소식이 끊어졌다."라는 내용이 있는데, 1914년 5월은 범재 김규흥이 홍콩에서 향강 잡지를 발행하고 있을 때이다. 독립운동이 장사로 둔갑한 셈이다. 이러한 예를 보아도 범재가 얼마나 보안에 신경을 썼으며 일제의 정보망을 교란시키기 위한 노력을 경주했음을 알 수 있다.

1916년(대정5) 9월 22일
조선통독부 정무총감 야마가타 이자부로
기밀 제152호
외무차관 ?하라 센쥬로
중국에서의 조선인 음모사건에 관한 건.
본 사건에 관해 9월 15일부로 보낸 정(政)기밀 제46호로써 전달받은 취지를 모두 양해한다. 그 문서에 기재된 조선인 이철 및 김규흥 두 사람 중에 이철은 곧 9월 11일부 관비(官秘) 제230호 왕신

(往信, 답장을 바라고 보낸 편지)에 기재된 유동열의 다른 이름이다. 또한 김규흥의 약력은 아래 기록과 같다. 조(條)는 이 단락 및 통보를 참고할 것.

기
충청남도 옥천군 안내면 막지리 3통2호
신우희 집 호적에 올라 있음
김규흥
45세

자질과 성품이 온화하고 구한국 시대 참봉을 지낸 적이 있다. 1907년(명치40) 고종 양위사건 때 고종으로부터 약 3만원을 받아 장래를 획책하고자 중국으로 달아났다. 제1차 및 제2차 혁명 때에는 혁명당에 가입했다. 혁명이 실패한 후 박은식 등과 함께 홍콩으로 피했다. 1914년(대정3) 5월경 광동 천평가에 체류했다가, 그 후 얼마 지나지 않아 북경에 들어간 모양이다. 향리에는 아내 윤씨 및 장남 김진원(23세)이 있다. 재산이 없어서 목하 규흥의 종제인 신우희 집에서 동거하는데, 그 집일을 도우면서 생활하고 있다. 본인(김규흥)이 중국에 건너간 후 1914년(대정3) 5월에 목하 장사를 하고 있다는 편지를 아들 진원 앞으로 보낸 적이 있을 뿐이다. 이후 소식이 끊어졌다.

일단 이 정도의 정보를 공개한다. 이 글을 진행하면서 관련 증거를 좀 더 제시하겠지만, 범재 김규흥 선생이 신해혁명에 한국인으로서 최초로 참여하였을 뿐 아니라 혁명 후 논공행상 시 상당한 지위로 보상받았음은 확실한 듯하다. 물론 논자에 따라 정황증거라고 치부하는 자들도 있을 터이다. 그러나 그 격동의 시절, 이 정도의 증거자료나마 제시할 수 있는 독립운동가가 어디 그리 흔하겠는가? 참고로 자중 선생이 생시에 한 말을 첨언한다.

"공산당과 국민당의 격렬한 전투 중, 도망치다시피 귀국을 하였는데, 그 와중 삼촌에 관한 자료를 찾지 못하고 온 것이 평생의 한이다. ……"

안타까운 일은 중국 측의 자료를 입수하지 못한 것인데, 이 책의 발간을 계기로 정부에서 적극 나서 중국의 협조를 얻어 좀 더 확실한 관련 자료를 발굴했으면 하는 소망을 전한다.

3) 신해혁명 참여, 왜 중요한가

대한제국이 멸망하고 채 10년이 되지 않아 1919년 4월 상해에서 대한민국 임시정부가 수립될 때 왕정복고나 입헌군주제의 채택은 논의의 대상이 아니었다. 500년 왕조가 무너진 자리에 새로운 국가를 세울 때 전제왕정의 부활이나 하다못해 입헌군주제마저 의제로조차 상정되지 못했다. 민주공화제에 대한 우리의 의식과 준비가 그만큼 철저했기 때문일까? 아니면 다른 어떤 이유가 있었던 것일까?

실제로 개항 무렵 제국주의의 침략이라는 위기 앞에서 나라를 구하기 위해 일어선 세력들은 낡은 왕조를 뒤엎고 새로운 출발을 꾀하기보다는 보국안민(輔國安民)과 충군(忠君)을 내세우며 근왕주의(勤王主義)적 태도를 보였다. 1894년 농민혁명 당시의 전봉준이 그랬고, 대부분의 의병장들이 또 그랬으며, 갑신개혁의 당사자인 김옥균, 박영효 등도 이러한 주류에서 예외가 될 수 없다.

"자유나 민권을 모르는 백성들에게 민권을 주어 하원을 설치하는 것은 위태하다."면서 "무식한 나라에서는 군주국이 민주국보다 견고하다."고 하여 민중들의 국정참여에 반대한 서재필 등 독립협회의 관계자들도 마찬가지였으며, 문화계몽운동에 참여한 신지식인들도 그 점은 마찬가지였다.

1910년 이전, 공화제에 대한 논의나 공화제를 실시하자는 주장은 거의 찾아볼 수 없다. 비록 일제의 침략을 당해 만신창이가 되었다 해도 엄연히 군주제가 존재하는 상황에서 군주제 자체를 부정하는 논의는 쉽지 않았다.

복벽주의의 대표자는 척사론의 맥을 이은 의암 유인석(毅庵 柳麟錫)이었다. 그는 이상설(李相卨) 등과 더불어 고종을 연해주로 망명시켜 망명정부를 세우려는 계획을 세우기도 했다. 최익현(崔益鉉)과 함께 의병운동을 일으킨 임병찬(林炳瓚)이 주도한 대한독립의군부 역시 입헌공화론은 내란을 불러일으킬 것이라며 황제를 복위시키고, 황제의 명에 의해 향약을 실시하여 유교적 질서를 복원해야 한다고 주장했다.

한편 1915년에 결성된 신한혁명당 역시 고종을 국외로 탈출시켜 신한혁명당의 당수로 옹립하고 독립운동을 전개하려 했다. 이 당에 모인 사람들의 면면을 보면 이상설 이외에 신규식(申圭植), 박은식

(朴殷植), 유동렬(柳東說) 등 뒤에 임시정부의 요인들이 다수 포함되어 있었다.

그런데 1919년 4월 임시정부 수립 시 보황주의와의 갈등은 전혀 없이 대한민국은 민주공화국임을 합의하였다. 10년도 안 되는 짧은 기간에 어떻게 이런 역사적 사건이 가능하게 되었을까? 그 답은 신해혁명에 있다고 보인다.

청 왕조를 무너뜨리고 한족에 의한 공화혁명을 이루려는 운동은 당시 중국민족주의의 요구를 대변한다고 할 수 있었다. 중국에는 공화제와 민족주의가 쉽게 결합할 수 있는 요소가 있었던 것이다. 그러나 우리의 경우 조선 왕조의 왕실, 또는 대한제국의 황실은 민족주의적 세력의 입장에서 볼 때 그 무능이 비판의 대상은 될 수 있을지언정, 정통성을 쉽게 부인할 수 있는 존재는 아니었다.

그러나 중국에서의 공화주의운동이 입헌군주론을 포함한 조선의 보황주의자들에게 충격을 주었음이 틀림없다. 특히 이 운동을 가까이서 지켜보았던 범재 등 한국인에겐 신천지를 보는 느낌이었을 터이다.

신해혁명 참여 이전, 범재 공도 보황주의였음에 분명하다. 상기에 인용한 대한국민회에 보낸 범재 공의 편지 말미에 연도를 표기할 때 공성(孔聖) 2462년이 그 증거의 하나이다. 고종의 비자금 처리에 관한 밀명을 받아 중국으로 가다가 일경에게 탄로되어 옥고를 치른 것이 망명 이유의 하나라는 것도 김규홍이 근황주의였음을 나타내 준다.

신해혁명의 중심부에서 활약했던 범재의 사상편린과 그의 행적을 추적해 보면 임시정부가 별 무리 없이 공화제를 채택한 연유를 알게 된다. 1913년 홍콩에서 발간된 한중합작 잡지인 『향강』에 기고한 범재의 <축사>란 글을 함께 보자.

祝 詞

凡齋

중화민국 2년(1913년) 12월 20일에 법인 향강 잡지사가 주강유역에서 탄생하고 원노선배님들이 모여서 양고기와 술로 축하하고 이날을 경축일로 정하였도다.

너(향강)의 출생지는 중국과 서양의 문물이 모여서 교류하는 지역(향항)으로 민국의 공화제가 성립한 시기이니 하늘이 너(향강)를 낳은 것이 진실로 우연이 아니로다.

문명국화시대에 근본 정기를 잉태하고 자유 민주사상에 사물의 본체와 그 작용에 통달한 덕을 갖추고 슬기로운 안목으로 온 세계를 밝게 비추어 신령스러운 지혜가 만물에 오묘하게 나타나게 할지니라.

여론은 중도로 그 핵심을 잡고 공공의 정당한 도리를 밝혀내며 학계의 참신한 빛을 떨쳐서 대중(大衆)의 지혜(智慧) 있는 의식을 개척할지니라.

도덕의 원천을 근거로 할진대 법률을 지키고 따라서 그대로 하면 만물이 무성하여 새봄을 맞이하느니 이때에 천지가 떠들썩하고 천둥 벼락 치듯 하며 생기가 넘치기는 철철 넘쳐흐르는 강하(江河)와 같고 찬란한 것은 밤하늘의 별자리처럼 웅장(雄壯)하고 화려(華麗)함 같은 것이다.

우리 민족의 기운을 북돋아 양성하고 우리나라 운명의 진취를 독촉할진대 쉼 없는 정성으로 더욱더 채찍질하여 철철 넘치는 복으로 베풀지니라.

이 모두가 너의 책임이다. 향항(香港) 잡지사(雜誌社)여!! 네 몸은 비록 작으나 네 원담(員擔)은 심히 크도다. 나는 너에게 재화(災禍)가 없고 편안한 장수(長壽)를 축원하노니 네가 그 천직을 알고 그것을 하려거든 모름지기 그 자격을 완벽하게 갖추어야 할 것으로 너의 타고난 지혜를 더욱 연마하여 넓혀 나가 고루한 습속에 묻혀 있지 말고 너의 시야를 멀리까지 환하게 하여 왜곡된 견해에 사로잡히지 말고 화평(和平)한 기상(氣象)을 견지하여서 한때의 분(憤)함과 미워하는 시샘으로 인간의 참다운 용기를 상(傷)하지 말고 입 밖에 내는 말은 바르고 곧게 함으로써 어느 한쪽에 치우치어 공사에 어긋남이 없게 하라.

반드시 공경하며 하는 일에 착오가 없도록 하며 오직 신의로써, 성실함으로써 행여 과시하거나 방종하지 말지니 이는 모두 네가 일상생활에서 시시각각(時時刻刻) 명심하고 받들지니라.

당초에 네가 태어날 때부터 자립은 본디 성임(性賃)이요 자립심은 원동력으로 하는 것이니 자립의 뜻은 이같이 넓고도 큰 것이다.

사람으로서 자립함이 없으면 소나 말이 될 수밖에 없으며 나라가 자립함이 없으면 남의 나라 노예일 수밖에 없다.

사회의 목탁(木鐸)으로서 초연한 지위에 우뚝이 서서 너의 자립정신을 갈고닦아 모든 동포(同胞)에게 자립의 능력이 생겨나도록 도울지어다.

크도다!! 너의 책임이여!! 따라서 그 자립정신을 깊이 명심하지 않

겠는가? 이상 용렬(庸劣)한 사람이 자립의 뜻을 말하며 신신당부하
는도다.[13]

香港雄誌

祝詞

維中華民國二年。十二月二十日。法人兒
誕生乎珠江瓶域。平兒先番長者。持華洞乎
賀之。繼之以祝曰。爾之生也。作中山交淘
交萃之原。丁民國共和肇音之兩。受之年國
誠不學然。孕元精於文明二月耀
慈眼勞觀干寰球。繼智妙匯子葡一
論之幅輪。愛鍵公懇。振學來之氣蘇
叢智之根果。建德之原本。邁山乎河道
則。壽紛血命陽春
江河之百

視詞

향강 창간호에 실린 범재 김규흥의 축사

72

글이 발표된 시기가 1913년 12월이었으니, 어쩌면 범재의 <축사>란 글이 한국인이 최초로 공화주의에 대하여 언급한 글일지도 모르겠다. 중국의 공화제 성립과 때를 맞추어 한중 합작 잡지인 향강이 출범하게 되었다는 내용, 그리고 이 잡지를 통하여 자유 민주사상이 널리 전파되기를 기원한다는 표현 등을 보면, 조국인 한국에도 공화제가 조속히 성립되어야만 할 것이란 작가의 소망을 엿볼 수 있다.

많은 학자들은 1917년에 발표된 '대동단결선언'이 근황제를 극복한 최초의 문서로 인정하고 있지만, 범재의 향강 축사야말로 공화주의를 지향하는 최초의 글이라는 것이 필자의 의견이다. 즉 신해혁명을 통하여 공화주의에 대한 확신을 갖게 된 범재 공이, 그 후 상해, 북경 등으로 망명한 독립지사들인 신규식, 박은식, 조소앙, 신채호, 조성환 등에게 영향을 주어 <대동단결선언>, <대한독립선언서> 등 보황주의 노선의 종결을 선언하는 문서가 나오게 되었다는 뜻이다. 향후 관련 학자들이 이 문제에 대한 보다 적극적인 고찰이 이루어졌으면 한다. 이왕 『향강』이란 잡지 이야기가 나왔으니, 듣도 보도 못한 이 잡지에 관한 숨겨진 일화들을 소개하겠다. 그리고 이 잡지가 한국 독립운동사에 왜 그렇게 중요한지 그 이유에 대해서도 설명하기로 하겠다.

제2장

1913년 발행한
향강 잡지에 대한 진실

1) 향강의 발행인은 누구인가

향강 잡지가 발행된 곳으로 알려진 잡지사 터

2006년 2월 동아일보, 한겨레신문 등 몇몇 언론들은 동남아시아 일대 항일독립운동 관련 사적을 현지 확인하고 관련 자료를 새로 발굴한 조사보고서에 관한 보도를 하였다. 내용 중 "홍콩에서는 임정 2대 대통령을 지낸 백암 박은식(白巖 朴殷植)이 1913~1915년 체류하는 동안 주필로 활약했던 한문 잡지 '향강(香江)' 잡지사의 위치를 확인했다."[14]라는 기사도 있었다.

이 보도를 접한 독자들은 백암 박은식이란 인물에는 조금 관심을 두었을지 모르겠으나 향강이란 단어에는 관심은커녕 호기심마저 접어 두었을 것이라고 짐작한다. 사실 향강이란 잡지의 발굴은 대한민국의 독립운동사를 바뀌게 할지도 모르는 거대한 폭발력을 가진 역사적 사건이다. 이 사실을 좀 더 자세하게 보도한 YTN의 보도내용을 소개하겠다.

백암 선생 홍콩에서 민족잡지 발간

[앵커멘트]

자칫 역사 속에 묻힐 뻔했던 항일 운동의 발자취가 홍콩에서 발견됐습니다. 언론인이자 독립운동가인 백암 박은식 선생이 홍콩 중심가에서 민족의식 고취를 목적으로 한 잡지를 펴낸 사실이 처음으로 밝혀졌습니다. 홍콩에서 유연이 리포터가 전해드립니다.

[리포트]

홍콩 중심가 '퀸스 로드 센트럴 지역' 88번지에 들어선 한 건물입니다.

빌딩 숲 사이로 우뚝 서 있는 이 건물은 해외 항일 운동 관련 아주 특별한 사연을 간직하고 있습니다. '시일야방성대곡'으로 유명한 황성신문 창간 주역이자 독립운동가인 백암 박은식 선생이 이곳에서 민족지 '향강'을 발행한 것으로 밝혀졌기 때문입니다.

[인터뷰: 독립기념관 김도형 연구원]

"동남아지역 독립운동유적지를 조사하게 된 것은 작년에 광복 60주년 사업으로 동남아지역, 지금까지 알려지지 않은 지역에 대해서 조사를 하게 되었습니다." '독립기념관'과 '국가보훈처' 공동 조사에서 밝혀진 자료에 따르면, 박은식 선생은 뜻있는 중국인들과 1913년 12월 20일 '향강' 창간호를 시작으로 홍콩지역 독립운동 단초를 마련하게 됩니다.

[인터뷰: 독립기념관 김도형 연구원]

"북경, 중국에서 활동하던 박은식 선생은 중국 쑨원을 중심으로 한 국민혁명파와 특수한 관계를 맺게 되었습니다. 박은식 선생은 국내에서도 언론활동을 했기 때문에 국외에서도 자신이 할 수 있는 일은 주로 언론을 통한 독립운동이었습니다." 하지만 이민 역사가 짧아선지 동포사회에선 이런 역사적인 사실에 대한 어떤 기록이나 정보도 없는 상태입니다. 뒤늦게야 소식을 알게 된 동포들은 놀라움과 아쉬움을 감추지 못하는 표정입니다. 홍콩 한국 총영사관과 동포사회를 대표하는 홍콩 한인회 측도 이 사실에 대해선 알지 못하고 있는 눈치입니다. 박은식 선생의 항일 발자취가 늦으나마 밝혀진 만큼 공관은 물론 동포사회가 관심을 가지고 이를 보존하고 후세에 알리는 데 힘을 쏟아야 할 것입니다. 홍콩에서 YTN 인터내셔널 유연이입니다.15)

그러나 이 언론은 본의는 아니겠지만, 몇 가지 대단히 중요한 사실을 확인도 제대로 하지 않고 보도를 하였다.

첫째, 향강의 발행인을 박은식 선생으로 단정한 것은 치명적 오류이다. 백암의 전기에 따르면 향강의 주필로 대부분 기록되어 있는데 이역시 정확한 확인이 필요한 부분이다. 향강 창간호에 의하면 편집 겸

발행인은 <이정화>로 되어 있다. (아래 인용 사진 참조)

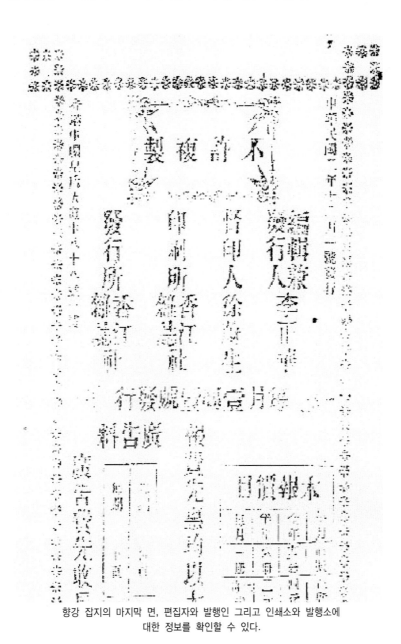

항강 잡지의 마지막 면, 편집자와 발행인 그리고 인쇄소와 발행소에
대한 정보를 확인할 수 있다.

둘째, 박은식 선생이 중국 쑨원을 중심으로 한 국민혁명파와 특수한 관계를 맺게 되었다는 독립기념관 김도형 연구원의 주장도 고증이 필요한 부분이다. 기록에 의하면 백암은 1911년 5월에 만주로 망명하였으며, 그 후 서간도 환인현 흥도천에 있는 윤세복의 집에 1년 동안 머물면서 역사서의 저술에 진력했다고 한다. 그 후 1912년 3월부터 선생은 북경·천진·상해·남경 등지를 순방하며 망명 애국지사들과 만나 독립운동 방안을 논의하였다고 되어 있는데, 1911년 10월에 봉기를 한 신해혁명에 직간접적으로 참여한 바 없는 박은식이 국민혁명파와 특수한 관계를 맺었다는 것은 물리적으로 불가능한 일이다.

셋째, 박은식이 향강의 설립자, 혹은 발행인이 될 수 없는 보다 확실한 증거는 백암이 도산에게 보낸 친필 편지이다.

안창호 선생께(한글 번역분)
…… 저는 백수로서 어렵게 떠돌아다니고 있지만 다행히 병은 없습니다. 작년 겨울에 김범재 군이 또 상해로부터 홍콩으로 이주하여 보관(신문사 혹은 잡지사)을 설치·운영하고 있는데 이미 1호가 발행되었고 이는 중국과 한국이 합동으로 운영하는 기관입니다. 만일에 우리들만의 단독 기관이라면 비단 힘이 미치지도 못할 뿐만 아니라 형편이 허락하지도 않을 것입니다. …… 만약에 운영사업이 실제로 없으면 우리의 믿음을 보일 방법이 전혀 없으며 또 우리의 의사를 발표함에 있어 신문 또는 잡지의 역할보다 더 중요한 것은 없습니다.

백암 박은식이 도산 안창호에게 보낸 편지. 당시 백암의 현실과
범재와의 인연 등이 기록되어 있다.

그런데도 우리들 중에 이만한 실력을 가진 자를 얻기 어려운 형
편이었는데 다행히 김 군의 주선이 있어서 보장(신문 또는 잡지)의

출현을 보게 되었으니 김 군의 높은 의견과 명석한 판단이 있었기 때문에 가능한 일이었다고 믿습니다. ……

천조강세 4371년(1914년 1월 7일) 겸곡 박은식 씀[16]

이 편지를 보면 향강에 대한 기본적인 정보를 대부분 파악할 수 있다.

첫째, 향강의 실질적인 운영자는 범재이다.

둘째, 향강은 중국과 한국이 합동으로 운영하는 기관이다.

셋째, 협력을 기대하고 있는 중국에 우리의 믿음을 보여 주는 방법은 실질적인 운영사업이 있어야 하는데, 그 역할을 향강이 하고 있다.

넷째, 우리 의사를 발표하는 언론의 기능을 향강이 하고자 한다.

다섯째, 범재의 높은 식견과 명석한 판단이 향강의 출범을 가능하게 했다.

대략 이 정도인데, 이 편지 이후에도 도산 안창호, 혹은 미주에 있는 독립운동가들과의 협조가 그리 신통치 않았던 것을 보면, 중국에서 활동하고 있는 독립지사들과 미주에서 활동하고 있던 교포들과는 무언가 벽이 있었지 않았나 하는 추측이 든다.

신문사를 창간하려다가 동포 사기꾼에게 속아 좌절된 후 '샌프란시스코 대한국민회'의 협조를 바라며 1911년 3월 7일에 쓴 범재 공의 편지에도 별 반응이 없었으며, 상기 인용한 백암의 요청에도 가시적인 결과가 없었다. 더욱이 1920년 7월 9일, 백암 박은식 배석 하에 도산 안창호와 범재 김규흥의 회담에서 범재가 제안한 시베리아 6개 사단 구성 건도 도산의 거절로 무산된 점 등을 고려하면 필자의 추측이 그리 과잉된 반응은 아니리라 믿는다.

아무튼 범재는 이러한 악조건하에서도 『향강』을 창간했는데, 제4

호로 폐간되었다 하니 안타깝기 그지없다. 만약 당시의 많은 독립
지사들이 범재의 뜻을 이해하고 힘을 결집하여 지속적인 출간이
이루어졌다면 우리의 독립운동사도 많은 부분이 달라지지 않았을
까 하는 안타까움을 다시 한 번 피력한다.

2) 향강에 기고한 필진 소개

일제하 활약한 독립투사들은 대개 본명을 숨기고 이명을 많이
사용하였으며, 아호도 여러 가지였다.

박은식의 경우 자는 성칠(聖七), 호는 백암·겸곡(謙谷)·태백광노
(太白狂奴)·무치생(無恥生), 이명은 박인식(朴仁植)·박기정(朴箕貞)
등을 사용했다.

신규식의 자는 공집(公執)이며, 호는 예관(睨觀)·일민(一民), 때로는
아목루실(兒目淚室)이라는 필명과 이명으로 정(檉)·목성(木聖) 등을 사
용했고 신채호는 필명 금협산인(錦頰山人)·무애생(無涯生), 호는 단재
(丹齋)·일편단생(一片丹生)·단생(丹生) 등을 사용했다.

범재 김규흥의 경우는 사정이 좀 더 특수하였다. 상기에 인용한
미주대한국민회에 보낸 편지 말미에도 언급한 바 있지만 그는 본
명 자체를 김복으로 바꾸고 그 외 잘 알려져 있지 않은 수많은 이
명, 필명을 사용하였는데, 타국의 혁명에 참여한 전력, 그리고 비밀
을 필히 지켜야 하는 자신의 특수한 신분 등이 그 배경이라고 짐작
된다. 범재라는 호 자체도 이 『향강』을 끝으로 거의 나타나지 않았
으며, 후일 의열단 사건으로 일본의 주요 감시대상으로 등장하기까

지 거의 베일에 싸인 인물이 되어 버린다. 이 점에 대해선 <의열단>을 다룰 때 다시 언급하기로 하겠다.

152페이지로 구성된 『향강』의 창간호에는 우리나라 독립운동사의 한 획을 긋고 있는 상기 저명인사들의 모습이 다수 보이고 있다. 우선 표지와 목차 사이의 면지에는 신규식 선생의 축하 친필 휘호가 일민이라는 아호를 사용하여 게재되어 있다. (아래 사진 참조) 그다음으로 앞서 소개한 바 있는 범재 공의 축사를 볼 수 있으며, 다음과 같은 제목의 글들이 있다.

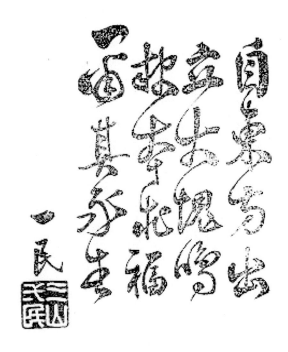

향강 창간호에 실린 신규식의 친필 축하시

동방에서 태어나와

대지에서 울부짖네

복지를 추구하니

그대는 영생하리라

民國之名實(p.24): 白巖

古今光復記(p.70): 丹生

아무튼 향강에는 백암(박은식) 단생(신채호) 일민(신규식) 등 중국에서 활동했던 대표적인 독립운동가들이 참여했고, 또한 이들이 동제사의 주요 인물들임을 확인케 하는 단초를 제공하고 있다. 그 외 범재 공의 작품으로 추정되는 第二次革命後感言(p.111), 民氣(p.26), 民德(p.31), 哀廣東(p.46) 등이 게재되어 있는데, 민기, 민덕이란 제목의 글은 전제주의와 공화주의, 그리고 선거 등에 대한 의견 피력 등 상당히 중요한 내용이 있어 아래에 그 번역 일부를 소개한다.

民德[17]

전제시대의 세상은 천하의 권리를 한 사람이 모두 휘어잡고 있는 것이다. 그러므로 정치는 군주가 덕망이 있어 백성을 올바르게 다스릴 수 있도록 돕는 것이 가장 가치 있는 일이라 할 수 있다.

소위 군주가 어질지 않거나 의롭지 않으면 이를 그렇지 않도록 하여 어질고 의로운 군주가 될 수 있도록 하는 것이다. 오늘날 우리나라는 공화시대에 접어들어서 천하의 권리가 온 백성에게 맡겨졌으니 백성의 도덕이 새로워진 연후라야 정치도 새로워지고 법(法)의 체제도 새로워

향강 창간호의 목차

지고 사회의 기풍도 새로워지고 군의 기강(紀綱)도 새로워지고 문화의 산물도 새로워지는 것이니 아직도 백성의 도덕적 가치가 새로워지지 않았다면 그 나라가 새로워질 수 있을 것인가?

우리나라를 바르게 고쳐 세우려면 정치체제를 과거의 폐습을 말끔히 씻어서 새롭게 고치고 갖추어야 할 모든 사업은 백성의 힘이 바탕이 되는 것으로서 단체를 조직하는 것이나 학교를 건설하는 것이나 병역의 의무를 담당하는 것 등등은 모두가 백성에게 부여된 책임이며 곧 법(法)인 것이다.

따라서 선거하는 일에 이르러서는 공정한 지출업무로 충당해 나가고 표를 얻기 위하여 부당하게 금전을 쓰지 말고 주어진 권리(선거권)를 버리지 많으로써 나라 일을 그릇되게 하지 말지니 천하의 대중이나 개인이 모두 합동하여 하나의 크나큰 공공집단을 이룩한다면 이는 곧 굳건하고 영원한 기초 위에 크고 강한 나라를 세울 수 있는 것이다.

이에 국민이 책임을 다하면 우리 민족의 명성이 아름답게 나타날 것이며 만약 무섭고 두려워서 무릎 꿇고 절해야 하는 전제하에 들어가서 그 기쁨과 슬픔, 그리고 화(禍)와 복(福)을 가져야 한다면 이는 자치권을 딴 곳으로 내던진 것이니 곧 속박된 것이며 부리는 노새나 당나귀이고 사로잡힌 노예이며 기르는 짐승과 다를 바 없으므로 서로 야합할 수 있는 방법도 없다.

그러니 우리민족이 앞으로 받아야 할 이 어려움을 무엇으로 감당할 수 있겠는가? 영국의 수상 비토의 말이 있는데 인민이 정부의 가혹한 정치에 반항(反抗)할 수 없는 것은 곧 뼈대가 흐물거리며 배알이 없는 백성이며 다른 나라 사람의 압제에 대해서도 또 그러하니 국가가 어찌 이로울 수 있을 것인가.

이 말을 믿어야 할까. 무릇 국민 된 자는 옳다고 생각하면서도 스스로 분발하지 않으니 그렇다면 그 자치권은 힘을 가지고 행사할 수밖에 없지 않은가.

오호!! 우리민족은 대륙의 산물이며 물 좋고 땅은 기름지며 풍속과 기상은 정이 촉촉이 배어 있고 성현(聖賢)의 철학을 이어받아 수양해 나가고 있으니 문교를 일찍이 드러내어 민덕의 아름다움이 나라를 보호하여 안정시키고자 한다면 타민족보다 고상하게 되는 것이다.

民氣[18]

오늘의 우리민족은 각 당의 의견차로 충돌하여 민족상잔의 화가 온 나라에 만연하고 있으니 이른바 저마다의 민족주의 또한 빈말이요 실제가 아니니 어찌 이것을 믿고 동족보존의 기초라 할 수 있으랴. 이러므로 우리의 혁명이 성공하였다 하여도 우리가 믿을 바가 아니요, 우리가 공화제를 세웠다 하여도 우리가 믿을 바가 아니요, 우리의 민족주의가 달성했다 해도 또한 우리가 믿을 바가 아니니 우리가 믿을 바는 오직 우리의 민기(民氣)뿐이다.

만약 우리의 민기가 믿을 만하지 못하면 우리는 믿을 바가 없는 것이다. 그렇다면 우리의 민기는 과연 믿을 만한 것이 도무지 없다고 하는 것일까? 내가 이전에 각지를 유람하면서 우리의 민기를 살펴본즉 진실로 한심하였다.

인간이랍시고 눈이 둘에 팔이 둘 달린 것이 희희낙락(喜喜樂樂) 왔다 갔다 하면서 옷 입는 것과 밥 먹는 것 말고 동족에 대해서는 관심이 없으며 서로 시기하고 미워하며 다투고 반목하는 것이 물과 불 사이 같았다.

자기 나라에서 저희끼리 그러한 것이 외국 사람을 대할 때면 위축되어 두려워하기를 호랑이 늑대를 만난 듯하고 국가의 치욕을 바라보기를 진(秦)나라가 수척한 것을 방관하는 모양이다.

광대한 중국의 신성한 대륙에 지금은 망국의 처량한 저녁노을 빛이 가득하고 진나라의 굳센 무력과 초나라의 사납고 용감한 패기와 연조(燕趙)의 기상은 그림자도 없어 옛날과 지금 사이에 기풍이 발흥함과 침몰함이 이다지도 묘연하단 말인가?

이러한 국민들로서는 비록 성길사오(成吉思汚)의 무용(武勇)이 있다 해도 또 나폴레옹의 웅재(雄才)가 있다 해도 결코 적을 이기지 못하고 오히려 타족(他族)의 노예가 되는 것이다. 이런 까닭에 지금 민기를 크게 떨치어 일으키지 않으면 또 어떤 민족의 노예(奴隸)가 될지 모른다.

무릇 생동물의 강함은 호랑이는 이빨이 있고 소는 뿔이 있으므로 가능한 것과 같은 것이니 여자가 인류의 생활습성에서 순종을 배웠고 양 따위는 사나운 짐승과 다투지 못하고 제비 참새들이 사람에게 의지하여 사는 것이 그 몸이 약하기 때문이다.

오늘날 세계 각 민족이 한결같이 분기하여 싸워서 이김으로써 생활하고 있는 것은 양육강식을 공예로 하고 있는 것이거늘 우리는 홀로 약하면서 능히 생존할 수 있으랴.

진실로 우리의 민기가 강성하지 못할진대 혁명이니 공화(共和)이니 민족주의이니 부르짖는 것들도 한때의 헛소리에 불과한 것이다.

어찌 우리나라의 국운에 진보(進步)를 기(期)할 수 있으며 어찌 우리나라의 국기를 공고히 하고 우리 생존의 복리(福利)를 누릴 수 있으랴. 대체로 우리 민족이 약한 것은 그 체력이나 물력이 약한 것이 아니라 정신과 민기가 약한 것이거늘 그 원인이 어디에 있는가.

우리나라는 예부터 문학을 높게 숭상하고 그 노력을 확장하여 왔으니 이런 까닭에 툭 하면 공자(孔子), 맹자(孟子)의 말을 끌어대는 것이 일이었은즉 "병법은 내 배우지 아니하였노라." 또 "전쟁을 잘하는 자는 후일에 사형을 당하니라."라고 하는 것이다. 무릇 공자와 맹자는 난세에 태어나서 널리 사랑하는 '인(仁)'을 가르침에 있어 이같이 말한 것이거늘 후세학자들은 이 말이 마치 문(文)을 숭상하고 무(武)를 배척하라는 근거로 지키며 그렇게 하도록 세상에 훈계하였다.

요순시대(堯舜時代)의 예악(禮樂)의 문장을 만세의 교본으로 삼고 진시황이 사방에 오랑캐를 정벌한 것이 군대를 총동원하는 우(遇)를 범한 것이며 무(武)를 더럽혔다 하고, 난상여(蘭相如)가 진나라 사람을 꾸짖는 것은 맨손으로 호랑이를 잡는 격이라고 비웃고, 위무기(魏無己)가 한단을 구한 것을 신의를 저버린 것이라 하고, 연단(燕丹)이 진시황을 죽이려던 것은 우책(愚策)이라 하고 진회(秦檜)가 강화를 주장한 것을 나라를 그르쳤다 하며 왕수인은 용병술이 비범하였는데도 비웃기를 유자(儒者)로써 패도(覇道)를 실천하였다 한다.

이 모두가 학문을 하는 자들이 우활한 이론이요, 우리 민족을 문약하게 한 제일 큰 원인이다. 그 밖에 당송 시사(唐宋 詩詞)는 대개 종군하여 변경에서 지은 것들인데 모두가 전쟁에서 죽은 사람들의 비참한 처지를 읊은 것으로서 인민들이 전쟁을 싫어하고 병역을 기피하는 사상을 부추겼으니 백성들이 적군과 싸우는 전쟁에 겁부터 내는 것은 실로 여기에 있었다.

무릇 예락을 존중하는 것이 요순의 태평성세(泰平盛世)에는 좋은 것이려니와 어찌 후세에서도 그것만을 법으로 삼을 수 있으랴? 진시황이 13세에 즉위하자 여불위(呂不韋)의 전횡은 손바닥 뒤집듯이 숙청하고 제장들을 지휘하여 6국을 정복하였으니 그 천하통일 사업으로 남방의 오랑캐 땅을 수복하고 북으로 흉노를 물리치고 만리장성을 구축해서 국경의 담장으로 하고 천하의 병사를 거두어 국방군을 이루었다.

만일 이러한 것들이 구주역사에 있었더라면 그 화상(畵像)을 만들어놓고 무릎 꿇고 절이라도 했을 일이지만 유감스러운 일로 삼았고 진시황을 무도(無道)한 폭군(暴君)이라 하며 배척하여 마지않았다.

한무제(漢武帝)는 웅대(雄大)한 전략으로 오랑캐 땅을 봉쇄하고 내몽고를 소탕해서 한고조의 평성지치(平城之恥)를 말끔히 씻었으니 이는 세상에 없는 의거인지라 장한의 건의를 흔쾌히 받아들이고 사방을 개척할 뜻으로 서성(西城)의 길을 개통하였으니 이 얼마나 장한 영용(英勇)의 마음인가.

그가 이 세상에 살아가고 있다면 그는 반드시 타민족을 제치고 오대양 육대주를 동서남북으로 치달았을 것을 담담한 유생들은 비웃으며 진나라는 망한 것과 마찬가지라 한다.

유사 이래 우리 한민족으로 국경 밖에 오랑캐를 물리치고 개척한 위업은 이 두 사람의 것이건만 그 공훈을 말살하기는 이와 같은 것이다. 이리하여 문약(文弱)의 풍조(風潮)를 양성하여 급기야는 군신이 함께 외몽고의 귀신이 되게 하였고 자녀들을 이민족의 하인이 되게 하였다.

3) 박은식 등 조선 지식인에게 준 영향

상기 인용한 민기, 민덕 두 글은 표면상으로, 중국인 필자가 신해혁명이란 거대한 역사의 흐름에 대한 중국인의 입장과 향후 각오, 과제 등을 기술한 것으로 보이지만, 범재 공의 축사와 연결해 보면 조선인에게 뭔가 메시지를 주고 있는 느낌이 든다. 민기란 말의 뜻을 곰곰이 생각해 보면 우리가 익히 알고 있는 국혼 혹은 혼사관이라는 용어와 그 뜻이 동일함을 확인할 수 있다.

이 글이 설령 범재 공의 작품이 아니더라도 백암 박은식 등 당시 범재 공과 친분을 맺은 사람들에게 큰 영향을 주었으리라 믿는다. 알다시피 박은식 사관의 변천은 크게 세 시기로 구분하고 있다.

1898년까지로 주자학을 공부한 시기가 첫 번째인데, 이때 그는 대표적인 위정척사파 유학자의 하나였다. 두 번째 시기는 1910년까지로 언론활동과 민중계몽활동을 한 시기로, 변법적 개화자강사상가로 변신을 하였다. 그다음이 혼사관(魂史觀)으로 알려진 망명 후 독립운동을 하던 시기이다.

특히 서구의 사회진화론에 입각한 자강론에 기초를 두고 자국 정신과 국사를 강조한 두 번째 시기의 박은식의 역사관은 망명 후에도 ≪동명성황실기≫(1911), ≪천개소문전≫(1911) 등에 나타나고 있는데, 1915년에 발간한 ≪한국통사≫와 ≪한국독립운동지혈사≫(1920)에서 갑자기 국혼론적 역사인식을 독립운동사 서술에 적용한 민족혼의 역사가로 바뀌게 된다.

한국통사와 한국독립운동지혈사가 타인의 작품에 이름만을 빌려 준 것이 아니라면, 『향강』의 민기, 민덕이란 작품에 영향을 받아 그의 역사관이 바뀌었다고밖에 볼 수 없다. 아무튼 백암의 역사관은 범재와의 만남 이후 대변혁을 하였음에 틀림없다.

　박은식 정도의 대학자가 이렇게 바뀌었다면, 신채호, 신규식, 조소앙 등 후학들의 경우엔 더 이상 설명이 필요 없을 듯하다. 그리고 향후 발표된 대동단결선언, 대한독립선언서 등 독립선언서에 준 영향도 같은 맥락이다.

香港政府特准發行

民國貳拾貳年壹月壹日

香江雜誌

第壹卷第壹號

HONGKONG MAGAZINE

香江雜誌第壹號目錄

香江雜誌社發行

향강 잡지의 창간호 표지

그렇다면 결론은 자명하다. 정부와 학계는 향강 창간호에 실린 글을 하루라도 빨리 분석, 검토해야만 한다. 특히 소실된 것으로 알려진 2, 3, 4호 나머지 향강 잡지를 찾는 작업에도 최선의 노력을 기울여야 할 것이다.

이것은 독립운동사를 재검토하는 역사적 의의뿐 아니라 한국 사학계의 흐름을 재조명하는 점에서도 중차대하다고 아니 할 수 없는 국가적인 사업이라고 본다. 정부와 역사학계의 결단을 바란다.

제3장

3·1운동의 산실,
동제사를 아시나요

1) 임시정부의 산실, 동제사

1910년 8월, 국권이 피탈되자 그동안 국권회복운동을 전개하던 두 부류, 즉 실력양성론에 기초한 애국계몽운동 계열과 무장투쟁을 전개하던 의병운동계열의 운동단체들은 대부분 해외로 근거지를 옮겼다. 신민회 출신이 주류이던 애국계몽운동의 계열은 주로 만주에서, 그리고 의병을 비롯한 무장투쟁세력들은 연해주에서, 이제는 국권회복이 아닌 독립운동 단체로 탈바꿈을 하여 항일투쟁을 전개하기 시작했다.

하와이와 미국 본토에서 주로 외교적인 활동이 중심이던 단체를 포함하더라도, 항일독립운동의 중심축은 만주와 연해주로 옮겨진 셈이다. 그러나 1919년 3·1운동을 기점으로 상하이가 갑자기 독립운동의 중심지로 부상하게 되었다. 한편 3·1 운동 후 3개의 임시정부가 각기 존재했던 적이 있었다.

가장 먼저 세워진 것이 1919년 3월 17일, 블라디보스토크에 세워진 대한국민의회(노령정부)인데 손병희를 대통령으로 추대했으며 이동휘가 실질적인 대표로 활동했다. 그다음 4월13일엔 상하이에서 이승만을 국무총리로 추대한 대한민국 임시정부가 세워졌으며, 이승만을 집정관으로 추대한 한성정부가 4월 23일 서울에서 발족했다. 그러나 이 세 개의 임시정부는 1919년 9월 11일 대한민국 단일 임시정부로 출범하게 된다.

그러면 왜 상하이인가? 실질적인 통합교섭은 대한국민의회와 대한민국 임시정부 사이에서 진행되었다. 현실적으로 국내와는 연락을 할 수 없었고, 중국의 동삼성이나 노령의 블라디보스토크 등의 경우 인근에 일본군이 주둔해 있었으므로 비교적 안전한 지역은 오직 상하이뿐이었다. 그러나 이러한 입지적 호조건만으로 결정되었다고 보기엔 무언가 설명이 부족한 듯하다. 그렇다. 조직이 있어야 했고 돈 그리고 명분이 필요했다.

결과적으로, 상하이에는 임정수립을 준비하고 있던 단체가 있었다는 뜻인데, 여전히 의문이 따른다. 실제로, 1919년 4월 10일 상하이의 프랑스 조계 김신부로 22호에서 29인의 임시의정원 제헌의원을 비롯하여 여러 지역의 교포 1천여 명이 모여 대한민국 임시정부가 출범하기 이전, 독립임시사무소(獨立臨時事務所) 설치는 누가 주관했을까?

그리고 한국과 만주, 연해주, 미주에서 거주하고 있는 독립지사들에게 누가 연락을 했으며, 몰려드는 지사들의 영접과 숙소마련은 또 어떻게 준비했을까? 대부분의 사가들은 이러한 작업을 신한청년당이 했다고 주장하고 있다. 이 말은 맞으면서 한편으론 틀리다. 신한청년당의 실질적인 주역이었던 몽양 여운형과 유정 조동호의 그 당시 상황을 살펴보면 답이 나온다.

조동호는 1917년 남경 금릉대학 졸업 후 중국계 구국일보(求國

日報)와 중화신보(中華新報) 기자로 재직 중이던 당시 27세의 청년이었으며, 유정과 같은 해 금릉대학을 졸업한 여운형은 미국인 피치가 경영하는 협화서국(기독교 관련 서점) 위탁판매부 주임으로 취직한 상태로 33세였다.

중국 상해 프랑스조계 최초의 임시정부 청사

몽양과 유정 모두 의욕과 열정을 가진 청년이었으므로 조직 구성과 연락망 구축 등 실무적인 일에는 무리가 없었겠지만, 아무래도 자금과 인맥 면에선 한계가 있었을 터이다. 그렇다면 정답은 뻔하다. 신한청년당을 후원 혹은 제어하는 익명의 단체가 있었다는 뜻이다.

아래 표를 잠시 보기 권한다. 표에 등장하는 29인은 상해임시정부가 처음 구성되었을 때 초대 임시의정원 의원들의 명단이다. 이들 중 이삼십 대의 청년들은 대개 신한청년당 소속이며 또한 그들 대부분이 동제사 소속인 것을 확인할 수 있다. 젊은 청년들 이외 사오십 대의 장년들도 몇몇 사람을 제외하곤 대부분 동제사 소속이거나 동제사와 깊은 관계가 있는 대동단결선언과 대한독립선언서에 서명을 한 사람들이다.

결국 임시정부의 구성을 기획하고 후원했던 실질적인 비밀단체가 존재했음을 이 표는 증거하고 있다. 상하이 임시정부의 산실은 동제사란 의미인데, 그건 그렇고 이 글의 제목에서 밝혔듯 동제사가 상하이 임시정부의 산실일 뿐 아니라 3·1운동의 뿌리이자 기획처란 가설에 대하여 증명하고자 한다.

<표 2-1 상하이 임시정부 초대 의정원 의원 명단>

이름	동제사	대동단결선언	대한독립선언	신한청년당	2·8선언	3·1독립선언
조동호	●			●		
여운형	●			●		
손정도				●		
조소앙	●	●	●	●		
김 철				●		
선우혁	●			●		
한진교	●			●		
신석우	●	●		●		
이광수				●	●	
현 순						○
신익희						

이름	동제사	대동단결선언	대한독립선언	신한청년당	2·8선언	3·1독립선언
조성환	●	●	●			
이 광	●		●			
최근우					●	
백남칠						
김대지						
남형우						○
이회영						
이시영			●			
이동녕			●			
조완구						
신채호	●	●	●			
진희창						
신 철	●					
이영근						
조동진						○
여운홍				●		
현장운						
김동삼			●			

동제사에 관한 이야기를 하기 전에 신한청년당의 활약에 대하여 언급하는 것이 순서일 듯하다. 그러면 지금부터 신한청년단 소속 청년들이 우리 독립운동사에 어떠한 역할을 했는지 알아보기로 하자.

2) 몽양은 3·1운동의 배후인가, 공작원인가

시인 이기형이 쓴 여운형 평전에는 다음과 같은 충격적인 글이 실려 있다.

"서울대학교 신용하 교수는 1986년 초에 「신한청년당의 독립운동」(『한국학보』 44집)이라는 논문에서 '신한청년당은 3·1운동의 진원'

이라는 대단히 중요한 역사적 사실을 밝힌다.

신한청년당은 여운형·조동호·장덕수·김철·선우 혁·한진교 등 6인이 1919년 8월에 창립하여 1922년 12월에 해산되었다. 당원 수는 50명 정도였다.

신한청년당은 김규식을 민족대표로 파리 평화회의에 파견하고, 여운형을 만주와 노령·연해주에 파견한다. 여운형은 그곳의 독립운동가들과 동포들에게 신한청년당이 파리 평화회의에 김규식을 대표로 파견했음을 알리고 독립운동 자금을 모금한다. 또한 국내에는 당원 장덕수·선우 혁·김철·서병호·김순애·백남규 등을 파견하여 3·1독립운동의 봉기를 역설하였다. 장덕수는 국내 1차 파견에서 3천 원을 모금하고, 2차 파견에서는 이상재·손병희 등을 비롯한 다수의 지도자들을 만나 3·1운동 봉기를 촉구한다.

선우 혁은 1919년 2월경 평안북도에 도착하여 양전백과 이승훈을 만난다. 그들에게 3·1독립운동을 일으킬 것과 민족대표가 파리에서 사용할 운동비 모금을 부탁하여 적극적인 찬동과 약속을 받아 낸다. 이어 강규찬·안세환·변린서·이덕환 등을 만나고 평양·서울을 거쳐 상해로 돌아간다. 평양에서는 숭실전문학교·숭의여학교 등을 중심으로 윤원삼·안세환 등 여러 사람이 주동이 되어 고종 국장일에 독립선언을 발표하고 시위운동을 감행하기로 결정한다.

또한 신한청년당은 김철을 국내에 파견한다. 김철은 서울에서 여러 동지들을 만나고 특히 천도교 측을 만나 독립운동 자금 3만 원을 갹출하여 송금할 것을 약속받고 상해로 돌아간다.

한편 서병호·김순애(김규식 부인)·백남규 등은 서울·대구·광주 등지에서 모금과 3·1독립시위를 촉구하고 상해로 돌아간다.

신한청년당은 일본에도 대표를 파견하여 재일 유학생들에게 독립운동을 종용한다. 1차로 조소앙, 2차로 장덕수, 3차로 이광수를 파견하여 재일유학생들의 '2·8독립선언'을 준비하도록 한다. 장덕수는 유학생들로부터 8백 원을 모금하여 상해 조동호에게 보낸다. 재일유학생들의 2·8독립선언은 국내 3·1운동의 전주곡이 된다."[19]

이기형은 '신한청년당은 3·1운동의 진원이요 뿌리다'라는 신 교수의 학술적 단정을 삼단논법적 결론으로 유도하여 신한청년당의 대표는 여운형이므로 "3·1운동의 뿌리는 여운형이다."라고 주장하고 있다. 한편, 이러한 역사적 사실에 대한 여운형의 함구 내지 침묵에 대해선, 여운형이라는 인물의 심성의 겸손함과 해방 후의 혼란·분방함으로 해석하고 있다.

신용하와 이기형의 주장은 옳지만 일부는 오해이다. 신 교수가 주장하는 내용들은 대부분 맞다. 그러나 신한청년당이 이 모든 일의 주관처였다고 하는 것은 앞에서도 설명했지만 아무래도 무리가 따른다. 신 교수가 그 정도의 연구를 하고서도 신한청년당을 내세울 수밖에 없었던 것은 1986년이란 시대상황 때문이었을 것이라고 짐작하는데, 사실 동제사가 역사의 전면에 등장하기 시작한 시점을 생각하면 한편으론 이해가 된다.

아무튼 3·1운동의 진원이 한국 국내가 아니고 중국의 상하이였다는 사실을 밝혀낸 신용하 교수의 능력과 양심에 대해선 경하를 보낸다. 다음 글에서 3·1운동의 기획처가 동제사였다는 것을 증명하는 사례를 몇 가지 제시하겠는데, 이것은 신 교수의 주장을 보충하는 의미이기도 하다.

3) 공작원 체포되다. 설산 장덕수의 진술

1936년 콜롬비아대학에서 <영국의 산업평화>로 철학박사 학위를 수여받고 13년 만에 귀국하고 난 뒤 적극적인 친일의 길로 변신하게 되는 장덕수이지만, 3·1운동 무렵 설산의 활약은 눈부신 독립투사의 모습 그대로였다. 장덕수는 2·8 동경선언의 막후 역할로 동경을 방문하고 난 뒤 1919년 2월 한국 방문 중에 곧 일본경찰에 체포되어 전라도 하의도(荷衣島)에 거주제한을 당했는데, 당시 일본경찰에 진술한 장덕수의 진술서가 현존하고 있다. 아래는 장덕수의 진술내용이다.

"설산 장덕수의 진술서 …… 경성에 와서 인천으로 옮겨 잠복 중임을 발견하고 심문하였던바 …… 신성(신규식)으로부터 서면으로 동경의 한인유학생들의 독립운동을 시찰하여 그 정황을 통신하라는 명령을 받고 중국인 유모라는 위명(僞名)으로 1월 27 – 28일경 상해를 출발하여 장기(長崎)를 거쳐 동경으로 갔다. 이것보다 먼저 신성(신규식)의 명령에 의해 상해로부터 동경유학생 선동(煽動)의 용무를 띠고 조용운(일명 용은, 소앙)이란 자와 만났으나 조(趙)는 유학생들이 2월 8일 독립선언을 하기로 결정하여 임무를 끝냈으므로 머무르는 것은 위험하다고 말하고 상해로 퇴거하고 장은 다시 한국의 운동상황 통신의 용무로 내조(來朝)했다고 자백하였다. 선우 혁과 조용운 양명(두 사람)은 한국과 일본 선동의 임무를 띠고 파유(派遣)되었던 자임이 명료하다.

장덕수의 자백에 의하면 회원 상호 간에는 동회를 혁명당 회원을 당원이라 부르고 당원은 범(凡)4 – 5백 명이 있으며 상해, 북경, 천진, 만주, 간도, 노령 각지에 있고 한국 내에도 당원이 있다고 말한다. 그리고 동당은 비밀을 엄수하여 간부는 독립식 탐정법(探偵法)에 의하여 당원 개인별로 임무를 수여(授與)하므로 당원 상호 간에도 당원임을 알지 못하여 서로 아는 당원 상호 간에서도 그 임무를 입 밖에 내지 않기로 되어 있으므로 장덕수는 선우 혁(鮮于爀)의 내한 사실과 용무를 알지 못한다고 진술하였다."[20]

이 자료가 제공하는 정보는

첫째, 장덕수는 서면에 의해 신규식으로부터 임무를 부여받았다.

둘째, 그 임무는 동경의 한인유학생들의 독립운동을 시찰하여 그 정황을 통신하라는 명령이었다.

셋째, 동경유학생 선동의 용무도 있었으나, 이 임무는 조소앙이 이미 완료했다.

넷째, 그 임무의 결과는 유학생들이 2월 8일 독립선언을 하기로 결정하였다는 것이다.

다섯째, 일본경찰은 선우 혁과 조용운 두 사람을 한국과 일본 선동의 임무를 띠고 파유(派遺)되었던 자로 단정했다.

여섯째, 장덕수가 소속된 조직의 인원은 4~5백 명 정도 되며, 철저한 점조직에 의해 운영되는 비밀 결사체이다. 그 증거의 하나로 장덕수는 선우 혁의 내한 사실과 용무를 알지 못했다.

일곱째, 조직의 인원이 4~5백 명 정도라는 진술은 신한청년당 외의 조직이 별도로 있다는 뜻이다. 왜냐하면 그 당시 신한청년단의 당원 수는 약 50명 정도로 알려졌기 때문이다.

여기서 신용하 교수의 주장에 모순점이 있는 것을 현명한 독자들은 이미 파악했을 터이다. 장덕수가 단순히 신한청년당의 당원이었다면 몽양 여운형의 지시를 받아야만 했다. 그러나 설산은 신규식의 서면 명령에 의해 유모라는 중국인으로 변복, 변장하여 모종의 임무를 수행하다가 체포되었음은 무엇을 뜻하는가? 이제 신규식이 등장하는 차례다. 결국 2·8동경선언과 3·1운동의 배후 조정자는 신규식 즉 동제사라는 것이 밝혀진 셈이다. 물론 아직은 동제사의 명칭이나 정확한 실체는 베일에 싸여 있다.

일본 경찰은 장덕수의 진술을 토대로 다음과 같은 사실을 밝혀내기도 했다.

<상해재유 한인독립운동자 체포에 관해 1919년 4월 10일자로 조선총독부 정무총감이 외무차관에 조회한 요지>

상해재유 한인독립운동자에 관한 건

한국에서의 이번 독립운동사건과 재외 한인독립운동자에 대해서는 본 사건의 수모자(首謀者)를 신문(訊問)하였던바 별지(別紙) 제1호와 같다. 그 후 상해로부터 동경을 거쳐 한국내지로 잠입한 장덕수(張德洙)란 자를 체포 신문한 결과 다시 별지 제2호와 같은 사실을 발견하였다. …… 한인독립운동자의 수령으로 인정되는 다음 수명을 체포하여 한국으로 송치하는 힘을 쓴다면 이번 사건에 관여한 진상을 규명하는 데 있어 가장 형편이 좋을 뿐이다. ……

본적 불명
상해 중화신보 기자
조동호 30세가량
본적 불명

조소앙 34, 5세

본적 평안북도 정주군 서면 하단리

선우 혁 37세

본적 충청북도 청주군 남일면 은행리

신규식 47세

본적 경성 남대문 외

동 이사(예수교 목사)

김규식 37, 8세

본적 경성부 수표정

신석우 27세

본적 경기도 양평군 양서면 신원리

여운형 35세

본적 황해도 장녕군 대구면 송천리

서병호(남경 금능대 학생)

조동호, 조소앙, 김규식, 신석우, 여운형, 서병호 등 신한청년당에 소속된 중요인물은 대부분 일경에 의해 파악된 셈이다. 그런데 아직 주모자인 신규식에 대해선 정확한 신상명세를 파악하지 못한 듯하다. 묘한 것은 신규식의 나이가 범재 김규홍의 나이로 기재된 것인데, 이 부분은 향후 좀 더 검토해야 될 사안으로 보인다.

한편, 상기 내용은 장덕수의 회고록과도 대부분 일치함을 보여주고 있는데, 아래는 그 내용이다.

"신한청년당은 이러한 국내의 정세를 예의 검토한 끝에 공작원들을 요지에 파견하여 서로 정보를 교환하고 일제에 대한 거족적인 항거를

단행키로 결정했다. 여운형은 만주의 해삼위로 가기로 했으며, 선우
혁은 국내로, 장덕수는 일본 동경을 거쳐 서울에 잠입키로 했다.

마침 광동지방에 여행 중이던 신규식은 장덕수에게 편지를 보내
어 국내와 일본에서 독립운동이 일어나면 일본 관헌은 그 진상의
해외보도를 통제할 터이니 일본인처럼 가장하고 동경과 서울에 잠
입하여 그 투쟁 상황을 상해 <중화신보>의 조동호 동지에게 통신
할 것과, 이미 동경에 있는 조소앙을 만나 긴밀한 연락을 취하라는
말과 함께 여비 1백 불을 동봉해 왔다."[21]

다시 말하지만 신규식은 신한청년당과는 아무 관련이 없는 것으로
되어 있다. 창당 시 6인의 발기인에도 속하지 않았으며, 그 후로도 대
표나 고문, 총재 등 어떠한 직책도 맡은 바 없다. 그런데 왜 장덕수는
신규식으로부터 지령을 받고 게다가 돈까지 수령을 했을까? 게다가
공식적인 정당을 표명한 신한청년당의 당원인 장덕수, 여운형, 조소앙
등이 공작원으로 표현되어야만 했을까?

결국, 결론은 자명하다. 신한청년당은 파리회담 참석을 위해 만든
임시 단체이며, 그 배후에는 비밀결사조직인 동제사가 있었다는 뜻
이다. 이 문제는 다음 글에서도 계속 다루겠지만, 신한청년당이 동
제사의 하부 조직이었다는 것은 분명한 사실이다.

<표 2-2 신한청년당 주요인물/1918년 8월 창당>

이름	출생지	생년 (나이)	망명 연도	동제사	임정 수립 직후 맡은 직책
여운형	경기 양평	1886 (32)	1914	●	창당 발기인 외무부 차장 의정원 의원
장덕수	황해 재령	1894 (24)	1917 (?)		창당 발기인

이름	출생지	생년 (나이)	망명 연도	동제사	임정 수립 직후 맡은 직책
김 철 (김영택)	전남 함평	1886 (32)	1918 이전		창당 발기인 교통부 차장 의정원 의원
선우 혁	평북 정주	1882 (36)	1913	●	창당 발기인 교통부 차장
한진교	평남 중화	1887 (31)	1901	●	창당 발기인 의정원 의원
조동호	충북 옥천	1892 (26)	1914	●	창당 발기인 의정원 의원
김규식	경남 동래	1881 (37)	1913	●	외무부 총장
신석우	서울	1894 (24)	1917 (?)	●	
이유필	평북 의주	1885 (33)	1919		내무부 비서국장
서병호	황해 장연	1885 (33)	1918 이전	●	내무부 지방국장 의정원 의원
조상섭	평북 의주	1884 (34)	?		
김순애	황해 장연	1889 (29)	1912		김규식의 처
신국권					외무부 외사국장
김인전	충남 서천	1876 (42)	1920		의정원 부의장
이광수	평북 정주	1892 (26)	1919		의정원 서기 의정원 의원
조소앙	경기 양주	1887 (31)	1913	●	의정원 의원
백남규					의정원 의원
김갑수					
임승업					
김 구	황해 해주	1876 (42)	1919		내무부 경무국장 의정원 의원
송병조	평북 용천	1877 (41)	1919		재무부 참사
김병조	평북 정주	1876 (42)	1912		
손정도	평남 강서	1872 (46)	1919		

이름	출생지	생년 (나이)	망명 연도	동제사	임정 수립 직후 맡은 직책
도인권	평남 평양	1879 (39)	1919		군무부 군사국장
양 헌					
이원익					국무원 사무국장 의정원 의원
안정근	황해 해주	1885 (33)	1910		
장 붕	서울	1877 (41)	1919		
한원창					
최 일 (최명식)	황해 안악	1880 (38)	1909 1919		
이규서					재무부 참사
신창희					
여운홍	경기 양평	1891 (27)	1918?		의정원 의원

4) 일경이 밝혀낸 선우 혁의 역할과 3·1운동의 배후

일본 경찰이 3·1운동의 배후를 찾고자 노력하는 것은 당연하다. 그들은 고문과 협박 등의 수단을 통하여 조금씩 실체를 파악하고 있는데 다음 문서는 일본 경찰이 파악해 낸 일부이다.

"별지 1호(3·1독립운동사건과 재외 한인 독립운동자와의 관계)

한국에서의 이번 독립운동사건과 재외 한인독립운동자와의 연락 관계 유무에 대해서는 독립선언서 서명자 이승훈과 양전백(梁甸伯)을 심문하였던바 상해거주 선우 혁이라는 자가 2월 초순 평북 선천으로 와서 이번 사건 수모자(首謨者)의 한 사람인 양전백(梁甸伯)을 방문하고 자기가 내한(來韓)한 용무는 민족자결주의가 세계적 풍조이므로 이 기회에 독립운동을 할 때는 목적을 달성할 수 있으므로 상해에 있는 동지는 협의 끝에 김규식을 파리로 파유(派遣)하기로 되었다.

거기다 이 협의가 결정되기 전 월슨의 이목(耳目)이라고 말할 수 있는 미국인 모 박사가 상해로 왔으므로 독립운동의 가부에 관해 의견을 구하였더니 박사는 '독립운동을 기도하려고 하면 한국인이 일본의 치하에 있음을 불복으로 의사를 표시하지 않으면 안 된다.'고 말하고 운동에 대하여 성원할 뜻을 표명하였다.

고로 차제에 한국에서는 소리를 크게 하여 한국인의 독립을 요구하는 욕구를 표시하지 않으면 안 된다. 또 파리 파유 대표자에 대하여 비용을 조달하여 주기 바란다고 말해 양의 찬성을 얻고 야소교(예수교) 수령인 이승훈(李昇薰)을 방문하여 같은 이야기를 하여 찬성을 얻고 평양으로 돌려 수모자(首謨者)의 한 사람인 길선주(吉善宙) 등을 방문하여 찬성을 얻고 상해로 돌아간 사실이 있다. 그리고 평양에서는 그 후 야소교 학생단을 중심으로 독립선언을 하기로 하여 이미 준비가 정비되었을 때 천도교 측은 경성거주 최남선을 사이에 두어 이승훈과 교섭하여 결합 이번 운동을 개시하게 된 것이라 판명되었다."[22]

이 자료가 제공해 주고 있는 정보를 정리해 보기로 하겠다.

첫째, 선우 혁은 2월 초순 평북 선천으로 와서 양전백 목사를 방문했다.

둘째, 방문의 목적은 민족자결주의가 세계적 풍조이므로 독립운동의 목적을 달성하기 위한 방법론으로 김규식을 파리로 파유하기로 상해의 동지들이 결정을 했다.

셋째, 미국인 모 박사(미국 대통령 특사 찰스 크레인으로 추정)가 파리회담 파유에 대한 성원을 표명했다.

넷째, 그러므로 파리회담 파유의 성공을 위하여 한국에선 필히 한국인의 독립을 요구하는 욕구를 표시하지 않으면 안 된다. 그리고 파리 파유에 대한 비용 부담을 해 줘야겠다.

다섯째, 양전백은 선우 혁이 설명하는 상해 측의 제안에 찬성을 했고, 그다음 이승훈과 길선주의 동의를 얻었다.

여섯째, 평양 쪽 기독교 단체의 준비가 정비되었을 때, 이승훈은 최남선을 매개로 천도교 측과 교섭하였다.

일단 이 정도면 '3·1운동기획설'을 주장한 신용하 교수의 주장이 어느 정도의 신뢰성을 가진 정보인지 파악되리라 본다. 즉 신 교수가 말한 바대로 신한청년당(실제로는 동제사)은

첫째, 김규식을 민족대표로 파리 평화회의에 파견하고

둘째, 여운형을 만주와 노령·연해주에 파견하여 상황 설명과 함께 그 지역의 자금 모집의 임무를 수행하게 했다.

셋째, 그다음 국내에는 당원 장덕수·선우 혁·김철·서병호·김순애·백남규 등을 파견하여 3·1독립운동의 봉기를 역설함과 동시에 자금모집을 하게 하였으며,

넷째, 일본에도 대표를 파견하여 재일 유학생들에게 독립운동을 종용했는데, 1차로 조소앙, 2차로 장덕수, 3차로 이광수를 파견하여 재일 유학생들의 '2·8독립선언'을 준비하도록 했다.

자, 이제 대한민국의 독립운동사가 어느 정도 왜곡되었으며 숨겨진 비밀이 많았는지 이해가 되리라 본다. 지금까지 일본의 기록을 중심으로 3·1운동의 배경과 추진 세력 등에 관하여 알아보았다.

균형을 위해 당시 한국인 독립투사가 기록한 자료를 제시하고자 한다. 3·1운동의 숨겨진 비사에 관한 기록은 독립운동지혈사를 제외하면 극히 드물지만 지산 정원택이 기록한 지산외유일지는 우리에게 많은 정보를 생생하게 전달해 주고 있다.

5) 지산외유일지가 증거하는 것들

《난중일기》는 이순신의 개인적 전장 체험뿐만 아니라 전쟁 전의 상황과, 임진왜란 당시의 전황을 알 수 있는 객관적 사료로서도 가치가 있을 뿐만이 아니라, 그의 사적을 연구하거나 임진왜란을 연구함에 있어서 가장 중요한 사료라 하지 않을 수 없다. 물론 일기는 공식적인 역사기록은 아니다.

그러나 공식적인 기록에는 미처 오르지 못한 사실들을 기록하거나 공식적인 가치평가와는 다른 각도에서 역사를 기술하고자 할 때 개인에 의해 쓰였다. 그렇기에 개인의 일기는 공식적인 역사기록과는 별개로 그 가치를 인정받고 있다. 물론 모든 일기가 그렇다는 것은 아니다. 그러나 《난중일기》외 서애 유성룡의 《징비록》, 백범 김구의 《백범일지》 등의 경우, 한편으론 공식적인 역사기록보다 더욱 중요성을 인정받고 있는 경우이다.

이런 점에서 정원택(鄭元澤)의 《지산외유일지(志山外遊日誌)》는 1919년 3·1운동을 전후한 시기, 상해, 만주 등 중국지역 독립운동의 숨겨진 흔적을 찾는 단초를 제공해 주고 있다. 특히 이 일기는 그동안 우리 사가들에게 베일에 싸여 있던 파리평화회담의 추진 동기와 주도 인물, 그리고 대한독립선언서의 작성경위와 배포과정 그 외 동제사와 박달학원 등에 관하여 대단히 중요한 증거자료들을 제공해 주고 있다.

지산외유일지 1919년 1월 21일(양력)자를 보면 다음과 같은 내용이 있다.

"12월 20일(양력 1919. 1. 21) (화) 상해 예관 선생으로부터 밀봉서류가 왔다. 받아 보니 비밀 서류이므로, 간직하고 공원 그윽한 곳으로 가서 자세히 보니, 내용이 '방금 구주 전란이 종식되고 미국 대통령 윌슨이 민족자결을 제창하며, 파리(巴里)에서 평화회를 개최하니 약소민족의 궐기할 시기라, 상해에 주류하는 동지들이 미국에 있는 동지와 국내 유지를 연락하여 독립운동을 적극 추진하며, 일면으로 파리(巴里)에 특사(特使)를 파송 중인데, 서간도(西間島)와 북간도(北間島)에 기밀을 연락지 못하였으니, 군이 길림에 빨리 가서 남파(南坡)와 상의하고 서간도에 있는 동지와 연락하고, 각 방면으로 주선하여 대기응변(待機應變)하기를 갈망하노라. ……"23)

여기에서도 예관 신규식이 등장한다. 앞에서 언급한 장덕수와 선우 혁 등의 임무와 동일하다. 파리 평화회담의 건, 그리고 우리 민족이 궐기할 시점이란 것. 단지 다른 것은 임무 지역이다. 즉 정원택에겐 서간도(西間島)와 북간도(北間島) 지역의 연락을 책임지라는 것이다.

특히 유의해야 할 점이 하나 있다. 정원택은 당시 29세로서 신한청년당의 핵심이었던 여운형, 조동호, 장덕수, 조소앙 등과 비슷한 연배였다. 그러나 정원택은 신한청년당의 당원이 아니다.

그러면 왜 그에게도 신한청년당 당원들과 비슷한 임무가 주어졌을까? 그렇다. 정원택 역시 동제사의 비밀 요원이었기 때문이다. 정원택의 활약과 지산외유일지가 제공하는 정보에 대해선 앞으로 독립선언서와 박달학원 등을 언급할 때 좀 더 다루기로 하겠다. 다음은 몽양 여운형에 대해서 좀 더 다룰 차례이다.

정원택이 기록한 지산외유일지 표지

<표 2-3 동제사의 주요 구성원(1912년 7월 동제사 결성)>

이름	생년(나이)	대동단결선언	무오독립선언	신한청년당	임시정부	한국노병회
신규식	1880 (32)	●			●	
박은식	1859 (53)	●	●		●	●(?)
신채호	1880 (32)	●	●		●	
문일평	1888 (24)					
김규식	1881 (31)	●	●	●	●	
조성환	1875 (37)	●	●		●	
이 광	1887 (25)		●			
신건식	1889 (23)				●	
신석우	1894 (18)	●		●	●	
박찬익	1884 (28)		●		●	
민제호	1890 (22)				●	
민필호	1898 (14)				●	
김 갑	1888 (24)				●	
변영만	1889 (23)					
정원택	1890 (22)					
여운형	1886 (26)			●	●	●
선우 혁	1882 (30)			●	●	
한흥교	1885 (27)					

이름	생년 (나이)	대동단결선언	무오독 립선언	신한 청년당	임시 정부	한국 노병회
조소앙	1887 (25)	●	●	●	●	
정인보	1892 (20)					
조동호	1892 (20)			●	●	●
홍명희	1888 (24)	●				
윤보선	1897 (15)					
한진교	1887 (25)			●	●	
서병호	1885 (27)			●	●	

※ 그 외의 인물: 김용호, 신철, 정환범, 김용준, 민충식, 이찬영, 김영무, 한진산, 김승, 김덕, 민병호 ……

6) 몽양 여운형과 동제사

몇 년 전 EBS에서 10부작으로 구성된 <도올이 본 독립운동사>를 방영한 적이 있다. 마지막 방송이 끝나자 EBS 시청자 게시판과 포털 사이트, 관련 사이트에는 감상평들이 쏟아졌다. EBS 시청자 게시판에는 재방송을 요청하는 글과 전화가 쇄도했으며 미디어다음 네티즌 청원에도 당장 빠른 시일 내에 재방송을 해 달라는 청원의 글이 떴다. 그중 몇 개의 감상평을 인용하겠다.

아이디 '백범 김구'는 20일 미디어다음 네티즌 청원란에 "왜놈과 친일파 매국노에 의해 조작된 조선한국의 역사! 학생들과 일반시민이 다시 공부할 수 있게 재방송을 부탁드립니다."

아이디 '역사회복'은 "그동안 2가지 이유로 우리의 독립운동사는 제대로 알려지지 않았던 것 같다."며 "첫째는 해방 후에도 청산되지 못한 친일세력과 친일사관, 친일사학자들, 둘째는 전쟁과 분단, 그리고 이로 인한 이념 대립, 이로 인해 왜곡되고 외면당했던 우리 민족의 찬란한 독립운동의 역사가 도올의 프로그램을 통해 다시 살아남을 느낄 수 있었다."고 평가했다.

아이디 'Mr.kim'은 "조선의 독립운동은 만주를 중심으로 한 항일운동이 전부인 것처럼 역사는 기술되고 교육은 가르쳐 왔던 것이 아닌가?"라며 "러시아의 혁명을 위해 조선과 중국 만주 등지에서 그 불모의 땅으로 모여들었던 우리의 선혈들에 의한 공산주의 독립운동의 역사를 새로 쓰고 가르쳐야 할지도 모르겠다."고 소감을 피력했다.[24]

'역사회복'이란 아이디를 가진 네티즌이 2가지 이유를 지적한 바와 같이 <도올이 본 독립운동사>란 이 프로그램은 충분히 의미 있는 방송이었다. 그러나 또 한편으론, 그동안 왜곡, 은폐되어 왔던 독립운동사가 또 다른 방향으로 왜곡되는 것은 아닌가 하는 의구심도 들게 한다. 도올이 방송에서 몽양 여운형에 대하여 언급한 부분을 정리해 보겠다. 조금 길지만 대단히 중요한 사항이므로 독자 여러분의 양해를 구한다.

"1914년 몽양 여운형이 여기 와서 영문과에 정식으로 입학합니다. 17년 7월에 아주 제대로 공부를 다 마치고 정식 졸업을 했어요. 그러니까 여운형은 김구 선생 같은 분들하고는 나이 차이도 많이 날 뿐만 아니라 세대도 다르고 감각이 다른 사람들이죠. 그러니까 여운형 선생은 여기서 완전히 현대교육을 받고, 철학, 영문학, 그리고 서양 역사 이런 거를 제대로 공부한 20세기 지식인이고 …… 그래서 이 사람은 폭이 넓어요. 스케일이 크고, 민족주의적 소신이 확실한 사람이죠.

그리고 우리가 여운형을 생각할 적에는 여운형이 조직한 신한청년당이 바로 그 세계사적 사건이라고 말할 수 있는 3·1운동의 모태가 되었다는 사실이죠. 신한청년당이라고 하는 것은 1918년 8월 20일 상해에서 결성되어 가지고 22년 12월 중순경에 자진 해산된 단체입니다. 4년 4개월 정도 유지되었는데 그 멤버도 여운형, 장덕수, 김철, 선우 혁, 한진교, 조동우 이 여섯 사람밖에 안 됐어요. 그런데 이 여섯 사람이 결성한 신한청년당이야말로 바로 3·1운동을 일으키게 된 진원이 된 것입니다.

1918년 11월에 세계 제1차 세계대전이 끝나고 나서 미국 대통령 우드로 윌슨이 민족 자결주의라고 하는 것을 발투해서 그 당시 많은 약소국가들한테 희망을 주거든요. 근데 그것도 사실은 제1차 세계대전의 패전국가에 소속된 식민지를 향해서 한 얘기예요. 일본과 같은 승전국에 대해서는 사실 해당되는 얘기가 아니었기 때문에 애초에 사실 우리 민족은 해당이 안 됐던 겁니다.

민족자결주의는 제1차 세계대전의 패전국에 소속되는 나라에만 적용되는 이론이었습니다. 승전국 일본에 소속된 한국은 해당되지 않았습니다. 그런데 우리는 하여튼 그런 얘기면 그때 들떴고, 아직 식민지 초기였으니까 모든 희망을 걸어 보게 되는 거죠. 그런데 윌슨의 특사가 크레인이라는 사람이 상해로 와 가지고 민족자결주의에 대한 강의를 합니다.

그래서 칼튼이라는 카페에서 사람들을 만나 가지고 연설을 하고 어떻게 뚫어 가지고 여운형이 그 사람을 개인으로 면담을 해요. 그래 가지고 호소를 하니까 '그건 어렵다. 그거는 참 …… 파리평화회의에 우리가 대표를 보내겠다.' 이러니까 '그거는 어려울 것이다. 그러나 니들이 유일한 방법은 자체로 뭔가 강력한 식민통치에 항거를 한다고 하는 것을 보여 주며는 그것을 빌미로 해서 미국도 뭔가 압력을 넣을 수가 있고, 세계여론에 우리가 호소할 길이 생기지 않겠냐?' 그렇게 해 가지고 거기서 힌트를 얻게 됩니다.

그래 가지고 여운형이 돌아와서 마침 자기들이 신한청년당이라는 걸 조직했었기 때문에 그 조직을 활용해 가지고 우선 영어에 능통했던 김규식을 파리평화회의로 파견을 합니다. 그렇게 하고 장덕수를 국내에 파견해서 자금을 모집해 오게 하고, 그리고 또 이광수를 일본으로 파견해 가지고, 소위 말해서 그것이 일본의 유학생들의 선언인 2·8독립선언의 촉발의 계기가 된 겁니다.

그리고 자신은 길림으로 가요. 그래서 길림에 가서 활동한 것이 나중에 무오독립선언에 촉매 역할을 했고, 간도의 간민회의 김약연 정제면 이런 사람들하고 만나서 상황을 설명하게 됐기 때문에 그것이 나중에 대한국민회로 발전하게 되는 모태가 됐고, 블라디보스토크에 가서는 당시 거기에 체류하고 있던 박은식 선생, 이동영, 조완구 이런 사람들을 만나서 여러 가지 상의를 하고 그래서 그러한 활동이 결국 연해주에 대한국민의회를 탄생시키는 계기도 되고 해서 여운형은 이렇게 폭이 커요. 국제적으로 이렇게 활동이 크고, 나중에 선우 혁이라는 사람이 들어가서 남강 이승훈 선생을 만나서 또 천도교 측들과 이렇게 파리평화회의에 사람을 보내고 이렇게 전체적인, 전 세계적인 움직임이 있다 이렇게 해서, 소위 말해서 파고다공원에 집결해서 이런 시위가 일어나도록 만드는 모든 전체적인 플랜을 여운형을 핵심으로 하는 신한청년당이 움직여서 한 거죠. 그러니까 3·1운동이라고 하는 것이 일제 탄압에 단순히 못 견디다가 무슨 윌슨의 한마디에 고무되어 가지고 사람들이 거리로 나와서 만세를 부른 사건이다. 이렇게 생각을 하면 안 되고, 결국은 이 3·1운동이라고 하는 세계사적 사건의 배후에는 여운형이라고 하는 거시적인 안목을 가진 지식인에 의해서, 그리고 신한청년당이라고 하는 조직이 아주 국제적인 스케일을 가지고 조직적인 활동을 벌인 결과로 일어난 것이라는 거죠.

그리고 신한청년당은 또 후에 상해임시정부를 탄생시키는 산파 역할을 충실히 이행합니다. 그리고 상해임시정부가 성립하자 결국 그것과 활동내용이 겹치게 되므로 자진 해산하게 되는 거죠.

나 도올도 어렸을 때부터 여운형 선생의 이야기를 많이 들었습니다. 그가 생애에 탄 마지막 지프차가 우리 집 앞을 지나갔습니다. 그리고 얼마 안 있어 총소리가 났습니다. 1947년 7월 19일 정오였습니다. 여운형은 분명 위대한 인물이었습니다. 그런데 그러한 위인은 하루아침에 하늘에서 풍 떨어지는 것은 아닙니다. 그를 기르고 도와준 숨은 큰 인물이 있었습니다."

"3·1운동은 종로 태화관에 모인 33인이 주도해서 일으킨 사건이 아니다. 주도적 힘은 민중의 각성 그 자체에서 나왔지만 이 거대한 국제적 이벤트를 조직한 사람은 바로 몽양 여운형이었다."고 소개한 도올의 주장은 대단히 신선하며, 일정 부분 그 주장은 옳다.

한편, 도올이 얘기하고 있는 것은 대부분, 신용하 교수가 1986년 초에 발표한「신한청년당의 독립운동」(『한국학보』 44집)이라는 논문 중

<상해시절의 여운형>과 <신한청년당의 결성> 부분을 그대로 인용한 것으로 보인다.

그런데 도올은, 이 당시의 역사에 관심이 있는 사람이라면 누구라도 제기할 수 있는 아래의 질문에 대답해야만 하는 책임이 있다. 물론 그 내용은, 상기 글에서 '조동호'를 '조동우'로 표기한 것 등 지엽적인 것은 제외하고 보다 근본적인 의문사항임을 밝혀 둔다.

첫째, 보편적 상식으론 믿기지 않는 몽양의 대단한 활약에 대하여, 몽양의 넓은 폭과 큰 스케일을 이유로 들고 있는데, 그 당시 몽양이 처한 현실을 생각해 보았는가? 대학을 갓 졸업한 그리고 일개 서점의 직원이었던 33세 몽양이 가진 인맥과 자금력 등에 대하여 조금이라도 검토를 해 보았는가?

둘째, 3·1운동이란 국제적 이벤트를 조직한 사람이 정말 몽양이라면, 그 책임자인 몽양은 전체적인 상황을 검토하고 조정했어야 했다. 그러나 몽양은 장덕수·선우 혁 등과 비슷한 임무를 가지고 길림, 연해주 방면으로 장기간 외유를 떠나는데, 이것은 어떻게 설명할 것인가? 게다가 3·1운동이 거국적으로 일어났다는 사실도 3월 6일경에서야 알게 되는데 조직의 총괄 책임자가 상황을 이렇게 늦게 파악해도 되는 것일까?

셋째, 몇 명의 젊은 청년들이 급조한 듣도 보도 못한 신한청년당이란 단체에 자금을 제공할 독지가나 단체가 과연 얼마나 될까?

넷째, 그리고 김규식의 파리행 자금은 장덕수 등이 모금한 후에 조처를 했다고 쳐도, 장덕수·선우 혁·이광수 등의 활동 경비는 어떻게 조달했을까?

사실 상기 질문에 대한 답변은 이미 앞글에서 밝힌 바 있다. 도올이 방송에서 다루지 않았지만 신용하 교수의 글을 보면, 몽양이 청산리대첩의 숨은 공로자라는 주장도 나온다. 그 부분을 인용하겠다.

"다섯째로 몽양의 활동은 시베리아 주둔 연합군과의 외교활동에 성공하여 연합군사령관 체코인 카이더 장군 등의 적극적 지원을 획득하는 데 성공했습니다. 몽양이 카이더를 방문해서 원조를 요청했고, 약소민족 독립운동에 대한 상호연락을 토의하며 몽양의 은사의 소개와 몇 차례의 토론 끝에 의기투합하게 된 사령관 카이더 장군은 직접 자기의 부관 조세프 헌치를 보내서 대동케 하고 군용열차를 태워 주어서 무사히 상해로 돌아올 수가 있었습니다.

3·1운동 후 즉, 제1차 세계대전 종전 후에 체코군이 시베리아에서 철수할 때 막대한 최신 무기들을 모두 한민족의 독립군에 헐값으로 넘겨주어서 청산리 전투를 비롯해서 많은 독립군 전투의 승리를 결과적으로 도와주게 된 일이 있는데, 이것은 결코 우연이 아니라 이미 몽양 선생이 이전에 닦아 놓은 연대 외교활동 기초와 관련된 것입니다.

그래서 카이더 장군이 귀국 도중에 상해에 들렀을 때 몽양 선생이 앞장서서 대한민국 임시정부의 이름으로 건국 축하의 기념패를 만들어 주고, 연희를 열어 그에게 심심한 사의를 표한 것은 모두 몽양의 사전활동과 관련선상에서 이해될 필요가 있습니다."

몽양이 상해를 출발한 때는 1월 20일로 알려져 있으며, 2월 15일경에는 연해주 부근, 그리고 3월 6일경에 하얼빈 여관에 도착했다고 하니, 여운형이 시베리아 주둔 연합군사령관 체코인 카이더 장군을 만난 시기는 일단 2월 15일에서 2월 말쯤으로 추측된다. 그러면 그때쯤 청산리대첩의 주인공 김좌진 장군은 어디서 무엇을 하고 있었을까?

김좌진의 행적은 지산외유일지에서 그 흔적을 찾을 수 있다. 함께 보기로 하자.

24일(양력 1919. 2. 24) (월) 북문 밖 여시당(呂時堂) 댁에 모여서 독립운동 추진 방법을 토의하는데, 회집된 인원은 박남파·조소앙·황상규(黃尙奎)·김좌진·박관해(朴觀海)·정운해(鄭雲海)·송재일(宋在日)·손일민(孫一民)·성낙신(成樂信)·김동삼·여시당 그리고 나인데, 김약수는 참가하지 않으니 좌중에 불평이 있었다.

25일, 저녁밥을 먹은 뒤에, 박남파와 한담을 하고 있을 무렵에 정원(丁園: 金佐鎭)이 와서 "내일 새벽에 김약수가 봉천으로 떠난다."고 말하고 …….

27일(양력 1919. 2. 26) (수) 시당 선생 댁에 회접하여 대한독립의군부(즉 군정서의 전신)를 조직하는데, 시당 여준(呂準) 씨가 총재로 추대되고, 총무 겸 외무에 박찬익(朴贊翊)이요, 재무에는 황상규(黃尙圭)요, 군무에는 김좌진이요, 서무에는 정원택(鄭元澤)이요, 선전 겸 연락에는 정운해(鄭雲海) 등이 피선되었다.

28일, 의군부 부서를 정하고 서무에 착수하며, 긴급회의를 개최하고 진행방침을 결의하니, 첫째는 상해에 길림 대표를 파견하여 민속하게 연락을 취할 것, 둘째는 마필(馬匹)과 무기를 구입할 것, 셋째는 근지 각처와 구미 각처에 선언서를 발송할 것, 넷째는 서북간도와 아령(俄領)에 민속한 연락을 취할 것, 다섯째는 자금 모집을 위하여 비밀히 국내에 인원을 파견할 것 등 기타 여러 항이었다. 상해 대표 파견은 나의 역천(力薦)으로 조소앙이 선정되고, 마필·군기 매입은 김좌진이 중국 친구 수명을 대동하고 러시아 땅으로 향하기로 하고, 선언서는 조소앙이 기초하여 내가 인쇄, 발송하기로 책임을 맡고, 서북 간도에의 연락은 성낙신(成樂信)·김문삼(金文三)이 맡고, 국내로 들어가 자금을 조달하는 운동은 정운해(鄭雲海)가 맡았다.

29일(양력 3월 2일), 오후에 상해로부터 온 전보를 접하니, 한성이 이미 움직인다고 하였으며, 또 상해 서신을 접하니 임시정부 수립 예비로 각계 지사들이 운집하였다고 하였다.

여운형이 길림, 연해주 인근을 방문하고 있을 때, 김좌진도 길림에 머무르고 있었다. 몽양이 카이더 장군을 만날 무렵, 김좌진은 여준, 박찬익 등과 함께 후일 청산리대첩의 주력이 되는 대한독립의군부 <군정서의 전신>을 조직하고 있었다. 그리고 김좌진은 마필·군기 매입의 책임을 지고 러시아 땅으로 향하기로 했다고 <지산외유일지>는 말하고 있다.

그러나 여운형과 김좌진의 만남에 대해서는 어떠한 문서나 증언에도 나타나지 않고 있다. 이것은 무엇을 말하는가?

사실 정답은 하나이다. 몽양 여운형이 동제사 비밀 요원이라는 사실만 인정하면 모든 의문이 풀린다. 실제 몽양은 금릉대학 학생 시절 그의 절친한 동료 유정 조동호와 함께 동제사에 이미 가입한 상태였다(<표 2-3> 참조).

도올의 표현대로 몽양은 거시적인 안목을 가진 지식인이었으며, 넓은 폭과 큰 스케일을 가진 독립투사였다. 그러나 3·1운동 전야, 그 당시 몽양은 아직 젊었고 경험과 인맥이 부족한 상태였다. 그러한 점을 무시하고 몽양을 무리하게 표출시키려다 보니 역사적 고증작업에 다소 소홀했다고 보인다.

지난 60여 년 동안, 좌익계열이란 오해 아닌 오해 때문에 우리가 그동안 외면했고 폄하했던 독립지사들을 재평가하는 일은 정말 중요하며 우리 후손에게 주어진 의무이기도 하다. 단 그 작업이 또 다른 왜곡이나 조작을 해서는 안 된다는 전제조건은 필히 명심해야 될 듯하다.

　답답한 것은, 많은 학자들이 신한청년당까지는 언급을 하고 있으면서도, 그 배후인 동제사에 대해선 왜 아직도 회피를 하는지 그 이유를 모르겠다. 물론 극히 일부 학자들이 신규식 선생을 조명하고는 있다. 그러나 거기서 한 발짝만 더 가면, 예관 신규식의 배후에는 범재 김규흥 선생이 있다는 사실을 확인할 수 있을 터인데…….
정말 안타깝다. 도올이 마지막에 밝힌 몽양을 기르고 도와준 숨은 큰 인물 중의 한 명이 범재 김규흥 선생이라는 사실은 이 책을 통하여 충분히 밝혀진 것으로 확신한다.

제4장

좌절된 평화 광복의 꿈,
파리회담의 비극

1) 3·1운동의 진실 총정리

일단 지금까지의 증거와 증언을 토대로 3·1운동의 전개 과정과 목적 등에 대하여 다시 정리해 보자. 동제사와 신한청년당이 파리 평화회의에 임하는 과정은 다음과 같다.

우선 1917년에 발표된 대동단결선언문을 참조하여 대한독립선언문의 초안을 작성하고, 그것을 기초로 하여, 길림, 연해주, 미주지역, 동경, 그리고 서울 등 배포가 가능한 모든 지역에 발송하여 각지의 상황에 따라 독립선언서를 작성하게 한다.

각 지역 독립 단체들은 독자적 행동을 자제하고, 독립운동에 전민족이 거국적으로 참여하도록 유도하여, 조선민족의 열렬한 독립의지에 전 세계가 주목하여 공감할 수 있도록 한다. 독립운동의 준비와 별도로 파리회담에 참여할 대표의 여비 및 기타 경비를 각 독립단체가 협조하기로 한다.

그다음, 독립선언으로 국내외 외교적 기반을 마련한 후 조선민의 독립의지를 세계에 알리고, 그 여세를 몰아 즉각 임시정부를 수립하여 조선의 대표성을 확보하여 파리 평화회의에서 조선의 독립을 호소한다. 실제 진행 사항은 다음과 같다.

★ 파리회담에 파견할 자격을 갖추기 위해 1918년 8월, 동제사의 청년들을 중심으로 신한청년단이란 단체를 급히 조직한다.

★ 김규식은 1월 말 중국을 출발하여 3월 초, 파리에 도착했다.

★ 김규식을 출발시킴과 동시에 각 지역에 동제사 요원을 파견하는 한편, 미주지역 등에도 긴급히 연락을 한다.

★ 가장 중요한 선언서인 대한독립선언서 선언자 명단에는 동제사의 간부급인 박은식, 신규식, 신채호, 조성환, 조소앙, 김규식뿐 아니라 연해주, 길림 지역의 이동휘, 이동녕, 이시영, 이상룡, 김좌진, 여준 등을 참여시키는 데 성공했으며, 미주 지역을 대표하는 이승만, 안창호, 박용만 등도 포함하여 39인의 서명자를 확보하게 된다.

★ 대한독립선언서는 '자주독립과 평등 복리의 실현, 근대적 민주주의 공화정체의 민족국가' 수립을 모토로 하고 있는데, 이 선언을 참조로 한 선언서가 1919년 1년 동안에만 59개 정도의 선언서가 집중적으로 발표된다.

★ 일본에서는 동제사의 조소앙이 돕는 가운데 유학생 최팔용을 중심으로 조선청년독립단이 발족된다. 그리고 일본의 심장 동경 한복판에서 200여 명의 유학생이 모인 가운데 백관수가 독립선언문을 낭독한다. 이 선언문은 청원서와 함께 국문, 영문, 일문으로 작성되어 우편으로 각 신문사와 대사관 일본 정부대신들 귀족원, 중의원, 그리고 조선 총독부에 발송된다. 11인 실

행위원 중 중국으로 파견된 이광수와 최근우를 제외하고 모두 체포된다.

★ 조선엔 선우 혁이 평안도 지역의 명망가인 양전백 목사를 먼저 만나고 그를 매개로 이승훈, 그다음에 천도교의 손병희에게까지 연결되어, 대한독립선언문이 전달된다.

★ 손병희를 비롯한 조선 측의 독립운동본부는 최남선과 함께 선전 포고문과 같았던 선언문을 온건하게 수정하고 비폭력 – 평화주의를 천명한다. 그와 동시에 서울의 독립선언서에 서명할 서명자를 긴급히 수배한다. 너무 시간이 촉박하다 보니 길선주, 정춘수처럼 독립 청원을 할 의사도 없는 사람이 다수 포함되게 된다.

★ 학생, 시민 등은 탑골공원에서 33인의 서명 대표자들을 기다렸으나 아무도 나타나지 않자 민중들 스스로 만세운동을 시작한다. 반면 4명이 빠진 29명의 서명자가 모인 태화관(구 명월관)에선 한용운이 대표로 일어나 이번 모임의 취지를 설명하였고, 곧 일제 헌병대는 그들을 연행해 간다.

★ 3·1운동의 결과로 약 7,500명 이상이 사망하고 수만 명이 연행, 고문, 부상당했으며 시위에 참가한 학생들은 15년씩 형량을 받는 것이 다반사였으나, 소위 민족대표 33인은 길어 봤자 고작 2년 형을 선고받았다.

★ 3·1운동이 한창 진행 중이던 3월 17일에 연해주에선, 헤이그 특사 이상설을 포함하여 한족중앙회 문창범 회장, 이동휘 등이 손병희를 대통령으로, 이승만을 국무총리로 추대하는 대한국민의회 정부 수립을 선포한다.

★ 3·1운동이 어느 정도 진정된 4월 11일경, 신한청년당 당원을 포

함하여 동제사 출신들이 주축이 되어 임시의정원을 구성하고 대한민국 개국을 선언한다. 행정기관을 국무원으로 칭하며 국무총리 이승만, 내무장관 안창호를 포함한 의원내각제 및 민주공화제 체제를 구성한다. 이승만은 의정원의 투표로 선출되었는데, 제1차 세계대전 후 미국이 독보적 입지를 차지함과 동시에 이승만이나 안창호와 같은 미국계의 영향력도 동반 상승하였고 더군다나 유럽 전쟁을 통한 미국 경기 활황에 힘입어 갑부가 된 미주 교민들의 자금지원도 중요한 요소로 작용하였다.

★ 그리고 상해임시정부 국무원이 구성된 직후 4월 23일에는 각 종교대표들로 구성된 한성정부가 조직된다. 집정관엔 이승만, 국무총리엔 이동휘를 추대하였다.

★ 이 무렵, 이승만은, '안창호는 흥사단 대표일 뿐 미주대한민국민회 중앙총회 대표는 이승만과 정한경이라'고 밝히고 백악관에 청원서를 넣었다. '미국이 한국 임시정부를 위임 통치해야 한다.'는 것이 청원서 내용이었다. 이 사건 이후 안창호와 이승만은 크게 틀어진다.

★ 이들 중 노령정부나 대한민국 임시정부는 쟁쟁한 독립운동가들 세력이 포진하고 있어 자신은 그저 미국을 의식한 들러리로 전락할 공산이 컸다. 그래서인지 이승만은 한성정부수립이 선언된 즉시, 워싱턴에 집정관 사무실을 열고 자신의 명함에 "대한민국 프레지던트 승만 리"라고 새겨 넣었다. 안창호는 즉각 이승만에게 연락을 넣어, 대한민국 임시정부는 의원내각제이고 이승만은 국무총리인데 어째서 스스로 대통령을 자임하며 나서느냐며 당장 대표행동을 멈추라 하였다. 이에 이승만은 조선의 정통정부는 '한성정부'이며, 자신은 한성정부의 수반임을 주위에 알렸다.

★ 파리평화회의 외교전을 목표로 수천 명 조선인의 목숨을 담보로 진행해 온 임시정부수립 초입에 이와 같은 분열이 일어나자, 상해임시정부 측은 다급하게 노령정부와 통합협상을 벌였고 이 사실을 전해 들은 이승만은 더욱 강력하게 한성정부정통성과 대통령 중심제를 주장하였다. 결국 상해 임시정부가 중심이 되고 노령정부가 합작하며 한성정부의 입장을 반영하는 통합 정부를 구성하고, 대통령 이승만, 국무총리 이동휘로 하는 대한민국 임시정부를 구성한다. 그러나 이승만은 여전히 미국 워싱턴 집정관 사무실에서 집무를 수행한다.

★ 그리고 파리평화회의는 6월 28일 베르사유조약으로 종결되었다. 독립선언과 만세운동으로 수없이 죽고 고문당하고 철창에 갇힌 조선민중의 염원을 담아 드디어 파리평화회의 활동을 시작한 김규식 팀에 돌아온 파리평화회의 측 대답은 이러했다고 한다. "너희 대통령은 너희 정부를 미국으로 하여금 <위임통치>해 달라는데, 너희는 무슨 목적으로 파리에 왔지?"

★ 세 개의 임시정부는 1919년 9월 11일 대한민국 단일 임시정부로 출범하게 된다. 3·1운동 이후 차례로 구성된 노령정부, 대한민국 임시정부, 그리고 한성정부 이 세 단체 모두로부터 이승만은 미국이 주도하는 세계의 시류에 힘입어 대표로 선출 혹은 추대된다.

대개 이 정도인데, 대한독립선언서 등 독립선언서 관련과 이승만의 노선 등에 관해선 차후에 좀 더 자세하게 다루기로 하겠다. 파리회담의 결과가 우리 민족에게 분노만 남기고 끝났다는 것은 이미 밝혔다. 이 사건의 진상을 알기 위해 시간을 조금 앞으로 당겨 보자.

2) 민족자결주의에 대한 오해

제1차 세계대전이 발발한 후 미국의 윌슨 대통령은 1917년 4월에 참전을 결단하면서, 미국의 참전 목적이 국제사회의 공정한 평화수립에 있음을 내외에 천명하였다. 그리고 1918년 1월 의회에 14개조 평화원칙을 공표하였다. 아래는 그 내용이다.

① 강화조약의 공개와 비밀외교의 폐지, ② 공해(公海)의 자유, ③ 공정한 국제통상의 확립, ④ 군비의 축소, ⑤ 식민지 문제의 공평무사한 해결, ⑥ 프로이센으로부터의 철군과 러시아의 정치적 발달에 대한 불간섭, ⑦ 벨기에의 주권 회복, ⑧ 알자스로렌을 프랑스로 반환, ⑨ 이탈리아 국경의 민족문제 자결(自決), ⑩ 오스트리아-헝가리제국 내의 여러 민족의 자결, ⑪ 발칸제국의 민족적 독립 보장, ⑫ 터키 제국하의 여러 민족의 자치, ⑬ 폴란드의 재건, ⑭ 국제연맹 창설 등이다.

사실 우리가 알고 있는 민족자결주의란 용어는 윌슨의 발표문에는 존재하지 않는다. 윌슨의 <14개조>에서 민족자결주의와 관련된 대부분의 조항은 실제로는 발칸반도 및 동유럽의 패전국 영토에 귀속되어 있던 소수민족들을 대상으로 하는 것이었다. 전쟁이 끝난 후, 1919년 6월 28일에 체결된 베르사유조약에는 우리 민족 그 외 아프리카, 아시아의 약소 식민국들에 대한 배려는 전혀 없었다. 베르사유조약 결과 핀란드, 발트3국(에스토니아, 라트비아, 리투아니아), 헝가리, 폴란드와 유고슬라비아가 독립해 <미국식 민족자결주의>의 덕을 톡톡히 보았다.

그러나 아시아와 아프리카 문제는 외면되었고, 일본은 아시아의 독일식민지를 분배받았다. 승전국 일본의 식민지였던 조선이 파리 강화회담에 기대를 한 자체가 우리 민족의 오해였던 셈이다.

파리강화회의에 참석한 한국대표단

　결과는 비극으로 끝났지만, 그래도 파리강화회담은 우리민족에게 많은 것을 남겨 주었다고 본다. 비록 오해였지만 민족자결주의란 용어가 독립투사를 비롯한 우리 민족에게 뿌리 깊게 각인되었으며, 파리 대표부의 독립청원운동은 대한독립을 국제문제로 부각시킴으로써, 제2차 세계대전에서 미국, 영국, 프랑스, 러시아 등 전승국들에 한국독립을 기정사실화하는 데 촉매작용을 한 것으로 평가될 수 있다. 우리가 평가할 것은 파리회담의 결과보다는 그 과정을 짚어 보는 일이다.

　1919년 3월 13일 파리에 도착한 김규식은 8월 9일 미국으로 출발하였다. 그러나 우리 대표단은 베르사유조약이 체결된 후에도 1921년 7월까지 파리9구 샤토덩가 38번지에 사무실을 계속 운영하며 외교활동을 펼쳤다. 8월 제2 인터내셔널에서 '한국독립결정문'을 채택하게 했고, 1920년 1월 제네바 국제적십자총회에 참가해 일본과 분리를 요청했으며, 4월 산레모강화회의와 제네바국제우편연맹에서 한국독립문제 토의를 요구하는 등 국제회의에 독립을 청원했다.

파리강화회의 미국대표단과 프랑스인권협회와 공동으로 연설회도 개최했다. 인권협회와의 합동연설회에서 회장 오라르 소르본대학 교수는 개회사에서 일본병합을 공개 규탄했으며 샤이에 동 대학 철학 교수는 '위협받는 동북아의 평화'라는 연설에서 한국독립을 촉구했다. 이러한 활동은 프랑스와 유럽의 181개 신문에 517건이나 게재되는 큰 성과를 거두었다.

결과적으로 파리회담이 실패로 끝나자, 그동안 자금모집, 독립운동 지역 파견 등으로 혼신의 노력을 하였던 동제사 요원들에게도 회의와 갈등이 다가온 듯하다. 이와 함께 일본 정보부 측에서도 동제사에 대한 수사의 필요성을 절감한 듯싶다. 그동안 베일에 가려 있었던 배후의 인물, 범재 김규흥에 대한 단서도 조금은 확보한 것으로 보인다.

3) 김탕은 누구인가?

이 무렵 일본 수사선상에 김복이란 인물이 등장하게 된다.

"평화회의에 있어서의 한인독립운동자의 행동에 관해 1922. 10. 19일자로 조선총독부경무국장이 외부차관에 통보한 요지

<평화회의에 있어서의 한인독립운동자의 행동>

종국에 즈음하여 불국 「벨사이유」에서 평화회의가 개최되자 상해대한민국임시정부를 중심으로 하는 한인독립운동자들은 동 회의에 즈음하여 암중비약을 시도하려고 재미국 김규식을 불국으로 파견하여 각종의 선전을 하게 하였는데 동인이 불국에 도항 후 당시 구주에 재류하던 이관용, 김복, 황기환의 무리가 서로 전후하여 내회하여 김규식의 행동을 원조하고 거기다 상해에서 조용은, 여운홍 2명을 파견하고 또 블라디보스토크 국민의회로부터 윤해, 고창일 2명을 파견하여 그들의 운동에 협력하게 하였으나 드디어 하등 효과를 거두지 못하였는데 그들의 당시 운동 상황을 집록한 별지 「歐洲의 우리 事業」이라 제한 인쇄물을 입수하였다. (중략) (평화회의 한국민대표관 통신개설)

이같이 반삭(半朔)을 지내다가 단독(單獨)히 있을망정 이 사명(使命)을 중심으로 하여 공무집행에 일정한 처소가 불가무(不可無)이므로 파리중앙 「샤토당」街 38號家를 임대하여 평화회의한국민대표관으로 정하고 동시에 통신국을 병설하니 비(比)가 곧 파리대사관 철폐 후 第15年이오. 海牙事變後 第13年이라.

오래 고독한 중에 있던 김 씨(金氏)는 3월 17일에 우리와 가장 인연이 깊은 헐버트 교수를 의외에 면회하야 심심한 위로를 받다. 최초 파리에 적어도 5, 6명 이상의 대표가 단회(團會)하여 만사에 합의 분노할 것을 일반이 기대한 바요 더욱 단독으로 당국한 김 씨(金氏)는 그 기대가 여간이 아니었으나 사실은 소앙에 반하여 김 씨(金氏)는 장구히 감당키 불능하므로 스위스 튜리대학 재학 중인 이관용 씨를 급전으로 청하니 졸업시험 중에 있던 이 씨(李氏)는 이 전보를 받고 즉시 파리에 내착하여 대표사무소를 담임하다. 김복 씨(金復氏)는 상해로부터 5월 초순에, 미국지원병으로 구주에 출전하였던 황기환 씨는 6월 3일에 독일(德國)로부터 귀래하여 대표사무소를 찬조함에 김 씨(金氏), 황 씨(黃氏)를 서기장으로 임용한다. 또 조용은 씨는 6월, 여운홍 씨는 7월 초에 각 상해로부터 도착하여 대표사무소를 찬조하다."25)

정리를 해 보자. 이 문서에 의하면 당시 파리에서 김규식과 함께 활동한 독립투사들은 다음의 6명이다. 김규식(3월 도착), 이관용(스위스에서 합류), 김복(상해출발, 5월 초순), 황기환(독일, 6월 3일), 조용은(상해, 6월), 여운홍(상해, 7월) 등인데, 이 내용은 우사연구회가 발간한 자료와도 대개 일치한다.

"…… 당시 스위스 튜리대학에 재학 중이던 이관용을 불렀는데 그는 졸업시험 준비를 제쳐 놓고 달려왔다. 또 5월 초순에는 상해에서 김탕이 와서 합세했고, 6월에는 미국군에 지원하여 유럽전선에 참전했다가 제대한 황기환이 독일에서 와서 공보부의 서기장이 되었다. 6월에는 상해에서 조소앙이 오고 7월에는 여운형의 동생 여운홍 역시 상해에서 와서 합류함으로써 진용이 어느 정도 짜이게 되었다. ……"26)

모든 게 일치한다. 우사연구회가 상기 문서를 인용하여 글을 작성했다는 반증이다. 그러나 단 한 명의 인물만이 틀리게 기록되어 있는데, 김복이 김탕으로 변한 사실이다. 왜 김복만이 김탕으로 바뀌게 되었을까? 그리고 김복은 누구인가? 도대체 김탕은 누구일까? 왜 이러한 일이 발생하게 되었는지 궁금함은 잠시 접어 두고 아래의 표를 보자.

<표 2-4 파리강화회의 참석자 명단>

이름	생년 (나이)	주거지	건국 훈장	동제사 신한청년당	비고
김규식	1881 (38)	천진 상하이	대한민국장 (1989)	●	신한청년당 파견
이관용	1894 (25)	스위스	애국장 (2008)		임시정부 파견
김 탕	?	?		?	임시정부 파견
황기환		독일	애국장 (1995)		임시정부 파견
조소앙	1887 (32)	북경 상하이	대한민국장 (1988)	●	임시정부 파견
여운홍	1891 (28)	미국 상하이		●	임시정부 파견
윤 해	1888 (31)	만주 연해주	독립장 (1990)		노령정부국민의회 파견
고창일	1892 (27)	연해주 길림	독립장 (1889)		노령정부국민의회 파견

국가보훈처 등 국가기록 그 외 각종 전기를 검토해 보면, 상기 표에 기록한 8명이 파리강화회의에 참석한 것으로 되어 있다. 그들 대부분이 늦게라도 건국훈장을 받았으며, 신원도 당연히 파악된 상태이다. 그러나 갑자기 등장한 김탕에 대해선 어느 곳에서도 흔적이 없다. 다만 <우사연구회>에 의해서만 다음과 같이 기록되어 있다.

"어떻든 강화회의 자체가 6월 28일 일단락되었으므로 김규식은 뒷일을 이관용과 황기환에게 맡기고 여운홍, 김탕 등과 함께 대서양을 건너 미국으로 향했다."

파리회담에 갑자기 등장했다가 회담 후 김규식과 미국으로 동행했다고 하는 김탕은 그 후 어느 곳에도 등장하지 않는다. 김탕은 누구인가? 그는 과연 실존했던 인물인가? 첨부한 사진은 김탕(좌측)

이 여운홍(가운데), 김규식(우측)과 함께 찍은, 김탕이 실재했단 증거자료이다. 김탕에 대한 독자여러분의 정보를 기다리겠다.

좌측으로부터 김탕(?), 여운홍, 김규식

사진에 모습을 보이고 있는 김탕이 파리강화에 참석했다면, 자연스레 김복의 파리강화회의 참여설은 허위 정보가 되어 버린다. 실제 그 당시 김복의 나이는 47세였으니, 사진 속의 젊은이와는 너무 동떨어진다. 이 외 여러 사진이 파리회담 참석 증거 자료로 남아 있지만, 어떠한 사진에도 40대 중후반의 동양인이 김규식과 함께했다는 사진은 남아 있지 않다.

김탕의 존재가 확실히 밝혀지지 않은 이상, 당시의 상황을 참조하여 추측할 수밖에 없는데, 필자의 가설은 다음과 같다. 삼일운동과 파리회담 참여의 실질적인 기획자를 찾기 위한 일제 첩보망의 집념을 교란하고 김규흥을 보호하기 위해, 동제사는 김탕이라는 가명을 가진 청년을 중국인으로 위장시키고, 실무 책임자였던 여운형 대신 동생인 여운홍이 그 역할을 하게 한 것으로 추측된다. 장덕수의 체포가 결정적인 계기로 짐작되는데, 실제 장덕수의 취조문에는 신한청년당 당원뿐 아니라 신규식이 등장하고 있으며, 앞서 밝힌 바 있지만 신규식의 나이(40세)가 김규흥의 나이(47세)로 표기되기도 한다. 이것은 무엇을 뜻하는가?

결국, 일본 경찰은 김규흥이란 실명까지는 몰라도 적어도 김복이란 가명까지는 접근했다는 뜻이다. 동제사 측에서도 이러한 낌새를 채고, 일제의 정보망을 혼란시키기 위해 두 명의 한국인 여운홍과 김탕을 추가로 파리에 보낼 때, 김탕은 김복, 여운홍은 여운형이라는 헛소문을 퍼뜨리지 않았나 하는 짐작이다.

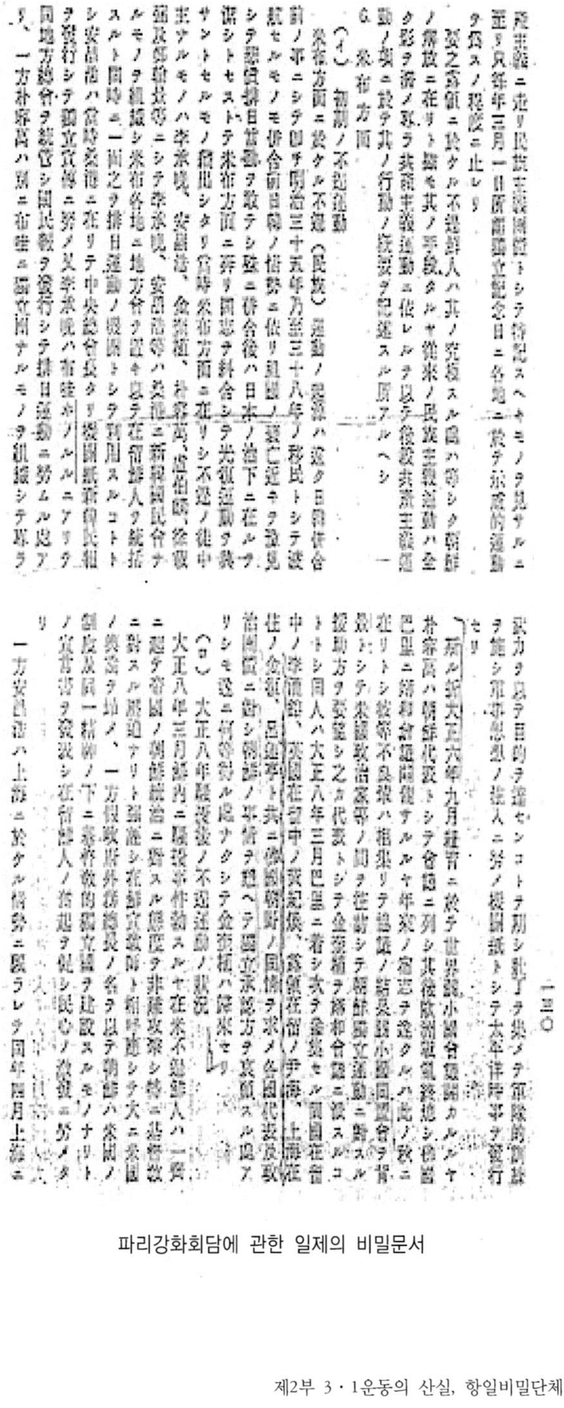
産主義ニ走リ民族主義國體トシテ特記スヘキモノヲ見サルニ至リ只毎年三月一日獨立記念日ニ各地ニ於テ示威的運動ヲ爲スノ程度ニ止レリ

要之露領ニ於ケル不逞鮮人ハ其ノ究極スル處ハ等シク朝鮮ノ解放ニ在リト雖モ其ノ手段タルヤ從來ノ民族主義運動ハ全ク影ヲ潜メ專ラ共産主義運動ニ依レルヲ以テ後段共産主義運動ノ項ニ於テ其ノ行動ノ概要ヲ記述スル所アルヘシ

6. 米布方面

(イ) 初期ノ不逞運動

米布方面ニ於ケル不逞(民族)運動ノ根源ハ遠ク日韓併合前ノ事ニシテ明治三十五年乃至三十八年ノ移民トシテ渡航セルモノモ併合前日韓ノ情勢ニ依リ祖國ノ衰亡近キヲ發見シテ漸次排日言動ヲ敢テシ殊ニ併合後ハ日本ノ治下ニ在ルヲ潔シトセストシテ米布方面ニ弃リ同志ヲ糾合シテ光復運動ヲ畫サントセルモノ續出シタリ當時米布方面ニ在リシ不逞ノ徒中主ナルモノハ李承晩、安昌浩、金鉉構、朴容萬、盧伯麟、徐載弼及鄭翰景等ニシテ李承晩、安昌浩等ハ桑港ニ新韓國民會ナルモノヲ組織シ米布各地ニ地方會ヲ置キ以テ在留鮮人ヲ統括スルト同時ニ一面之ヲ排日運動ノ機關トシテ利用スルコトトシ安昌浩ハ當時桑港ニ在リテ中央總會長タリ機關紙新韓民報ヲ發行シテ獨立宣傳ニ努メ又李承晩ハ布哇ホノルルニアリテ同地方總會ヲ統管シ國民報ヲ發行シテ排日運動ニ努ムル處アリ、一方朴容萬ハ別ニ布哇ニ獨立團ナルモノヲ組織シテ其ラ武力ヲ以テ目的ヲ達センコトヲ期シ壯丁ヲ集メテ部隊的訓練ヲ施シ軍事思想ノ注入ニ努メ機關紙トシテ太平洋時事ヲ發行セリ

「然ルニ大正六年九月紐育ニ於テ世界弱小國會議開カルルヤ朴容萬ハ朝鮮代表トシテ會議ニ列シ其後歐洲戰亂終熄シ巴里ニ講和會議開催セラルルヤ年來ノ宿志ヲ達スルハ此ノ秋ニ在リトシ彼等不良輩ハ相集リテ協議ノ結果弱小國同盟會ヲ背景トシテ米國政治家等ノ間ヲ往訪シテ朝鮮獨立運動ニ對スル援助方ヲ要望シ之カ代表トシテ金奎植ヲ講和會議ニ派スルコトトシ同人ハ大正八年三月巴里ニ着シ次テ參集セル當國在留中ノ李灌鎔、黄玘煥、露領在留ノ尹海、上海在住ノ金復、呂運亨等ト共ニ講和會議ノ同情ヲ求メ各國代表及政治團體ニ對シ朝鮮ノ事情ヲ訴ヘテ獨立承認方ヲ哀願スル處アリシモ遂ニ何等得ル處ナクシテ金奎植ハ歸米セリ」

(ロ) 大正八年騷擾後ノ不逞運動ノ狀況

大正八年三月鮮内ニ騷擾事件勃發スルヤ在米不逞鮮人ハ一齊ニ起テ帝國ノ朝鮮統治ニ對スル態度ヲ非難攻撃シ特ニ悲惨數ニ對スル壓迫ナリト強調シ在鮮宣教師ト相呼應シテ大ニ米國ノ輿論ヲ煽メ、一方假政府外務總長ノ名ヲ以テ朝鮮ハ米國ノ制度及同一精神ノ下ニ基督教的獨立國ヲ建設スルモノナリトノ宣言書ヲ發表シ在留鮮人ノ奮起ヲ促シ民心ノ收攬ニ努メタリ

一方安昌浩ハ上海ニ於ケル情勢ニ駆ラレテ同年四月上海ニ

一三〇

파리강화회담에 관한 일제의 비밀문서

"······ 조선독립운동에 대한 원조방법을 요청하려고 그 대표로서 김규식을 강화회의에 파견하는 것으로 하여 동인은 1919년 3월 파리에 도착한 다음 참집한 동국재류 중의 이관용, 영국재류 중의 황기환, 노령재류의 윤해, 상해주재의 김복, 여운형과 함께 불국조야의 동정을 구하고 각국 대표 및 정치단체에 대해 조선의 사정을 하소연하여 독립승인방법을 애원하였으나 결국 하등의 얻는 바 없어 김규식은 돌아왔다."[27]

이 문서를 자세히 보면 이관용, 황기환, 윤해의 경우는 재류(在留)란 용어를 쓰고 있는데 김복, 여운형은 주재(駐在)란 단어를 선택했다. 재류(在留)의 뜻이 체류(滯留), 즉 일시적인 머무름을 뜻한다고 보면(불법체류자 등) 주재(駐在)의 의미는 좀 더 장기적으로 한곳에 머물러 있음을 뜻한다(신문기자의 경우, 주재원이란 용어를 쓴다.). 즉 이관용, 황기환, 윤해의 경우, 파리회담을 위해 일시적으로 파리에 머물고 있지만, 김복, 여운형은 상해에 머물고 있으면서 김규식과 함께 프랑스 현지의 동정을 살피고 있었다는 것이다.

동제사는 필사적으로 범재 김규흥이란 존재를 숨기려고 하지만, 1926년도쯤 가면 어느 정도 그의 정체가 파악되었다는 게 필자의 짐작인데, 이 문제에 대해선 의열단을 다룰 때 다시 거론하기로 하겠다.

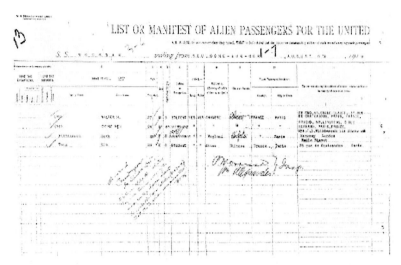

김탕의 미국 입국서류, 1919년 8월 21일 뉴욕항에 입항했음을 알 수 있다. 김규식은
김중문이란 가명을 사용했고 여운홍, 김탕이 동행자며 3명 모두 중국인으로
위장된 여권을 사용했음도 확인된다.
김탕이 누구인가를 파악하는 것은 파리회담의 역사적 정체성을 밝혀 줄 주요한 사안이다.

    필자의 주장이 어느 정도 신뢰성을 가질지는 모르겠다. 그러나 1922년에 작성한 문서에서 여운형이 파리에 가지 않았음을 이미 파악한 일본 경찰이 4년이 흐른 1926년도에 여운형이 파리회담에 참여했다고 하는 어처구니없는 실수를 저질렀다고는 보이지 않는다.

    아무튼 일제의 수사망을 혼란시키기 위한 일종의 마타도어라고도 할 수 있겠지만, 김탕을 파리로 보내면서 김복이란 가명을 사용하게 한 것은 분명한 듯하다. 문제의 열쇠는 김탕이란 청년의 정체인데, 역사가들이 사명감을 갖고 밝혀 주었으면 한다.

4) 김규식의 여권과 승선권

에드워드 카는 '역사란 무엇인가'에서 다음과 같이 말한다.

"역사의 연구는 원인의 연구이다. 따라서 역사가는 많은 원인의 복합체를 취급하게 된다는 것이다. 즉, 진정한 역사가라면 자기가 작성한 여러 원인의 목록을 앞에 놓고서는, 그것을 질서 지어야 하겠다. 제 원인의 상호관계를 결정할 수 있도록 거기에 상하관계를 설정해야 하겠다. 혹은 결국에 가서는 궁극적으로는 어떤 원인과 어떤 종류의 원인을 최종 원인, 즉 모든 원인 중의 원인이라고 보아야 할 것인가를 결정지어야 하겠다는 직업적인 강박감 같은 것을 느끼게 될 것이다. 이것이 주제에 대한 역사가의 해석이다."

부언하자면, 역사에서의 필연이나 우연이라는 표현은 일반적 의미에서 둘 다 함정이라는 의미가 되겠다.

파리회담은 민족자결이란 용어가 우리 민족의 오해였다는 사실을 확인시켜 줌과 동시에 김탕이란 의문부호를 제시해 주고 끝났다. 그래도 우리는 임정 파리위원부의 활동상과 역사적 의의에 대하여 끊임없이 확인하고 있다. 물론 그 중심에는 김규식이 있다. 이해가 되지 않는 것은 우리의 역사가들이다.

파리회담의 마무리를 장식한 김탕이란 인물에 대해서도 관심이 없을 뿐 아니라, 파리회담에 우리 대표가 어떠한 과정을 거쳐 참석이 가능하게 되었는지, 그리고 주관한 인물이나 단체에 대해선 너무나 소홀한 듯하다. 파리회담이 주제라면, 최종 원인, 혹은 원인 중의 원인에 대해선 외면을 하고 있다는 뜻이다.

만약 누군가가 파리회담의 중요성을 미리 인식하고, 소요경비와 여권, 승선권 문제 등 복잡한 문제를 감당하면서, 파견 인물을 선정하는 가운데 김규식이 선택되었다면, 역사가는 당연히 그 누군가에 대하여 끊임없이 연구하고 확인해야만 하는 것이 역사가의 자세가 아니겠는가? 파리회담 이전 독립운동에 대해 그리 큰 업적과 열성이 없던 김규식이 회담 후, 우리 민족의 독립운동사에 뚜렷한 족적을 남기는 독립투사로 변신하게 되는데, 그렇다면 더더욱 원인이 되는 그 '누군가'를 탐색해야 된다는 강박감은 왜 우리 역사가들에겐 없는지 안타깝기도 하고 궁금하기도 하다.

김규식이 파리회담을 참석하기 위해선 기본적으로 여권과 승선권, 그리고 소요 경비가 필요했을 터이다. 경비 조달 건은 앞서 선우 혁과 장덕수 등을 다룰 때 언급한 바 있으므로 생략한다. 여권 문제도, 이승만의 예를 보듯(그는 1918년 12월 1일 정한경, 민찬호와 함께 <대한인국민회>의 파리 평화회의 한인대표로 선출되었으나, 3월 5일 파리행 여권 발급이 불가능하다는 통보를 미 국무부로부터 받았다.)27) 정상적인 방법과 통로로는 불가능했으므로 김중문이란 가명으로 여권을 만들었는데, 자세한 과정은 이 글에선 생략하고, 승선권 문제만 다루기로 하겠다.

김규식이 파리행 배표를 어떻게 구입하였는지 그 과정을 기록한 3개의 글을 아래에 인용한다.

"상해 지리에 밝으며, 김 박사를 파견함에 있어서 중요한 역할을 한 여운형은, 승선권을 구하기 위해서 선박회사로 갔다. 이때 그곳에서 한 여인이 무슨 일로 왔느냐고 물었다. 몽양이 파리행 승선권을 구하러 왔노라고 대답한즉, 그 여인이 불쑥 하는 말이 '보아하니 댁은 조선 사람 같은데, 이곳에서 승선권을 구했다고 한들 요꼬

하마를 경유하게 되겠지요. 잡히고 말면 대서양까지 갈 수가 없습니다. 무리한 이야기지요.'라고 했다는 것이다.

'그럼 어떻게 하면 좋을까요?' 하고 되물은즉, 인도양 경유로 가는 것이 좋을 것이라고 말하므로, 승선권을 구할 수가 없는데 어떻게 하면 좋겠느냐고 거듭 물은즉, '여기 내 동행의 승선권이 있으니 이것을 쓰시오.'라며 승선권 두 장을 양도해 주었다. 후에 안 일이지만, 그 여인은 손중산을 영수로 하는 광동혁명정부에서 왕우인과 함께 파리로 파견된 정육수 여사로서 남성 못지않게 활발한데다가 외국어에도 뛰어난 외교가였다. 정 여사는 후에 프랑스에서 법률을 공부하고, 상해에서 대법원장까지 지냈다고 한다. …… 그리하여 1919년 2월 1일 김 박사는 상해를 출발, 인도양을 경유하여 3월 13일에 파리에 도착할 수 있었다."[28]

"김규식이 파리로 가는 배표를 구하려 하니 이미 3～4개월분까지 팔린 상황이었는데, 파리강화회의에 참가하는 중국 여자대표의 표를 양도받아서 갈 수 있었다고 한다."[29]

"몽양과 신한청년당은 파리에 파견하는 한국 민족 대표로는 영어가 능숙한 우사 김규식 선생을 선발했습니다. 그러나 당시 선편이 이미 초만원이어서 상해로부터 프랑스행 선편들은 모두 3월 말까지 만원으로 차 있어 선표를 구할 수 없었습니다. 이것도 몽양의 민첩하고 능숙한 외교활동으로 평소에 잘 알고 지내던 중국 대표단 수행원 한 분을 설득해서 선표 한 장을 양보받아 몽양이 해결했습니다. 그래서 우사 김규식 선생은 1919년 2월 1일 파리를 향해서 상해를 출발하게 된 것입니다."[30]

첫 번째 인용한 글은 한 편의 소설을 보는 듯하다. 생면부지의 여인이 접근하여, 몽양의 실수를 지적하며 게다가 자기 동행의 승선권을 양도까지 해 주는데, 몽양은 별 의심도 하지 않고 넙죽 받아 챙긴다는 스토리다. 게다가 정작 필요한 배표는 1장인데, 덤으로 1장 더 받았다고 한다. ……

두 번째 글은, 별 설명 없이 중국 여자대표의 표를 양도받았다고 하는데, 그렇다면 그 중국대표는 파리행을 포기했다는 말인가?

세 번째, 신용하 교수는, 20세기 지식인이며 폭이 넓고 스케일 큰 몽양이라고 도올이 표현한 것과 비슷하게 '민첩하고 능숙한 외교활동으로 평소에 잘 알고 지내던 중국 대표단 수행원 한 분을 설득해서 선표 한 장을 양보받아 몽양이 해결했다.'고 한다.

그러나 신 교수는 같은 글에서 몽양의 대활약을 언급하면서, 사람에게 주어진 시간은 한계가 있다는 사실을 잠깐 잊어버린 듯싶다. 아래의 글을 보라.

"한편 몽양 선생 자신은 당시 독립운동의 중심지로 되어 있었던 만주와 노령지역을 직접 찾아가서 독립운동을 크게 고취하기로 했습니다. 몽양은 1919년 1월 20일 상해를 출발해서 먼저 길림 방면으로 향해 …… 몽양은 이와 같이 눈부신 활동을 하고 블라디보스토크를 출발해서 1919년 3월 6일경에 하얼빈 여관에 도착했다가 그곳에서 국내에서 3·1운동이 전국적 봉기로서 계속 확산되고 있다는 것을 재확인하고 급히 상해로 돌아왔습니다. …"31)

신 교수의 기록이 참이라면, 몽양은 1월 20일 상해를 출발해 길림으로 출발할 예정이었다. 자신의 임무만 해도 코가 석 자인 상태였다. 시간적으로 자신의 외교술을 동원하여 중국 대표단을 설득하기엔 무리였다는 뜻이다. 그리고 앞에서 몇 번 지적한 바 있지만,

몽양은 그 당시 금릉대학을 졸업한 지 얼마 되지 않았던 사회 초년병이었다. 게다가 장소는 망명지 중국이었고 ……

학자들은 왜 이런 무리한 설정을 하고 있을까?

역시 정답은 동제사와 신규식, 그리고 범재 김규흥을 몰랐거나, 혹은 언급을 하고 싶지 않았던 것으로 보인다.

몽양을 비롯한 신한청년당의 젊은이들은 실무적인 일을 하고, 동제사 본부에선 위조여권, 승선권 구입, 파리회담 참가자 선정 등 총괄적인 일을 하면서 인맥과 경험이 필요한 일을 했다. 특히 승선권 문제는 신해혁명을 통해 인연을 맺은 손문의 광동정부의 협조를 얻어 해결을 했다. 이렇게 정리를 하면, 지금까지의 모든 비합리적인 가정과 활동이 정리되지 않은가 한다.

몽양, 우사 등 그동안 홀대받았던 독립투사들을 재조명하는 것은 분명히 필요하며 정말 중요한 일이다. 그러나 앞서도 말했지만, 그렇다고 새로운 영웅 만들기는 곤란하다. 외면받았던, 그리고 숨겨졌던 역사를 재정립하기 위해선 역사의 진실을 하나라도 더 찾아야 하지 않겠는가? 독립운동사에서 동제사와 범재 김규흥은 결코 외면되어서는 안 될 주요한 열쇠임을 다시 지적한다.

제5장
무오(대한)독립선언서에
대한 오해와 진실

지난 2월 14일, 조선일보는 '우리 민족 첫 독립선언서 원본(原本) 발견'이라는 제목으로 대한독립선언서에 대한 기사에 많은 지면을 할애했다. 조선일보는 '기미 선언'보다 앞선 '무오 독립선언서' …… '무장노선 촉구, 조소앙 선생이 작성' …… '이승만·김좌진·신채호 등 참여'라는 소제목을 뽑아 독자들의 흥미를 끄는 데 일단 성공한 듯싶다.

그러나 아직 학계에서 논란이 되고 있는 문제들을 제대로 검증하지도 않고 보도하는 태도는 언론의 선정성을 그대로 보여 주는 듯해 씁쓸하기만 하다. 기사 내용 중 문제의 소지가 있는 부분을 몇 가지 정리해 보겠다.

"학자들은 작성자가 훗날 임시정부의 외무부장이 되는 조소앙(趙素昻, 1887~1958) 선생이며 선언의 실질적 주체는 길림성의 대한독립의군부라고 본다."

'대한독립선언서'의 앞부분. "아(我) 대한(大韓) 동족 남매와 기아편구(우리 세계만방) 우방 동포아. 아 대한은 완전한 자주독립과 신성한 평등복리로 아 자손 여민(黎民: 일반 백성)에 세세상전(世世相傳)키 위하여 자(玆)에 이족전제(異族專制)의 학압(虐壓: 학정과 압제)을 해탈(解脫)하고 대한민주의 자립을 선포하노라."고 적었다.

"일제강점기 우리 민족이 최초로 선포한 독립선언서인 1918년 11월 (또는 1919년 2월)의 '대한독립선언서(大韓獨立宣言書)' 원본이 처음 발견됐다."[32)]

이 기사의 정보에 의하면, 대한독립선언서의 작성자는 조소앙이며, 선언의 실질적 주체는 길림성의 대한독립의군부가 된다. 그리고 발표 시기는 1918년 11월(또는 1919년 2월)이며 우리 민족이 최초로 선포한 독립선언서이기도 하다. 과연 그러한가?

1) 대한독립선언서의 발표 시기는 언제인가

무오독립선언서냐 대한독립선언서가 맞느냐 하는 명칭논란은 이 선언서의 발표 시기를 놓고, 아직도 결론을 내리지 못하고 있는 학계의 현주소이다. 결론부터 말하자면, 대한독립선언서가 맞다. 좀 더 정확하게 표현하자면 <길림에서 발표한 대한독립선언서>이다. 그 이유를 지금부터 제시하기로 하겠다.

우선 논쟁의 당사자인 송우혜와 조동걸의 논란을 비교 분석한 김기승의 <대한독립선언서의 사상적 구조>라는 논문의 일부를 보자.

"특히 송우혜는 대한독립선언서 원문에 발표일이 '1919년 2월'로 되어 있는바, 이는 음력으로 환산하더라도 1918년인 무오년이 될 수 없다는 점을 밝히면서 <무오독립선언서>라는 명칭의 오류를 지적했다. 이에 대해 조항래는 <무오독립선언서>라는 명칭의 정당성을 주장했다가 점차 <대한독립선언서>라는 명칭을 사용했다. 그는 송우혜의 주장을 반박하는 일련의 연구를 계속했다. 양인 사이에 벌어진 논쟁은 대한독립선언서의 발표 시기에 관한 문제였는데, 논쟁의 초점은 '1919년 2월'을 양력 또는 음력으로 보느냐에 모아졌다. 송우혜는 음력설을, 조항래는 양력설을 주장했다.

대한독립선언서의 발표 시기에 관한 논쟁은 그것의 역사적 의의에 대한 평가와 관련되어 있다. 음력설을 주장하는 송우혜는 대한독립선언서가 1919년 3월 중순 중국 길림에서 발표되었고, 국내에서 발표된 3·1독립선언서의 영향을 받고 작성되었다고 주장했다.

이에 대해 양력설을 주장하는 조항래는 발표 시기를 2월 8일보다 빠른 2월 초순으로 해석하여 대한독립선언서가 동경 유학생의

2・8독립선언과 국내의 3・1독립선언의 선구적 역할을 했다고 주장했다. 김동환은 <무오독립선언서>라는 주장을 펼치면서 선언서와 대종교의 관계를 강조했다. ……"[33]

대한독립선언서의 발표 시기에 대한 증빙자료는 현재로는 선언서에 기록된 '建國紀元 4252年 2月' 그리고 조소앙의 자전 글과 지산외유일지밖에 없다. '建國紀元 4252年 2月'을 음력으로 보느냐 양력으로 보느냐 하는 것이 그동안 학계의 치열한 논란이었다고 하는데, 도무지 이해가 되지 않는다. 단기 4252년 2월을 가장 빠른 날, 즉 1919년 2월 1일을 양력으로 보고 음력으로 변환하면 1919년 1월 1일이 된다. 建國紀元 4252年 2月을 음력으로 보든 양력으로 보든 무오년은 될 수 없다는 뜻이다.

그다음 조소앙의 자전 글을 보자.

"조용히 길림성성(吉林省城)에서 독서하였다. 1919년 1월에 이르러, 여준, 김좌진, 박남파, 손일민 등 여러 동지들과 더불어 대한독립의군부를 창립하였다. 여준은 정령이 되었고, 나는 부령의 임무를 맡아 <대한독립선언서>를 손수 기초하였다. 국내 대표가 가져온 독립선언서의 초고를 살펴보고 서로 호응하기로 약속하였다. 바로 그날 남하하여 상해로 와서 임시 의정원과 임시정부를 조직하였다."[34]

"1919년 2월 나는 길림성성에서 대한독립의군부를 건립하였다. 여준, 조소앙, 김좌진, 박찬익, 황상규 등을 추대하여 주지(主指)하도록 하였으며, 아울러 선언을 발표하였다. 그런데 국내에서 밀파한 나 모(나경석을 말함)가 길림에 와서 국내에서 기초한 독립선언서를 손수 전하였으니, 곧 손병희 선생 등이 서명한 것이다. 이에 대해서는 세상에 많이 알려져 있다. 그런데 지금 길림에서 발표한 독립선언서를 들어 특별히 세상에 공개하여 참고에 도움이 되고자 한다. 서명자는 무릇 39인이니 대부분은 조락(凋落)하였다. 그중 10인이 현재 한국독립당원에 속해 있다."[35)]

"나는 당시(3·1운동 시) 길림에 있어서 김좌진, 박남파, 황상규 등 동지와 대한독립의군부를 조직해 가지고 대한독립선언서를 발표하는 등 독립운동에 몰두하고 있었는데, 연락원으로 나경석 씨가 국내 독립선언서의 초고를 가지고 와서 국내의 정세를 알게 되었다. 상해로부터 대표를 파견하라는 전보를 받고 내가 대표로 상해로 와서 보니 참으로 감격할 풍정이었다."[36)]

첫 번째 인용 글에선 1919년 1월에 대한독립의군부를 창립하고, <대한독립선언서>를 기초했다고 하며, 두 번째 인용 글은 1919년 2월에 대한독립의군부를 창립하고, <대한독립선언서>를 기초했다고 한다. 사실 모두 맞다. 그 당시의 상황을 기록한 지산외유일지와 비교해 보면 확인할 수 있다.

1월 24일(양력 1919. 2. 24) (월)
북문 밖 여시당(呂時堂) 댁에 모여서 독립운동 추진 방법을 토의하는데, 회집된 인원은 박남파·조소앙·황상규(黃尙奎)·김좌진·박관해(朴觀海)·정운해(鄭雲海)·송재일(宋在日)·손일민(孫一民)·성낙신(成樂信)·김동삼·여시당, 그리고 나인데, 김약수는 참가하지 않으니 좌중에 불평이 있었다.

1월 27일(양력 1919. 2. 27) (목)
시당 선생 댁에 회접하여 대한독립의군부(즉 군정서의 전신)를 조직하는데, 시당 여준(呂準) 씨가 총재로 추대되고, 총무 겸 외무에 박찬익(朴贊翊)이요, 재무에는 황상규(黃尙圭)요, 군무에는 김좌진이요, 서무에는 정원택(鄭元澤)이요, 선전 겸 연락에는 정운해(鄭雲海) 등이 피선되었다.

1월 28일(양력 1919. 2. 28) (금)

의군부 부서를 정하고 서무에 착수하며, 긴급회의를 개최하고 진행방침을 결의하니,

첫째는 상해에 길림 대표를 파견하여 민속하게 연락을 취할 것,

둘째는 마필(馬匹)과 무기를 구입할 것,

셋째는 근지 각처와 구미 각처에 선언서를 발송할 것,

넷째는 서북간도와 아령(俄領)에 민속한 연락을 취할 것,

다섯째는 자금 모집을 위하여 비밀히 국내에 인원을 파견할 것 등 기타 여러 항이었다.

상해 대표 파견은 나의 역천(力薦)으로 조소앙이 선정되고, 마필·군기 매입은 김좌진이 중국 친구 수명을 대동하고 러시아 땅으로 향하기로 하고, 선언서는 조소앙이 기초하여 내가 인쇄, 발송하기로 책임을 맡고, 서북간도에의 연락은 성낙신(成樂信)·김문삼(金文三)이 맡고, 국내로 들어가 자금을 조달하는 운동은 정운해(鄭雲海)가 맡았다.

1월 29일(양력 3월 2일) (양력 1919. 3. 1) (토)

오후에 상해로부터 온 전보를 접하니, 한성이 이미 움직인다고 하였으며, 또 상해 서신을 접하니 임시정부 수립 예비로 각계 지사들이 운집하였다고 하였다.

2월 1일(양력 1919. 3. 2) (일)

소앙과 상의하여 선언서를 기초하는데, 소앙의 계씨 조용주(趙鏞周)가 본국으로부터 내도하여 서로 협의 기초하였다.

2월 2일(양력 1919. 3. 3) (월)

서울에서 온 신문을 보니 양력 3월 1일(음력 정월 29일)에 서울에서 천도교주 손병희 이하 몇 사람과, 불교 측, 예수교 목사 및 학생 수인, 합계 33인이 명월관에 회집 의정하고, 탑골공원에 민중을 소집하고, 대한 독립을 선언하며 선언서를 낭독하고, 독립 만세를 고창하니 민중이 계속하여 시위 행렬을 진행하며, 태극기를 높이 들고 만세를 연창하니, 이를 진압코자 경찰과 군대가 출동하여 대혼란을 이루었으며, 경향 각처가 일치하여 방방곡곡 벽지까지, 어느 곳을 막론하고 민중운동이 일어나지 않은 곳이 없었다고 하였다.

2월 10일(양력 1919. 3. 11) (화)

선언서 4,000부를 석판으로 인쇄하여, 서북간도와 아령(俄領)과 구미(歐美) 각국 및 북경·상해와 국내, 일본에 우편으로 발송하였다.

※( ) 안의 양력은 필자가 삽입했음, 지산외유일지는 음력을 기본으로 기록했으나, 가끔 양력을 추가로 기입한 부분이 있는데, 대부분 하루나 이틀 차이가 난다. 이것은 정원택의 착오로 보인다.

소앙 선생 문집에선 음력을 사용하였고, 조항래 교수는 조소앙의 글을 인용하면서 양력으로 환산하였을 뿐이다. 정리를 하자면, 대한독립의군부는 1919년 음력 1월 27일(양력 1919. 2. 27) 결성되었고, 길림에서 발표된 독립선언서는 2월 1일(양력 1919. 3. 2) 작성되어, 음력 2월 10일(양력 1919. 3. 11) 발송되었다.

이렇게 간단한 것을 학자들은 왜 지금까지 결론을 내리지 못하고 발표 시기에 대한 논쟁을 그치지 못하고 있을까? 도무지 이해가 되지 않는데, 혹 다른 이유가 있는 것은 아닐까 하는 의심이 들지 않을 수 없다.

그렇다. 이 선언서의 발표시기가 문제 되는 것은, 삼균학회를 비롯한 조소앙을 숭앙하는 단체들은 조소앙이 작성한 무오독립선언서가 2·8동경선언과 3·1독립선언에 영향을 끼친 선구적인 선언서임을 증명하고자 함이요, 송우혜 등은 이러한 주장에 반대하여, 오히려 3·1독립운동선언서가 대한독립선언서에 영향을 주었다고 주장하고 싶은 것이다.

필자의 의견은, 미안하지만 두 견해 모두 틀렸음을 지적한다. 발표 시기에 대해선 송우혜의 말이 맞지만, 대한독립선언서가 국내에서 발표된 3·1독립선언서의 영향을 받고 작성되었다고 주장한 것은 논리의 타당성을 제외하고, 차라리 억지에 가까운 괴변이라고 할 수밖에 없다. 송 교수의 의견을 반박하는 조 교수의 논문을 자세히 검토하지 않더라도, 선언서 작성 시 조선의 상황도 잘 몰랐다는 조소앙의 고백 글이나 상기 지산외유일지를 읽어 봐도 송 교수의 주장이 억지요 무리란 것을 알 수 있으리라 본다.

삼균학회 측도 날짜의 오류뿐 아니라, 상기 대한독립선언서를 조소앙이 작성자라고 한다면, 시간상 2·8독립선언이나 3·1독립선언에 물리적으로 영향을 줄 수 없다.

그러면 이 문서는 서로 간 전혀 영향을 끼친 바 없는 독자적인 글일까? 이 부분을 확인하기 전에 대한독립선언서의 작성 주체부터 거론하는 것이 순서일 듯하다.

2) 대한독립선언서의 작성자는 누구인가

대한독립선언서의 작성 시기에 대해선 무수한 논란이 있지만, 이상하게도 작성자에 대해선 그저 조용하기만 하다. 일부 대종교 측에서 김교헌설을 제기하고 있지만 찻잔 속의 태풍 정도로 그 반응은 미미하기만 하다. 필자가 보기엔, 적어도 세 가지 이상의 의문이 있는데, 조소앙 저작설에 왜 대부분의 학자들이 동의하고 있을까? 아래는 김교헌설을 주장하고 있는 김동환의 글이다.

「무오독립선언」을 기초한 인물에 대해서는 조소앙(趙素昻)이 기초했다는 설이 지배적이지만 당시 대종교 교주였던 김교헌(金敎獻)이 기초했다는 설도 있다.

조소앙설:

「무오독립선언」의 기초를 조소앙이 기초했다는 근거는 먼저 조소앙의 자전에 보면, "…… 創立大韓獨立義軍府 呂爲正領 自任副領 手草「大韓獨立宣言書」尋見國內代表手草「大韓獨立宣言書」尋見國內代表 來傳「獨立宣言書」之草稿 約與呼應"라는 내용과 정원택의 「지산외유일지」에 보면 선언서의 기초를 조소앙이 맡은 것으로 되어 있다. 또한 …… 조소앙이 길림성(吉林省) 밖 어느 절간에서 선언서 작성을 했다는 정원택의 증언내용을 살필 수 있으며 조소앙에 의하여 작성된 것으로 알려져 있는 「대동단결선언」의 내용의 일부가 「무오독립선언」의 내용 일부와 상당히 흡사하다는 점에 근거를 두고 있다.

김교헌설:

한편 「무오독립선언」을 김교헌이 작성했다고 추측하는 이유는 당시 만주 대종교인이었던 김정후의 증언을 담은 글을 인용해 본다면 김교헌이 무오년 초에 대종교 교당에서 원도(願禱)를 드릴 때에 비몽사몽간에 수많은 사람들이 백의민족의 태극기를 높이 들고 대한독립만세를 부르짖자 삽시간에 온 천지가 태극기에 뒤덮이는 희한한 광경을 원도(願禱)에서 목격했다 전한다. 김교헌은 하늘이 우리에게 독립을 묵시한 것이라 하여 독립선언을 하기로 결심했다고 하는 증언내용을 볼 수 있다.

이런 점에서 본다면 「무오독립선언」의 내용(이 글에서 인용하는 무오독립선언서의 내용은 국사편찬위원회에서 발간한 한국독립사 3권에 「대한독립선언서」라는 이름으로 실려 있는 본문을 인용함. 이하 같음.) 가운데, "단군대황조(檀君大皇祖)께서는 상제(上帝)에 좌우(左右)에 명(命)을 내리셔서 오등(吾等)에게 기운(機運)을 주시었다."라는 의미는 다름 아닌 무오년 초에 무원 김교헌의 원도 때에 백의민족의 만세광경을 묵시한 것을 의미한 것으로 생각할 수 있으며 세계(世界)와 시대(時代)는 아등(我等)에게 복리(福利)를 주고자 한다는 내용은 윌슨의 민족자결론 등 세계정세가 우리에게 유리하다는 뜻을 나타낸 것이라고 이해할 수 있다.

또한 유추해 보건대 「무오독립선언」이 당시 대종교의 중진들이 거의 중심이 되어 이루어진 것이라는 점을 감안한다면 당시 대종교 교주였던 김교헌(金敎獻)의 영향은 더욱 강하게 표현되었을 가능성을 짙게 하고 있다.[37]

김동환의 주장에 대해선 별도로 논평을 하지 않겠다. 이 글에선 학계의 정설로 굳어진 조소앙설에 대해서만 다루기로 하겠다. 대한독립선언서가 조소앙이라고 단정하기엔 너무나 무리가 많다. 그 이유로는

첫째, 물리적인 시간의 부족함을 지적한다.

지산외유일지에 의하면, 1월 28일(양력 1919. 2. 28)에 조소앙이 선언서를 기초하기로 회의에서 결정하여, 2월 1일(양력 1919. 3. 2) 조소앙과 정원택, 조용주 등 3인이 협의하여 기초하고, 2월 10일(양력 1919. 3. 11) 석판으로 4,000부를 인쇄하여, 서북간도와 아령(俄領)과 구미(歐美) 각국 및 북경·상해와 국내, 일본에 우편으로 발송하였다고 되어 있다.

여기서 기초의 의미를 어떻게 해석하는지가 문제인데, 다른 원본이나 참조 자료 없이 대한독립선언서 원본 자체를 기초했다고 하면, 하루 내지 이틀 만에 <대한독립선언서>라는 거대한 문서가 작성된 셈이다. 단재 신채호가 한 달 만에 작성했다는 <조선독립선언서>의 경우도 학계의 불가사의로, 단재의 열정과 천재성을 칭송하는 예로 들고 있는데, 하루나 이틀, 길게 잡아도 열흘 정도 만에 <대한독립선언서>를 탈고한 조소앙의 경우, 우리는 어떻게 받아들여야 할까?

결론은, 조소앙이 기초한 <대한독립선언서>는 별도의 원본이 있었다고 볼 수밖에 없다.

둘째, 조소앙은 명의도용자인가?

만약 길림에서 작성된 <대한독립선언서>가 조소앙의 작품이라면, 조소앙과 대한독립의군부는 독립운동 명망가들의 명의를 도용한 셈이 된다. 대한독립선언서에 서명자로 기록된 39명은 중국 본토와 만주, 노령 연해주 이외 이승만, 안창호, 박용만 등 미주에 거

주하고 있는 사람들도 많다. 1월 28일(양력 1919. 2. 28) 대한독립의군부의 긴급회의 시 결의한 사항에도 선언자에 대한 논의는 전혀 없었다. 설혹 있었다 하더라도, 열흘 정도의 기간 동안에 어떻게 39명 서명자의 동의를 받아들일 수 있었겠는가? 서명자가 기록된 또 하나의 원본이 없이 <대한독립선언서>를 작성, 발송했다면 조소앙은 명의도용자가 될 수밖에 없다.

셋째, 당시 조용은의 기본적인 사상과 배치된다.

조소앙의 이력을 보면, 1915년에서 1918년까지는 별 활동이 없는 것으로 나타난다. 조소앙이 독립운동사에 크게 부각되는 시점은 임시정부 수립 이후, 특히 삼균주의를 표방하던 1930년대부터이다. 그렇다면 <대한독립선언서>가 발표될 무렵의 조소앙은 어떤 상황이었을까? 조소앙은 1915년 무렵부터 <육성교>라는 종교를 창립하는 등 사상적인 혼란기였음에 분명하다. 지산외유일지에 묘사된 정원택과 조소앙의 대화가 참고가 될 듯하다.

6월 7일(양력 1918. 7. 14) (일)

조반 뒤에 소앙이 청하여 말하기를 "우리가 살던 도관(道舘)에 가서 약간의 기구와 식량을 처리하고 돌아오겠다." 하고 나가서 시간이 지나도 돌아오지 않는지라, 벽초가 나에게 촉탁하기를, 내가 가 보는 것이 좋을 것이라 하므로, 내가 도관으로 가던 도중에서 소앙을 서로 만나서 늦어진 까닭을 물으니, 소앙이 말하기를 "내 마음이 퍽 괴로워서 한시도 이곳에 머무를 수 없으므로, 이로부터 곧 서간도로 향하고자 하니 바라건대 이상하게 생각지 말고, 의원으로 돌아가거든 나의 행리 수개를 보내 주기를 바란다." 하므로, 내가 말하기를 "무엇

때문에 이처럼 조급히 구는가. 우리들이 여기서 몇 날만 숨어 있으면 그도 반드시 마음을 놓을 것이니, 그 뒤에 서서히 기회를 보아 다른 곳으로 가면 좌우가 무사할 것이요, 지금 만일 일시 잠적한다면 그는 반드시 아연 긴장해져서 죄가 있어 도망쳤다고 생각하고, 더욱 사찰할 것이니 내가 좌우와 함께 어찌 난처하지 않겠소." 하고 내가 누차 권해도 듣지 않으므로, 내 말하기를 "조금 기다리시오." 하고 곧 돌아와 벽초와 함께 가서 간곡하게 권하였으나, 먹은 마음을 돌리려고 하지 않았다. 마침내 서로 작별하고 돌아와서 행리를 보냈다.

이날 저녁에 의원 대리 정영준(鄭英俊)이 소앙이 저물도록 돌아오지 않는 것을 보고 술이 취한 김에 들어와 앉아서 벽초와 나에게 거친 폭언으로 책망을 하였다. ……

12월 25일(양력 1919. 1. 26) (일)

…… 소앙과 저간에 피차 지낸 전말을 서로 이야기하고, 현재 상해에서 파리에 특사를 파견하고, 미주와 국내에 비밀 연락을 취하여 대기 동작하라 함을 진술하고, 지금 예관 선생의 통신 지시로 다소의 서류를 휴대하고 만주의 동지를 규합하고, 노령에 기밀을 서로 응하게 하고자 하는데, 이는 남파와 소앙의 중책(重策)이라. 하루 속히 활동하기를 요청하고 재촉하니, 소앙이 말하기를 "내 서간도로부터 여기 올 때에 뜻을 정한 바 있으니, 그 뒤로는 도관에 숨어 있어서 세간 일에는 간섭을 아니 하였으며, 남과 논쟁도 하지 않고 다만 자기 수양만 하기로 결심하였으니, 나는 내버려 두고 나 스스로에 맡기라. 내가 길림에 온 지 수개월이 되어도 알든 모르든 간에 한 사람의 동지도 찾아온 일이 없으니 스스로 부끄럽기도 하나, 널리 용서해 주기를 바라노라." 내가 말하기를 "내나 선생이나 그 밖의

여러 동지들이 국치 후에 이친기처(離親棄妻)하고 만 리 절역에 풍찬노숙(風餐露宿)하며, 간난신고를 달게 받고 있음은 모두 유지자사경성(有志者事竟成)이란 데에 기인하여 시기를 기대함이라.

이제 서방의 전쟁이 종식되어 가고 파리에서 평화회가 열리게 되어 약소민족이 자결을 높게 부르짖게 되었으니, 일은 비록 준비가 없으나 때는 박두하였으니, 일의 성패는 불구하고 한 번 궐기하여 크게 외칠 기회이다.

옛말에 기회는 두 번 오지 않으니 기회를 잃어서는 아니 된다고 하였으니, 이 기회를 놓치고 어느 때를 기다리리까. 잠적수도(潛跡修道)는 대로불만(待老不晩)이라." 하고 소매를 붙들고 가기를 청하니, 소앙이 부득이하여 나와 동반하여, 여관에 도착하여 나의 소개로 박남파와 처음으로 알게 되어 인사하고, 또 동반하여 북문 밖에 거주하는 시당(時堂) 여준(呂準) 선생 댁에 도착하여 서로 인사한 뒤에 진행 방침을 토의하고 늦게 돌아왔다.

<이상 지산외유일지에서 발췌>

좀 길게 인용했는데, 당시 조소앙의 나이가 31세였음을 감안하면, 어느 정도 이해가 될 듯도 하다. 아무튼 분명한 것은, 종교와 철학 등에 심취하고 있던 소앙이 갑자기 돌변하여, 한편으론 무장투쟁을 방략으로 내세우는 <대한독립선언서>라는 과격한 문서를 작성하긴 쉽지 않았다는 뜻이다. 실제 1918년 이전, 조소앙의 글에는 근대적 민주주의 공화정체 민족국가 수립이라든가 무장투쟁의 궐기를 유도하는 내용은 없다(물론 대동단결선언이 조소앙의 작품이 아니라는 전제인데, 이 점은 별도로 다루기로 한다.). 사상적 편린이란 점에서도, <대한독립선언서>는 조소앙의 작품이 될 수 없다.

3) 그러면 대한독립선언서 작성의 주체는 누구인가

조동걸 교수 등 대부분의 학자들은 <대한독립선언서> 작성의 주체를 <대한독립의군부>로 보고 있다. 그러나 이 견해는 앞서 지적한 작성자 문제와 마찬가지로 조소앙 영웅 만들기의 일환이라는 오해를 불식시킬 수 없다.

대한독립의군부란 단체의 성격 규명 작업은 도외시하고, 대한독립의군부를 창립하였다는 조소앙의 자서전에 나타난 기록만을 채택하는 오류를 범하고 있다는 뜻이다.

정원택의 기록에 의하면,

1918년 12월 20일(양력 1919. 1. 21) 예관 신규식으로부터 비밀 지령을 받고, 그 뒤 남파 박찬익에게 최초로 그 내용을 상의했으며, 다음으로 은둔 상태에 있던 조소앙을 설득했다고 되어 있다. 그리고 12월 27일(양력 1919. 1. 28)에는 길림의 사정을 상해에 수신 보고하였다는 기록이 뒤를 잇는다. 그다음, 1월 24일(양력 1919. 2. 24) 여준의 집에서 독립운동 추진 방법을 토의하고, 1월 27일(양력 1919. 2. 27) 대한독립의군부를 조직했다고 말하고 있다.

1월 28일(양력 1919. 2. 28)에는 의군부 부서를 정하고 서무에 착수하며, 긴급회의를 개최하고 진행방침을 결의하였는데,

첫째는 상해에 길림 대표를 파견하여 민속하게 연락을 취할 것이라고 되어 있는 것 등을 보면, 대한독립의군부는 독자적인 조직이라기보다, 상해 즉 동제사의 지령을 받는 외곽단체라고 보는 것이 정확하다고 할 것이다.

실제 조소앙도 동제사 요원이었음을 상기하면, 길림에서 발표된

대한독립선언서의 주체는 동제사라고 해야만 된다. 박용만의 자료
는 필자의 주장에 보다 힘을 실어 준다.

<표 2-5 대한독립선언서 39인 명단>

이름	출신 지역	생년 (나이)	대동단결선언	동제사	임시 정부	건국 훈장
김교헌	경기 수원	1868 (51)			북로군정서	독립장 (1977)
김규식	부산	1881 (38)	●	●	●	대한민국장 (1989)
김동삼	경북 안동	1878 (41)			서로군정서	대통령장 (62)
김약연	함북 회령	1868 (51)				독립장 (1977)
김좌진	충남 홍성	1889 (30)			북로군정서	대한민국장 (1962)
김학만			●			
여 준	경기 용인	1862 (57)			서로군정서	독립장 (1968)
유동열	평북 박천	1878 (41)			●	대통령장 (1989)
이 광	충북 청주	1887 (32)		●	●	독립장 (1963)
이대위	평남 강서	1879 (40)				독립장 (1995)
이동녕	충남 천안	1869 (50)			●	대통령장 (1962)
이동휘	함남 단천	1873 (46)			●	대통령장 (95)
이범윤	서울	1856 (63)			북로군정서	대통령장 (1962)
이봉우	부산	1873 (46)			국민회대표	독립장 (1980)
이상룡	경북 안동	1858 (61)			서로군정서	독립장 (1962)
이세영	충남 청양	1869 (50)			●	독립장 (1963)

이름	출신 지역	생년 (나이)	대동단결선언	동제사	임시 정부	건국 훈장
이승만	황해 평산	1875 (44)			●	대한민국장 (49)
이시영	서울	1869 (50)			●	대한민국장 (1962)
이종탁						
이 탁	평남 성천	1889 (30)			광복군 참모장	독립장 (1963)
문창범	함북 경원	1870 (49)			●	대통령장 (1990)
박성태						
박용만	강원 철원	1881 (38)	●		●	대통령장 (1995)
박은식	황해 황주	1859 (60)	●	●	●	대통령장 (1962)
박찬익	경기 파주	1884 (35)		●	●	독립장 (1963)
손일민	경남 밀양	1884 (35)			●	건국포장 (1977)
신 정 (신규식)	충북 청원	1880 (39)	●	●	●	대통령장 (1962)
신채호	충남 대덕	1880 (39)	●	●	●	대통령장 (1962)
안정근	황해 신천	1885 (34)			●	독립장 (1987)
안창호	평남 강서	1878 (41)			●	대한민국장 (1962)
임 방						
윤세복	경남 밀양	1881 (38)	●			독립장 (1962)
조용은 (조소앙)	경기 파주	1887 (32)	●	●	●	대한민국장 (1988)
조성환	서울	1875 (44)	●	●	●	대통령장 (1962)
정재관	부산	1880 (39)				건국포장 (1980)
최병학						

이름	출신 지역	생년 (나이)	대동단결선언	동제사	임시 정부	건국 훈장
한 흥	함남 신흥	1888 (31)				독립장 (1968)
허 혁						
황상규	경남 밀양	1890 (29)			북로군정서	독립장 (1963)

4) 박용만의 대한독립선언서

알다시피 박용만 역시 대한독립선언서 서명자 39인 중의 1인이다.
박용만은 1919년 3월 3일 Korean National Independence League
(대조선독립단) 하와이 지부를 조직했는데, 대한독립선언서의 선언
주체를 이 '대조선독립단'이라고 했다.[38]

이 단체 설립 전 박용만은 대한독립선언서를 영문으로 번역하여
소개했는데, 그 내용은 비록 의역되었으나, 길림의 대한독립선언서와
기본적으로 동일하다. 그리고 선언서 끝의 발표일자는 "The 4252nd
year of Korea, 2nd Moon(Feb, 1919)"로 되어 있다.[39]

여기서 많은 독자들이 혼란을 일으키고 있으리라 본다. 길림에서
각 지역으로 대한독립선언서를 발송한 날은 1919년 3월 11일인데,
어떻게 3월 3일 이전에 박용만이 대한독립선언서를 번역할 수 있었
을까? 사실, 모든 의문은 하나의 전제조건만 인정하면, 쉽게 풀린다.

박용만이 말한 대조선독립단 즉 동제사가 1918년 11월이나 1919
년 연초쯤 미주를 비롯하여 길림, 연해주, 동경, 서울 등으로 <대
한독립선언서 원문>을 발송했다고 보는 것이다. 물론 그 이전에

39인 서명자의 동의를 받았다고 보면 된다.

필자의 이 추측은 상기 박용만의 강력한 증거 이외 몇 가지 정황 증거가 더 있다.

첫째, 내용이 추상적이거나 전해 들은 형식의 자료이기 때문에 학자들은 자료로서 인정하지 않지만, <동암장효근일기>와 <묵암 이종일선생비망록>에 의하면, 공통적으로 1918년 11월 여준 김규식 등 39인 혹은 중광단원 39인이 무오독립선언서를 만주에서 발표했거나 하겠다고 하더라는 전문의 형식으로 기록되어 있다. 즉 국내 3·1운동 관련자들이 중국 지역 독립선언에 관해 전해 들은 형태로 기록되어 있다.[40]

둘째, 박용만, 정원택 등과 별도로 비슷한 시기에 여운형, 장덕수, 선우 혁 등이 연해주, 일본, 조선 등지로 비밀 잠행을 했다는 사실이다. 그들의 임무 목적은 파리강화회의 대표단 여비 확보와 독립운동 궐기 등으로 알려져 있는데, 이때 <대한독립선언서 원본>도 함께 지참했다고 보는 것이 필자의 주장이다.

사실 정황증거로 역사를 해석한다는 것이 얼마나 위험한 태도인지는 알고 있다. 그러나 이러한 가정 없이는 1919년 3·1운동 전후에 발생한 일련의 사건들을 논리적으로 풀이할 수 없음이 또한 현실이다.

필자가 구축한 당시의 상황을 다시 정리해 보겠다.

★ 제1차 세계대전이 끝나고 윌슨이 제창한 민족자결주의란 용어가 조선인에겐 새로운 희망으로 떠올랐다.

★ 상해의 동제사는 파리강화회의에 커다란 기대감을 갖고, 신한

청년당이란 단체를 급조하여 김규식을 파리로 보낸다.

★ 그리고 1917년에 발표한 대동단결의 선언을 보강하여 <독립선언서>를 작성하고, 39명의 해외 독립투사 명망가들의 동의를 얻는다.

★ 동제사 비밀 요원들은 <독립선언서>를 지참하고, 독립운동 명망가들을 접촉하여 상황과 취지를 설명하며 설득한다.

★ 39인의 독립투사들이 1918년 11월경 만주에서 독립선언을 했다는 소문이 퍼진다.

★ 동경에선 동제사에서 보낸 <독립선언서>를 기초로 하여, 이광수가 수정 보완하여 2·8동경선언서가 발표된다.

★ 1919년 3월 1일, 서울에선 최남선이 기초한 독립선언서가 발표된다.

★ 비슷한 시기, 하와이의 박용만은 <독립선언서> 원본과 거의 동일하게 번역한 <독립선언서>를 발표한 즉시, 대조선독립단 하와이 지부를 조직한다.

★ 길림에선 3월 초순경, 독립의군부를 조직하고 난 뒤, 조소앙, 정원택, 조용제 등이 <독립선언서> 원본을 참조하여 <대한독립선언서>를 기초하고, 3월 11일 4,000부를 인쇄, 각 지역으로 발송한다.

★ 용정, 블라디보스토크 등 만주와 연해주 지역에서 3월 중순경 각지의 상황에 맞는 독립선언서를 발표하며 독립운동을 개최한다.

★ 조선 본토와 조선인이 거주하는 대부분의 해외지역에서 독립선언서를 발표하며 독립운동을 하는데, 선언서의 종류는 대략 50여 가지 이상이다.

★ 선언서의 종류가 그처럼 많았지만, 한 가지 공통점이 있다.

그것은 대부분의 선언서가 민주공화정을 선포했다는 사실이다. 이것은 초기에 배포된, 동제사의 <독립선언서 원본>의 영향과 파리강화회담에 대한 기대감으로 해석할 수 있다.

결국 1917년 7월 동제사가 주창했던 민족의 대동단결이 1919년 파리회담을 계기로 이루어지게 되었는데, 그 과정에 전 국민이 만세운동에 동참하게 되었으며, 상해 임시정부라는 결과물이 등장하게 되었다는 게 필자가 주장하는 요지이다.

필자의 주장이 참이라면, 3·1운동에 관한 독립운동사는 다시 검토되어야만 한다. 33인의 소위 민족대표보다는 독립운동의 본부 격인 동제사의 역할을 알아보아야만 하며, 최남선이 기초했다고 전해지는 3·1독립선언서 이전에 존재했던 동제사의 <독립선언서 원본>의 취지와 이념을 적극 분석해야만 할 것으로 본다.

여기에서 문제는, 동제사의 <독립선언서 원본>이 과연 존재하느냐 하는 의문과, 존재했다면 그 내용이 길림에서 발표한 <대한독립선언서>와 어느 정도 차이가 있는가 하는 점이다. 아직 동제사의 <독립선언서 원본>이 발견되었다는 소식은 없다. 그러나 1920년 동제사에서 발간한 <진단주간보>에 독립선언서에 관한 글이 실려 있는데, 그 글이 동제사의 <독립선언서 원본>이 아닐까 하는 게 필자의 추측이다. 이 문제는 역사적으로 대단히 중요한 사항이므로 학계와 정부의 적극적인 참여와 검토를 요망한다.

5) 진단이 말하는 독립선언서

1910년대부터 1945년 8월 해방 때까지를 범위로 하여, 중국 관내지역에서 독립운동과 관련하여 발행되었던 신문 잡지를 정리하면 모두 74종으로 조사되었다 한다.[41]

<한시준, 단국대, '중국 관내 독립운동과 신문잡지' 논문 참조: 이하의 글도 동일하게 참조함>

특히 1919년 3·1운동과 임시정부 수립을 전후하여 발행된 주요 언론은 『독립신문』, 『진단』, 『신대한』, 『대동』 등을 들 수 있다.

이광수, 이영렬, 조동호, 주요한 등이 중심이 되어 신문의 발간과 운영을 주도한 『독립신문』이 임시정부의 기관지 역할을 하던 신문이라면, 『신대한』의 경우 신채호, 박용만, 신숙 등이 중심이 되어 이승만의 위임통치론을 들어 그의 선임을 반대하는 등 반임시정부세력이 집결하는 근거지 역할을 했다. 특히 『신대한』이 폐간된 후 발간된 『대동』을 통하여 임시정부에 대한 적극적인 반대운동을 전개하기도 했는데, 임정의 야당지 역할을 톡톡히 한 셈이다.

한편 1920년 10월 10일 창간호 발간 후 1921년 4월 24일 제22호로 종간되기까지 『진단』에 참여한 인물들의 면면을 보면, 임시정부와 반임시정부 양쪽 모두에 연결고리를 갖고 있음을 확인할 수 있다. 즉 당시로는 중도지를 표방했다고 보면 되겠다.

진단은 진단보사(震壇報社) 명의로 발행되었으며 겉표지에는 『진단(震壇)』으로, 내표지에는 『진단주보(震壇週報)』로 되어 있다. 12면을 발행한 창간호를 제외하고 매호 8면을 발행한 사실을 확인할 수 있고, 그 대부분이 현재 국내에 들어와 있다.

진단 제15호 표지

신문의 내용은 사론(社論)을 비롯하여 한국독립운동근세사(韓國獨立

運動近世史) 및 한국·중국·세계소식이 중심이 되어 있고, 신규식의 저서로 알려진 『한국혼(韓國魂)』이 매호 연재되고 있다. 특히 창간호부터 종간호까지 친필로 된 축하휘호가 계속 실리고 있는데, 그중에는 <신아동제사>, <중화민국 학생연합회 총회> 등의 단체명으로 된 것도 있으며, 진독수, 김두봉 등 중국과 한국의 사회주의 계열 인사도 눈에 띈다. 축사를 헌사한 사람들만 분석해도 한 편의 논문이 될 정도로 수많은 인명이 등장하고 있다. 관심 있는 분의 연락을 기대한다.

북경(北京)에 대파처(代派處)(북경등시구(北京燈市口) 곽기운도서국(郭紀雲圖書局))가 설치되었던 것으로 보아, 상해지역에만 국한되지 않고 북경지역에도 신문을 발송했던 것 같다. 그리고 파리, 호놀룰루, 샌프란시스코 외 독일, 러시아, 영국 등지의 사서함 번호는 해외 교민들에게도 소식을 전한 증거이기도 하다.

다른 신문, 잡지와 달리 창간호부터 종간호까지 대부분 국내에 모두 있는 것으로 확인된, 이런 귀중한 자료에 대해 지금까지 논문 한 편 없다는 사실이 기이하기만 하다. 학자들은 진단에 대해 기피를 하고 있는 것일까, 외면을 하고 있는 것일까? 정말 궁금하다.

진단 창간호 8면을 보면 "국내외한인독립선언"이란 제목의 귀한 자료가 있다. 이 기사를 기획한 편집자의 주를 보면 대단히 중요한 역사적 사실을 확인할 수 있는데,

첫째, 한국애국당(韓國愛國黨)이란 곳에서 국내외 독립선언을 주도했으며,

둘째, 이 단체는 다섯 차례의 독립선언을 아래와 같은 순서로 기획을 하였다.

최초는 상해선포이고 두 번째는 동경선포, 세 번째가 길림선포, 네

번째는 한국경성선포, 그리고 마지막 다섯 번째는 해삼위 즉 블라디
보스토크 선포라고 되어 있다. 이 신문은 창간호부터 제5호에 걸쳐
기획특집으로 국내외한인독립선언을 선보이고 있으며, 창간호에선
<국내한인독립선언서>를 소개하고 있다. 우리가 알고 있는 3·1독
립선언서이다. 각 선언서의 선언자 명단은 익히 알고 있는 바와 거
의 동일하므로 선언서의 명칭과 발표일을 참고로 소개하겠다. 순서
는 진단에 소개된 차례로 하겠다.

★ 國內韓人獨立宣言書(창간호, 1920년 10월 10일) …… 朝鮮
　　建國四千二百五十二年三月 朝鮮民族代表 손병희 외 33인

★ 留日本東京學生界獨立國之宣言書(제2호, 1920년 10월 17일) ……
　　朝鮮青年獨立團代表 최팔용 외 11인

★ 國外韓人代表團獨立宣言書(제3호, 1920년 10월 24일) …… 檀
　　國紀源四千二百五十二年二月 海外韓人代表 김교헌 외 39인

★ 海蔘威韓人國民議會之宣言書(제4호, 1920년 10월 31일) …… 建國紀
　　源四千二百五十二年三月十七日大韓人國民議會 …… 서명자 없음.

★ 最先發表之大同團結宣言(제5호, 1920년 11월 7일) …… 檀帝
　　紀元四千二百五十年七月 宣言人 신규식 외 14인

앞의 글에서 독립선언서의 발표 시기, 작성자, 발표주체 등에 관하여
학계의 여러 논란을 소개했지만, 진단의 기획기사를 분석하면 대부분
의 의문이 풀리리라 확신한다. 한 가지 문제가 되는 것은, 지산외유일
지에 의하면, 길림의 선언서가 3·1독립선언서보다 며칠 늦게 완성되
는데 진단에선 동경선언과 경성선언의 중간으로 보고 있다는 점이다.

中華民國九年十月廿四日

要目

기미년독립선언이 한인독립선언으로 표기된 진단 제3호 목차

이것은 대한독립의군부를 창립한 날, 즉 음력 1월 27일(양력 1919. 2. 27)을 길림에 거주하고 있던 여준, 김좌진, 조소앙 등이 서명한 시점으로 보면 의문이 풀린다. 다른 선언서와 달리 동제사가 준비한 대동단결선언이나 대한독립선언의 경우, 별도의 집회가 없었다. 그렇기 때문에 선언서의 발표일이나 발송일보다는 서명자가 최종 서명한 날을 선언서의 최종 완성일로 보았다는 게 합리적인 견해가 아닐까 한다.

조소앙 등 3인이 동제사 원안을 하루나 이틀 정도 수정, 보완하여 음력 2월 10일(양력 1919. 3. 11)경 발송하였다고 하더라도, 동제사 측은 서명한 날을 더 중시했다는 뜻이다.

이 문제를 조금 더 확실히 하기 위해 대한독립선언서의 원본이라고 인정되고 있는 문서와 진단에 게재된 문서를 비교해 보기로 하겠다.

진단 제3호 3쪽을 보면, <韓國獨立宣言書之三 ▲國外韓人代表團獨立宣言書>란 제목하에 선언서 전문이 소개되어 있다. 아래는 시작부분이다.

"海外僑居韓人, 敬實告於我大韓同族男女■全球友邦同胞之前曰, 我大韓以完全之自主獨立, 神聖之平等福利 ……"

다음은 조소앙이 기초한 것으로 알려진 대한독립선언서의 머리글인데, 비교해 보길 바란다.

"我 大韓同族男妹와 曁我遍球友邦同胞아, 我, 大韓은 完全한 自主獨立과 神聖한 平等福利로 ……"

진단에 소개된 글과 대한독립선언서의 글은 문맥상 큰 차이가 없다. 다른 점은

첫째, 國外韓人代表團獨立宣言書란 제목이 大韓獨立宣言書로 수정된 것,

둘째, 선언서의 서두에 있던 海外僑居韓人란 내용이 누락된 것

셋째, 檀國紀源四千二百五十二年二月海外韓人代表가 建國紀元 4252年 2月 등을 들 수 있다.

다시 말하면, 상해 동제사 본부에서 보내온 선언서를 기본으로, 길림의 상황을 고려하고 그쪽 사람들의 의견을 참조하여 전체적인 흐름에 지장이 없도록 조소앙이 가필, 수정했다는 뜻이다. 물론 국외한인대표단독립선언서(國外韓人代表團獨立宣言書)의 원본이 아직 발견되지 않았으므로, 필자의 주장이 어느 정도의 설득력을 얻을 수 있을지 모르겠다. 그러나 독립운동사의 방략을 재정립하기 위해서라도 이 문제는 필히 재검토되어야 할, 대단히 중요한 문제라고 생각한다. 뜻있는 학계, 학자들이 심도 깊게 연구해 주었으면 하는 바람을 전한다.

3·1운동의 의의와 그 중요성을 인정하면서도, 소위 민족대표 33인의 이해할 수 없는 행위, 특히 3·1운동 후 친일인사로 변절하는 몇몇 인사들의 행태 때문에 지금까지 3·1운동의 역사적 해석 자체가 곤혹스러웠던 것이 사실이다.

그러나 3·1운동을 비롯한 그 당시 우리 민족 독립운동의 주관처가 별도로 존재했다면, 모든 것이 달라진다. 한 번 보라. 최초의 독립선언 발표자인 14명의 대동단결선언의 선언자, 그리고 그들이 대부분 포함된 국외한인대표단독립선언서 39인들 중 단 한 명도 변절한 사람이 없었다는 것은 무엇을 말하는가? 2·8동경선언과 3·1독립선언자 중 일부가 변절했다고 해도 독립운동의 본 원류는 손상하지 않았다는 뜻이다.

진단이 표현한 <애국당>은 당연히 <동제사>의 다른 명칭이다. 박용만이 말한 <대조선독립단>이기도 하다. 좀 더 확실히 말하자

면, 동제사가 발기하고 국내, 국외의 독립운동가들이 대동단결하자
는 취지로 구성된 임의의 단체라고 보면 된다.

무오(대한)독립선언문은 국외한인대표단독립선언으로 표기되었음을 진단을 통하여 알 수 있다.

동제사를 중심에 두고, 기미년에 발표된 독립선언서와 독립운동을 연결해 보면, 그동안 풀리지 않았던 연결고리가 모두 확인되는 기쁨을 누리리라 확신한다. 마지막으로 독립선언서의 명칭변경을 제안한다.

상기 진단에 표기한 명칭대로, 3·1독립선언서는 <국내한인독립선언서>로, 무오 혹은 대한독립선언서는 <국외한인대표단독립선언서>로 바뀌었으면 한다. 새로운 명칭이 실제로는 원래 명칭이라는 것을 덧붙인다.

6) 비밀의 열쇠, 최초의 독립선언서 대동단결선언

몇 년 전까지만 해도 일제강점기하 최초의 독립선언서는 최남선이 기초했다고 알려진 3·1독립선언서였다. 물론 2·8동경선언이 시기적으론 앞선 선언이었지만, 국외라는 점, 그리고 대표성 문제 등으로 인해 소위 민족대표 33인이 서명한 3·1독립선언에 영광된 위치를 양보해야만 했다.

이 질서를 깨뜨리는 것은 오랫동안의 금기였다. 그러나 최근 그 최초라는 영예가 '대한독립선언서'에로 옮겨지는 듯하다. 대한독립선언서에 서명한 39인의 서명자들이 명망 면에서 33인보다 더 우월하고, 보다 결정적인 것은 변절자가 섞인 33인보다는 단 한 명의 변절자도 없는 39인의 서명자가 우리의 정서 면을 압도하기 때문이라고 본다.

이 새로운 질서에 이의를 제기하는 필자의 심정도 한편으론 괴롭다. 그러나 감정과 감상이 바탕이 되어 버린 역사는 먼 훗날 또 다른 비수가 되어 우리의 후손을 괴롭히리라 본다.

사실 독립선언의 발표날짜나 서명자의 면면을 보고 선택을 해야 된다면, 최초의 독립선언서는 노령 연해주 블라디보스토크에서 1910년 8월 24일 발표된 <한국국민의회 성명>에 모든 영광과 권리를 양보해야만 한다. 이상설이 기초한 것으로 알려진 이 선언서에는 무려 8,642명에 달하는 애국지사들이 연명하여 서명을 하였다. 그러나 이 성명은 대한민국의 건국을 선언한 것이 아니라 일제의 병합을 무효라 하면서 대한제국의 재건을 주창한 광복선언이었다.

대한민국 임시정부가 민주공화정을 표방한 이상 근황주의나 복벽주의를 내세운 선언은 원천적으로 독립선언서의 대상이 될 수 없다는 뜻이다. 그렇다면 대한독립선언서가 최초가 되어야만 할까? 아니다. 대한독립선언서는 2·8동경선언보다 뒤늦게 발표되었음을 기억하라. 그렇다면 동경선언이 최초가 되어야 할까? 아니면 아직 원본이 발견되지 않은 <국외한인대표단독립선언서>에 최초의 자격을 부여해야 될까? 모두 정답이 아니다. 이러한 논란에 대하여 1920년에 발간된 주간신문 『진단』은 우리에게 명쾌한 답변을 제공해 준다.

앞의 글에서 상해선언이 <최선발표지대동단결선언(最先發表之大同團結宣言)> 즉 최초의 독립선언문이라는 표현을 소개한 바 있지만, 『진단』을 보면 다음과 같은 편집자의 주석이 소개되어 있다. 대략적인 내용을 소개하면, "지금으로부터 3년 전인 1917년 7월 14일, 상해의 동제사가 주관이 되어 발표한 대동단결선언은 조직국가형식의 최고유일기관, 독립운동 방략 등을 선포했으며 …… 2년 3개월에 걸쳐 국내외 요인과 해외 지사 등에게 동참을 권유했다. …… 그러므로 상해선언을 최초의 독립선언으로 소개한다. ……"

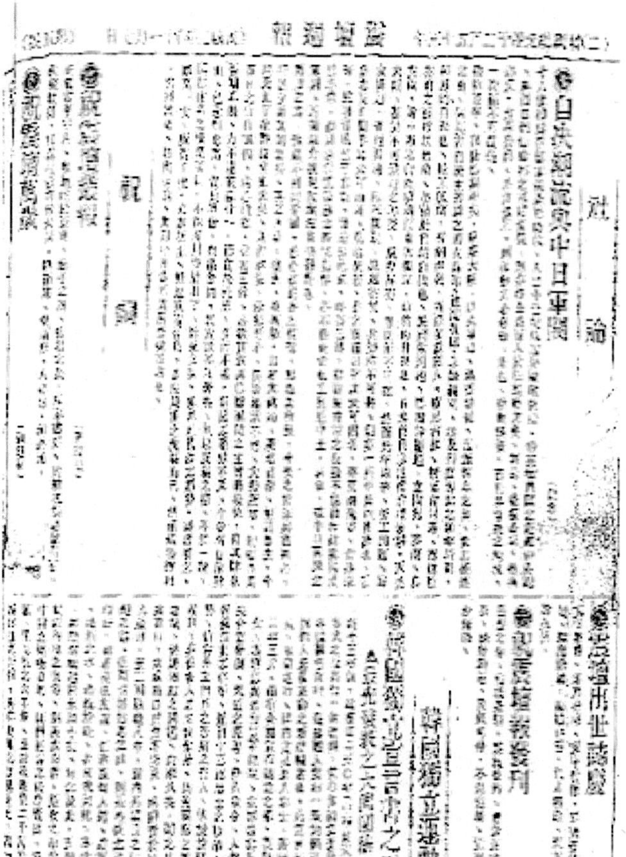

대동단결선언이 최초의 독립선언임을 나타내는 진단 제5호

사실 대동단결선언에 나타난 내용은 당시로선 대단히 충격적인 내용이 담겨 있다.

첫째로 1910년 8월 29일 일제가 대한제국의 주권을 강탈하였으나 그것은 무효이다. 왜냐하면 우리나라 역사를 돌이켜 보면 단군 이래 한 번도 이민족에게 양도한 일이 없었기 때문이다.

둘째로 대동단결선언은 군주정치의 종말과 민주정치의 시작을 선언하고 있다. 대한제국의 주권이 소멸한 1910년 8월 29일이 대한제국에서 대한민국으로 넘어간 날이라 선언하고 있는 것이다. 그러므로 대한제국과 대한민국의 사이에 단 한순간이라도 틈이 있을 수 없고 그날로 주권은 우리 민족에게로 넘어온 것이라 주장하고 있는 것이다.

셋째로 대동단결선언은 말미의 강령에서 신국가의 전신이 될 통치기관의 건설을 제안하였다.

부언하자면, 해외단체의 통일적 최고기관 조직을 위한 민족대표 회의를 개최하자는 '대동단결의 선언'은 바로 대한민국 임시정부 수립의 신호탄이었던 셈이다. 이 선언은 전체 한민족을 '통치'할 통일기관은 '대헌(大憲·헌법)'을 제정하여 법치를 행하며 '국민 외교'를 실행한다고 했다. 그것은 '통일국가'를 거쳐 '원만한 국가'로 발전하는 전 단계로서, 대한제국의 영토·국민·주권을 승계한 새로운 민주주의 국가를 건설하는 첫걸음이었다.

김기승 독립기념관 독립운동사연구소장 등을 비롯하여 최근의 학계의 반응도 대동단결선언의 중요성에 눈을 뜨는 분위기를 감지할 수 있다. 그러나 아직도 이해가 되지 않는 것은 발표주체에 대한 연구는 전혀 이루어지지 않고 있는 점이다. 서명자에 대한 분석도 마찬가지이다. 대한독립선언서에 서명한 39인에 대해서도 마찬가지이지만, 대동단결선언 서명자 14명의 경우, 몇몇 서명자에 대해선 아직 신상파악도 되지 않고 있다. 더욱이 서명자의 이름도 중구난방이다.

참고로 지금까지 알려진 14인 서명자 명단과 『진단』에 소개된 것을 비교해 보기 권한다.

[국내에 알려진 대동단결선언 서명자]

申檉, 朴容萬, 朴殷植, 曺煜, 金成, 趙鏞殷, 韓震, 申采浩, 朴基駿, 李逸, 申獻民, 洪煒, 尹世復, 申斌

[진단에 소개된 서명자]

申圭植, 趙鏞殷, 申錫雨, 洪命熹, 朴容萬, 金奎植, 韓興, 申采浩, 朴殷植, 曺成煥, 尹世復, 朴贊翊, 李龍爀, 申大模

학자들은 한진(韓震)을 한진교로 단정하는 등 대동단결 서명자에 대한 정확한 정보를 파악하는 데도 오류를 범하고 있음이 현실이다. 선언서 원문 기초자에 대해서도 마찬가지이다. 대한독립선언서 기초자는 조소앙, 그리고 대동단결선언의 경우 글의 흐름이나 독립운동방략 등이 대한독립선언서와 유사하므로 이 역시 조소앙의 작품이다.

대한독립선언서의 원기초자가 조소앙이 되기에는 여러 가지 무리가 따름을 이미 지적한 바 있지만, 대동단결선언의 경우 그 가능성은 더욱 희박하다. 우선 서명자의 면면을 보라. 신규식, 홍명희, 신채호, 박은식 ……. 이러한 당대의 문호들을 제외하고 약관 서른 살 청년이 이런 중차대한 선언서의 작성을 주관할 수 있었겠는가?

단 하나, 민주공화제에 대한 이론과 경험이 다른 13인보다 조소앙이 월등했다는 가정이 성립한다면, 그럴 수도 있다. 그러나 1917년 당시 조소앙은 군주정치의 종말이나 공화제에 대한 글을 발표한 적이 없다. 사실 이 점은 다른 13인도 마찬가지인데, 그러면 누가 이런 파격적인 제안을 했으며, 독립운동 명망가들을 설득했을까 하는 의문이 들 수밖에 없다.

신규식을 답으로 하고 싶겠지만, 1913년 동제사가 발간한『향강』등을 보면 아쉽게도 그러한 흔적을 발견할 수 없다. 역시 정답은 하나로 귀결된다. 범재 김규흥 외에는 정답이 있을 수 없다는 뜻이다.

신해혁명이 발생한 해인, 1911년 샌프란시스코 대한국민회에 보낸 범재의 친필 편지, 1913년『향강』에 게재된 축사, 이 외 범재의 작품으로 추정되는 민덕, 민기 등의 글을 보면 공화제에 대한 범재의 열망과 신념을 유추해 볼 수 있다.

신해혁명을 통해 보황주의에서 공화주의자로 거듭난 범재의 경험이 결국, 동제사 회원들에게 일차적으로 영향을 주었고, 그것이 기반이 되어 대동단결선언서라는 획기적인 선언서가 나오게 되었다고 보는 것이 필자의 견해이다.

여러 가지 정황 상 범재 김규흥이 그 주인공임을 확신하고 있지만, 대동단결선언을 실제로 누가 작성하였는가는 대단히 중요한 일이다. 특히 대한독립선언서와 대동단결선언의 기초자가 동일 인물, 즉 범재임이 밝혀진다면 한국독립운동사는 새롭게 작성되리라 본다.

범재의 작품이 확실한 향강의 축사, 대한국민회에 보낸 편지 그 외 친필 편지 등을 대한독립선언서, 대동단결선언 등과 비교 검토하면 정확한 고증이 이루어질 것이다. 이 문제를 명확하게 밝혀줄

한국과 중국인 학자의 등장을 손꼽아 기다린다.

　사실 무엇보다 시급한 것은, 근대사와 독립운동사를 연구하는 모든 학자들이 <동제사>와 <범재 김규흥>이라는 열쇠를 외면하지 말고 연구를 하는 것이다. 이러한 전제조건만 충족되면, 학계의 반응은 필자와 거의 유사한 결론을 내릴 것임을 확신한다. 『향강』과 『진단』에 대한 번역과 검토는 또 하나의 열쇠임을 알려 드린다.

제6장
동제사를 말한다

1) 박달학원의 설립자는 누구인가

1913년 베이징(北京)을 거쳐 상하이(上海)로 망명했다. 신규식·박은식·신채호 등과 함께 동제사(同濟社)를 개조해 박달학원을 창립하고 청년들의 교육에 힘썼다. …… [조소앙]

한편 한인학생의 중국 및 구미의 각급 학교 진학을 위한 예비교육기관으로서 박달학원(博達學院)을 설립하고, 군사교육을 위해서 약 10년간 100여 명의 학생들을 바오딩 군관학교(保定軍官學校), 난징 해군학교(南京海軍學校), 톈진 군수학교(天津軍需學校) 등에 입학시켰다. [신규식]

이해 7월 상하이에서 신규식(申圭植)·홍명희(洪命熹) 등과 함께 교민의 상조단체인 동제사(同齊社)를 조직해 총재로 추대되고, 교민자제의 교육을 위해 박달학원(博達學院)을 설립했다. [박은식]

1913년 신규식의 주선으로 상하이(上海)의 교민단체인 동제사(同濟社)에 참여하고 이 무렵 신규식·문일평·박은식·정인보·조소앙 등과 함께 한국청년교육을 위한 박달학원(博達學院)을 세웠다. [신채호]

1912년 7월 상하이(上海)에서 만들어진 동제사(同濟社)에 가입했으며, 중국의 혁명지도자들과 보다 깊은 유대관계를 맺어 항일투쟁을 전개할 것을 주장했다. 1912년 일본 총리대신 가쓰라 다로(桂太郎)가 만주를 시찰하러 오자 처단하려 했으나 사전에 발각되어 실패했고 체포되어 국내로 압송, 거제도에 1년간 유배된 뒤 풀려나자 다시 망명했다. 1916년 9월 상하이에서 박은식(朴殷植)·신규식(申圭植) 등과 함께 체화동락회(棣華同樂會)를 조직해 재외 한인단체와의 연락을 유지하면서 항일운동을 하고, 박달학원(博達學院)을 설립해 교민자제들의 교육에 힘썼다. [조성환]

당시에 홍명희·조소앙·정인보와 교류하였으며, 신규식이 주도한 동제사(同濟社)에 참여하였고, 신채호와 박달학원(博達學院)을 세워 교사로 재직하였다. 중국에서 귀국한(1914) 후, 한때 시골에서 농사를 짓다가, 1919년 3월 12일 독립선언서의 일종인 '애원서(哀願書)'를 낭독하였다. 이 사건으로 체포되어 8개월간 복역하였다. [문일평][42]

몇 년 전까지만 해도 일반인들은 물론 학자들에게도 낯선 단어였던 동제사, 박달학원이란 고유명사가 이제는 흔치 않게 등장하곤 한다. 문제는 조금씩이나마 우리에게 알려지고 있는 이에 대한 정보가 너무나 중구난방이란 데 있다.

박달학원의 예를 보자. 우리에게 제법 익숙해진 독립투사 명망가들이 너도나도 박달학원의 설립자로 등장하곤 한다. 조소앙, 신규식, 박은식, 신채호, 조성환, 문일평, 그리고 정인보, 홍명희 등이 설립자로 혹은 교사로 활약했다고 주장하고 있지만, 누구도 이 문제에 대하여 이의를 제기하는 사람은 없다.

질문을 하나 하자. 만약 상기 거론된 유명 독립투사를 제외하고 실질적인 박달학원의 설립자가 있었다면 지금까지의 왜곡된 정보를 제공한 언론, 학계, 정부 등은 어떻게 책임을 질 것인가?

먼저 박달학원은 언제, 어느 곳에서, 어떠한 목적으로 설립된 교육기관인지, 당시 박달학원의 학생이었던 정원택이 제공해 주는 정보를 인용하겠다.

"1913년 12월 17일(양력 1914. 1. 12), 명덕리로 가서 박달(博達)학원 개원식에 참가하였다. 이 학원은 상해에 재류하는 동지 수십 인이 중국 및 구미 유학의 입학 예비로 특설하여, 1년 반의 졸업제인바, 교과는 영어·중국어·지리·역사·수학이더라."

박달학원의 소재지, 설립시기, 목적, 교과목 등에 대해선 더 이상의 혼란이 없으리라 믿는다. 그다음은 설립자를 찾는 차례인데, 안타깝게도 이에 대한 명확한 자료가 없으므로, 모모 씨는 이러이러한 이유로 인해 도저히 설립자가 될 수 없다는 귀납 추론방식으로 문제를 해결하고자 한다. 100년 전의 숨겨진 진실을 찾는 작업이므로 연역논리의 우월함을 가르치고 있는 논리학 관계자들은 필자의 고충을 이해하리라 믿고 얘기를 계속하겠다.

○ 정인보의 경우(1893생, 당시 나이 20세)

그가 동제사 요원이었다는 것은 맞다. 그러나 그는 "1913년 중국에 유학하여 동양학을 공부하다가 부인 성 씨의 부음(訃音)을 듣고 귀국"했기 때문에 1914년 1월에 개교한 박달학원의 설립자도 교사도 될 수 없다.

○ 홍명희의 경우(1888생, 당시 나이 25세)

나이로 보아 설립에 참여하기에는 도저히 무리이다. 더욱이 그는 정운택, 단정(檀庭)·동성(東醒) 등과 1914년 10월 3일(양력 1914. 11. 20) 남양군도(南洋群島)로 3년에 걸쳐 답사를 떠났으니, 박달학원과는 그리 인연이 없었다고 봐야 할 것이다. 그러나 정원택이 벽초의 강연을 들었다고 한 것을 보면, 남양군도로 떠나기 전에 일시적으로 박달학원의 교사 역할을 한 것은 틀림없는 듯하다.

○ 문일평의 경우(1888생, 당시 나이 25세)

문일평의 귀국 연도는 1914년도이다. 그러므로 그 역시 박달학원의 운영주체가 되기에는 시간적으로 도저히 무리이다.

○ 조성환의 경우(1875생, 당시 나이 38세)

망명시기, 나이, 학력, 경력 등으로 보아서는 설립자로서의 자격이 충분하다. 그러나 그는 1912년 일본 총리대신 가쓰라 다로 암살 미수 사건으로 거제도에 1년간 유배되었고, 재차 망명 후는 만주에서 주로 활동하였으므로 박달학원과는 그리 인연이 없었다고 보아야 할 것이다.

○ 신채호의 경우(1880년생, 당시 나이 33세)

청도에 있던 신채호가 상하이로 와 동제사에 합류한 시점은 지산외유일지에 의하면, 1913년 7월 18일(양력 1913. 8. 19)이다. 이전 블라디보스토크에서 권업신문에서 활약한 이력, 그리고 박은식과 신규식 등과의 인연을 고려하면 박달학원의 교사 외 독립운동 방략 등의 문제로 인해 동제사에 참여했다고 보인다. 그러나 그는 학원 설립의 경비를 제공할 만한 경제적 여력이 전혀 없었다. 박달학원의 교사, 그리고 운영에는 참여했다고 추측된다.

○ 조소앙의 경우(1887생, 당시 나이 26세)

학력 등을 고려하면, 박달학원의 교사로서는 활약했을 것으로 보인다. 그러나 설립자금을 제공했다든가 운영에 참여했다고 단정하기엔 그 당시 조소앙의 나이는 너무나 젊었다.

이제 박은식과 신규식 두 사람이 남았다. 박은식(1859년생, 당시 나이 54세)의 경우, "제3장 향강 잡지에 대한 진실"에서 언급한 바 있지만, 자신의 곤궁한 처지를 안창호에게 설명하며 그 당시 범재 김규흥의 도움으로 향강 잡지에 관여하고 있다고 말한 적이 있다.[43]

그리고 이 편지에는 당시 독립투사들의 경제사정을 가늠할 수 있는 내용이 있는데 아래와 같다.

"…… 또한 우리들에 평소 깊은 믿음을 가지고 있으나 우리들의 북경 체류자가 매일 총통부에 금전을 구걸할 뿐이니 이를 장차 어찌하겠습니까. 우리 무리들 가운데 돈이 있는 사람은 成圭植과 韓興뿐이니 이 두 사람이 북경에 있어서 신용의 일체를 받을 수 있으나 관계가 일천해서 아직은 어떠한 소식도 없습니다. ……"

적나라한 박은식의 표현이 가슴을 아프게 한다. 박은식이 말한 '우리 무리들'에는 상기 거론한 7명의 독립투사들도 분명히 포함되었을 터이다. 독립지사들의 생활을 알려 주는 다른 자료도 함께 보자.

"독립운동자는 생활이 극히 어려웠다. …… 그래서 독립운동자들은 지기를 찾아 금전을 얻어 간신히 생활했다. 뿐만 아니라 그들은 대개 독립운동을 위해 홀로 망명해 왔기 때문에 뒷골목의 초라한 집을 몇 명이 공동으로 빌려 자취를 하는 등, 그 고통은 대단한 것이었다."[44]

한편, 범재 김규흥이 부인과 어머니에게 보낸 편지에는 다음과 같은 내용도 있는데, 당시의 상황을 미루어 짐작할 수 있을 듯싶어 소개하겠다.

"또 서찰 중에는 경제적으로 집에 도움을 줄 수 없는 안타까운 사연이 기록되어 있는데 당신의 급료는 월 200원이나 망명 중 정착되지 못하였을 때 빌려 쓴 것을 매월 50원씩 갚아 나가고 또 거느리고 있는 부하들의 치다꺼리, 그런데다가 비렁뱅이 패와 부랑자 패(주: 일경의 검열을 피하려고 그 표현을 바꾸었으며 이는 곧 그곳에서 어렵게 항일 독립운동을 하고 있는 지사들을 지칭하고 있는 것으로 사료됨.)가 찾아왔을 때 초라하고 빈곤한 모습으로 간청하니 소위 고관대작으로 있으면서 그냥 보내는 것은 마음에도 그렇거니와 도리도 아니기에 나누어 쓰다 보면 집에 좀 보내려고 아무리 굳게 마음을 다졌어도 그럴 형편이 못 되었다. ……"45)

※편지 쓴 날짜는 윤월 이일로 되어 있는데, 당시 윤월은 1911년 6월, 1914년 5월인바, 범재 공이 고관대작으로 있었다고 하는 점을 고려하면, 신해혁명 후인 1914년 5월로 추측됨.

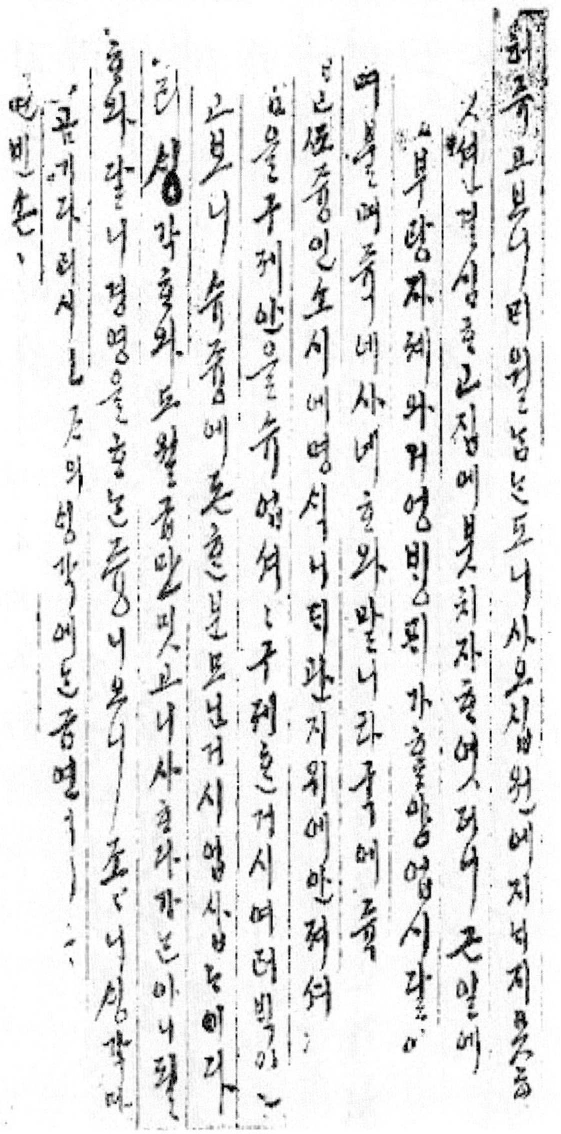

범재 공의 친필 편지

그리고 정원택의 지산외유일지를 보면, 동제사 요원들이 상해 보창로에서 합숙하는 모습, 그리고 일본경찰의 감시로 인해 급히 백용(白甬)부락으로 옮기고 각처에 흩어져 사는 연유 등이 잘 묘사되어 있다. 특히 이 일지에는 정원택이 박달학원에 입학하게 된 과정도 그려져 있는데 아래에 소개하겠다.

◎ 1913년 8월 22일, 김정기는 무상중학(務商中學)에 입학하였다.

◎ 1913년 8월 26일, 내가 입학하고자 무상중학교에 이르러 학비 20원을 교부하고, 중국인 의사 모대위(毛大衛)를 만나 잠시 이야기하고 숙소로 돌아왔다.

◎ 1913년 9월 21일, 김정기는 학비 후원이 없으므로 등교(登校)를 할 수 없었다.

◎ 1913년 9월 24일, 예관 선생이 나의 학비 관계로 학교로 오셨다가 늦게 돌아가셨다.

◎ 1913년 12월 17일, 명덕리로 가서 박달(博達)학원 개원식에 참가하였다.

◎ 1914년 1월 17일, 경제적 후원이 없으므로 퇴학하여 애다북로루(愛多北路樓) 상층의 1칸 방을 빌려 옮기니, 밤에 모든 형제들이 찾아왔다.

◎ 1914년 2월 28일, 박달(博達)학원에 상학하였다.

<이상 날짜는 모두 음력임>

1913년에서 14년 그 무렵, 망명객들의 유학 알선과 박달학원 운영이 동제사의 주요한 활동 중의 하나였음은 틀림없다. 그러나 고국으로부터 원조가 여의치 않는 유학생들의 학비와 생계마저 동제

사가 책임질 수는 없었을 터이다. 무엇보다 안타까운 것은 돈이 없어 공부를 계속할 수 없는 젊은 독립투사들의 처지였을 것이다.

박달학원 설립 목적 중의 하나는, 정원택의 예를 보듯, 학비문제로 곤란을 겪는 학생들에게 교육의 기회를 주는 것도 포함되었을 것으로 보인다.

비록 정규 과정의 학교는 아니지만 그래도 하나의 학원을 설립하고 운용하는 것은 향강 잡지사를 운영하는 것 이상의 경비가 소요되었을 것으로 추증된다. 이쯤에서 다시 생각해 보자. 신규식, 박은식을 비롯한 상기에 박달학원 설립자로 거론되는 8명의 사람들 중 재력이 있는 사람은 아무도 없다. 그러면 결론은 자명하다. 누군가의 도움이 있었다는 뜻이다.

박달학원은 중국인의 협조하에 범재 김규흥이 설립했다고 보는 것이 모든 정황상 타당하리라 본다.

2) 신아동제사의 설립 시기

<독립운동사자료집> 등의 자료를 참조하면, 1910년대 초 상해에 거주했던 동포의 수는 60명 미만 혹은 89명 등으로 되어 있다. 동포의 수가 크게 늘어난 것은 1910년대 후반, 즉 임정 수립 전후 시기인데 그 무렵 동포의 수는 1천 명 정도였다고 한다. 박은식의 편지에도 묘사되어 있지만 1910년대 초기에는 교포의 후원 자체가 전혀 불가능했다고 보아도 무방할 듯싶다. 결국 중국인의 협조가 있었다

는 뜻인데, 이 문제를 풀기 위한 단초로는 두 개의 자료가 있다.

"민국 원년(1911) 말, 원세개는 숙부로 하여금 출국시찰을 하라는 명목으로 우선 4만 원을 부쳐 왔다. 이 돈은 내가 관리하였는데, 숙부는 불과 2개월에 그 거금을 썼다. 그중 태반은 동지들에게 지원해 주고, 나머지 8천 원가량을 조선, 안남, 인도 혁명당 인사에 대한 원조와 중국에 있는 조선유학생에 대한 학비에 사용하였다."[46]

"재정적인 지원으로서는 1912년경 진기미가 8천 원을 한국혁명지사들에게 전한 일이 있었다. 진경민은 김규식의 파리회의 참석을 위한 선로를 주선해 준 일도 있었다. 이때 중국 상민단에서는 2백 원을 임정에 기부하였다. ……"[47]

첫 번째 인용 글의 글쓴이는 진과부이며 이 글에서 숙부라고 표현된 이는 진기미다. 결국 진기미가 제공한 자금의 일부가 동제사로 흘러들어 갔으며 향강 잡지사와 박달학원 설립 자금의 원천이 되지 않았을까 하는 게 필자의 추측이다. 그러나 이 가정에는 두 가지 문제가 있다. 첫째는 시기의 문제이다. 1911년 말이라면 박은식은 아직 상해에 도착하지 않았을 때이고 신규식도 갓 상해에 도착했을 시기이다. 신규식의 상해 인맥이 아직은 형성되지 않았던 때인데, 그러면 진기미는 누구에게 그 엄청난 돈을 지원했을까?

신승하를 비롯한 대부분의 학자들은 <신아동제사>의 창립시기를 1912년 말에서 1913년 초로 보고 있다. 그 이유로, 동제사의 창립일이 1912년 7월 14일이고 송교인이 암살당한 날이 1913년 3월 20일이란 점, 그리고 진기미가 주도했던 중국혁명동지회의 세력이 가장 강했던 시기인 점 등을 들고 있다.[48]

그러나 이러한 주장은 1911년 말 무렵에 이미, 진기미가 한국독

립지사와 유학생들에 대한 지원을 했다는 사실을 곤혹스럽게 할
수밖에 없다.

1920년 10월 10일 발간된 진단 창간호에 신아동제사의 축하 휘호가 실려 있다.

신아동제사는 1920년 10월 진단 창간호에 축하 휘호를 단체 명의로 보내는 등, 그 당시 우리 독립지사들과의 인연이 지속적으로 유지되었던 몇 안 되는 한중협력단체의 하나였다. 지금까지 알려진 신아동제사의 중국인 회원들의 면면을 살펴보면 다음과 같다.

송교인(宋敎人), 진기미(陳其美), 호한민(胡漢民), 진과부(陳果夫), 황각(黃覺), 여천민(呂天民), 장박천(張博泉), 서겸(徐謙), 료중개(廖仲凱), 호림(胡霖), 추노(鄒魯), 당소의(唐紹儀), 굴영광(屈映光), 양춘시(楊春時) …….49)

신아동제사에 참여한 중국인들 중 우리에게 익숙한 인물들도 많지만, 그다지 알려지지 않은 인물도 적지 않다. 그중 필자가 소개하고자 하는 인물은 추노(鄒魯)이다. 추노의 이력은 의외의 자료에서 확인이 되었는데, 샌프란시스코 대한국민회에 보낸 범재 공의 편지에 등장한다. 아래 자료를 보라.

구봉갑, 진형명, 추노, 조판, 홍자의 등 5명의 실명과 이력 등이 등장한다. 그들 중 구봉갑은 일제가 청일전쟁 후 대만을 강제 병합할 당시, 대만의 부통령을 지내며 일제에 항거한 바 있는 대만 출신의 거물이었으며, 진형명, 추노 등과 함께 광동성을 이끌어 가던 실세였다. 조판과 홍자의는 당시 광동성의 자산가임을 알려 주고 있다.

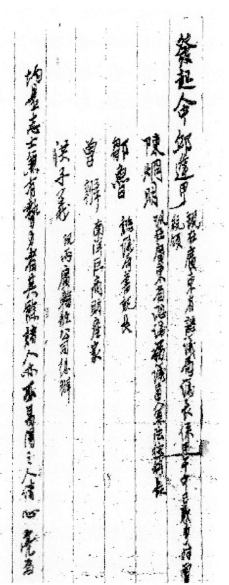

1911년 3월, 범재 공이 샌프란시스코 대한국민회에 보낸 편지 마지막 장.
구봉갑, 진형명, 추노 등의 명단을 볼 수 있다.

무창봉기가 아직 발발하지 않았던 1911년 3월, 광동성 자의국 서기장으로서 범재 김규흥의 편지에 등장했던 추노가 어떻게 신아동제사의 주요인물로 다시 등장하게 되었을까?

그리고 1920년 7월, 범재와 도산의 회담 시 등장했던 진형명이 왜 범재의 10년 전 편지에 등장하고 있을까?

결국 신규식 등 동제사 요원들이 송교인, 진기미 등 신해혁명의 당사자들과 교분을 맺게 되게 되는 데 있어서, 범재 김규흥이 최초의 연결고리 역할을 했다는 가정 외에는 설명이 되지 않는다. 이에 관련된 김규흥의 편지 일부를 다시 소개한다.

"…… 단 지혜와 술책(術策)이 천박하고 못나서 실패하여 국내(조선)에 있지 못하고 멀리 중국으로 망명하여 기구한 고생을 겪고 있습니다. 다만 제 어리석은 의견을 말씀드리면 지금의 이 세계는 자기의 이해관계를 위하여 다투고 있으며 그런 맥락에서 볼 때 지구 상 오대양 중 우리 한국과 이해관계가 일치하는 곳이 중국만 한 나라가 없습니다.

하지만 현금(現今)의 중국은 일본과 러시아의 풍조가 침투하여 나라 전체를 크게 울려 흔들리게 하므로 (오히려) 국민의 애국심(民氣)이 사방으로 퍼져 나가고 있으니 이야말로 광복성취를 위한 좋은 때(可爲之秋)일 것입니다.

광동(廣東)은 중국에서 제일 먼저 개화한 땅일 뿐 아니라 도적(盜賊)을 증오하고 원망하는 '골'이 아주 깊게 파여 있는 곳입니다. 그런 까닭에 제(弟)는 수년 동안 광동에서 기거하였고 그러는 동안 여러 지사의 돌봄으로 자못 피차에 지기지간(知己之間)이 되었으며 지난겨울에는 지사들과 회의를 하여 하나의 신문사를 조직하고 신보(新報)를 발간하기로 하여 한국과 중국의 인심(人心)을 고취(鼓吹)시키는 한편 상오 연락기관으로 할 것을 결의하였고 그 후 다시 하나의 개간공사(開墾公司)를 설립하고 자금을 모집하여 만주에 떠도는 한국동포를 만주 또는 몽고 등 넓은 땅에 각각 안전하게 정착하도록 하였는데 명목은 황무지를 개간(開墾)하는 것으로 하였으나 이는 왜적(倭敵)의 의심을 피하자는 것이요 실제로는 둔병제도(屯兵制度)를 시행해서 기회가 오는 '때'를 기다리는 것입니다. ……"

범재의 일생을 돌아보면, 조국 광복 방략의 일환으로 중국과의 협력을 일관되게 주장하고 있다. 이 편지 역시 같은 맥락인데, 상기 명기된 5명의 인사 이외 수많은 발기인들이 뜻을 같이하고 있다는 범재의 편지를 고려하면, 신해혁명 이전에 이미 중국인과의 협력 조직을 만들었으며, 그것이 신아동제사의 출발점이었다고 보는 게 필자의 주장이다.

다시 정리하자면,

★ 범재 김규흥은 신해혁명 이전에 광동성을 근거로 중국의 유력 인사들과 교분을 맺었다.

범재 공이 광동성을 최초의 망명지로 선택한 것은, 일제에 강점당한 대만 독립투사들이 광동성에 대부분 거주했으며, 그들과는 동병상련의 정을 나눌 수 있을 것이라고 예상했기 때문으로 본다. 특히 전 대만 부통령이자 당시 광동성 자의국 의장이었던 구봉갑(1864~1912)과의 교분은 범재의 인맥형성에 크게 도움이 되었을 것으로 보인다.

★ 1차 신해혁명 후, 주 근거지를 상해로 옮기고, 혁명동지들인 진기미, 송교인 등을 영입하여 신아동제사를 조직하고(1911

년 말에서 12년 초로 추정)

★ 동포만의 결사조직의 필요성을 절감하던 중, 때마침 신규식, 박은식 등이 상해로 망명해 오자 그들을 규합하여 동제사를 창립(1912년 7월 14일)했을 것으로 본다.

★ 독립지사들과 동포 유학생들을 지원하는 한편, 평소의 소신이던 언론사 설립은 『향강』을 1913년 12월 창간함으로써 이루어 내고

★ 독립투사 양성을 위한 <박달학원>도 거의 같은 시기에 개원하게 되었다. 이에 필요한 제원 마련은 광동성 망명 시절부터 시작된 범재 공과 중국 혁명 인사들과의 교분이 밑받침되었을 것이다.

결국 범재라는 열쇠를 제외하곤, 1910년대 초기, 상해에서 시작된 독립운동의 근거지였던 동제사의 활동이 풀리지 않는 수수께끼가 될 수밖에 없다는 뜻이다. 실제 지금까지 그러했다.

수없이 많은 박달학원의 설립자들, 상해에 등장하자마자 갑자기 형성된 신규식의 화려한 인맥들, 여기저기서 모여들고 있는 동포 유학생들 …… 1910년대 초기의 조선 혁명당, 즉 동제사의 비밀을 푸는 작업은 우리 후손에게 부여된 의무이기도 하다. 그러면 동제사라는 비밀 결사 조직이 실제로 어떠한 일을 했는지 정리해 보자.

3) 동제사와 범재 김규흥의 독립운동 방략

1919년 파리강화회담과 임시정부 수립까지 동제사의 주요한 활동을 정리하면 다음과 같다.

○ 신아동제사창립

○ 1912년 7월: 동제사 창립

○ 1913년 12월: 월간잡지 향강 창간

○ 1913년 12월(양력 1914년 1월): 박달학원 개원

○ 1915년: 신한혁명단 발족, 한국통사 발간, 대동보국단 발족

○ 1917년 7월: 대동단결선언 발표

○ 1918년 11월: 신한청년당 조직

○ 1919년 1월: 파리강화회의에 김규식 파견

○ 1919년: 독립선언서 발표(5개의 선언서 참조)

○ 1919년 4월: 임시정부 수립

동제사와 범재 공이 추구했던 원래의 목표는 파리회담을 통한 조선의 독립이란 외교전이었지만, 구미 열강의 외면이란 참혹한 결과로 무산되었다. 그러나 동제사가 한국독립운동사에서 가지는 의의는 결코 작지 않게 나타났다. 무엇보다 민주공화정체의 임시정부를 수립할 수 있는 결정적 기초를 제공했다는 것은 우리 후손들이 필히 평가해야 될 부분이라고 본다.

어떤 단체든지 그 단체의 성격을 나타내는 창립 이념은 무엇보다 중요하다고 할 것이다. 그러나 독립운동의 기반 확보에 지대한 공헌을 했다고 평가를 받고 있는 동제사는, 사실 창간사도 없으며 그 이념이나 강령도 정확하게 알려져 있지 않다. 지금까지 확인된 것은 창립일과 활동했던 몇몇 주요한 인물의 명단 정도뿐이다.

필자는 동제사의 원뿌리가 범재 김규흥이라고 이미 단정을 내렸다. 창립자요 배후의 지도자로 추정되고 있는 범재 김규흥의 사상 편린을 살펴보면서 동제사의 이념을 재구성해 보고자 한다.

범재 공의 유고집이 있었으나 전란으로 미처 챙기지 못했다는 자

공 김진영(범재의 조카)의 고백은 정말 안타깝다. 어쩔 수 없이 여기 저기 흩어져 있는 범재의 편린을 재구성해 보면, 다음과 같은 결론을 내릴 수 있다.

첫째, 범재는 독립운동의 방략으로 중국과의 협력을 일관되게 주장했다.

둘째, 범재는 민중이 주체가 되는 공화정을 주장하는 시민적 민족주의자였다.

셋째, 범재는 파리회담의 결과가 무위로 판명되기까지는 외교론을 중요시한 준비론자였다.

넷째, 범재는 준비론의 한 방편으로 향강이란 잡지사를 창간함으로써 조선인의 의식을 개량하고자 했으며,

다섯째, 독립투사를 양성하기 위해 교포 유학생의 지원, 그리고 박달학원을 개원했다.

여섯째, 그리고 실력배양을 위한 둔전제를 시도하기도 했다.

인민이 주권을 가진 민주공화정의 설립과 독립을 위한 방략으로 잡지를 창간하고 학원을 설립했으며, 둔전제를 시행하다가 때를 기다리던 중, 파리강화회의에 모든 희망을 걸었다. …… 간략하게 정리해 본, 상해 임시정부 설립 전의 범재 공의 독립운동 방략이다.

4) 동제사와 중국혁명동맹회의 유사점

동제사의 창립과 활동 과정을 검토해 보면, 놀라울 정도로 손문의 <중국혁명동맹회>와 유사함을 발견할 수 있다.

한 번 정리해 보자.

첫째, 소재지

● 동맹회는 1905년 8월 20일, 도쿄(東京)에서 결성대회를 열었다.

◎ 동제사는 별도의 결성대회를 개최하지 않았지만, 타국인 상해에서 19012년 7월 14일 발족했다.

둘째, 설립목적

● 동맹회는 "오랑캐를 몰아내고 중화(中華)를 회복하여 민국을 건립하며 지권(地權)을 고르게 한다."는 강령을 채택한 바 있지만, 결론적으론 신해혁명 준비공작 수행이 설립목적이 된 셈이다.

◎ 동제사의 경우도 결과적으론 상해 임시정부의 설립 준비가 목적이 되어 버렸다.

셋째, 대동단결

● 황싱(黃興)・쑹자오런(宋敎仁) 등 유학생들이 중심이 되어 후난성(湖南省) 창사(長沙)에서 1903년 설립된 화흥회(華興會), 차이위안페이(蔡元培)・장빙린(章炳麟) 등이 1904년 상하이(上海)에서 조직한 광복회(光復會) 등 두 단체와 광동성 출신인 손문의 흥중회(興中會) 등이 혁명 제 파의 대동단결을 기도, 간쑤성(甘肅省)을 제외한 전국 17성(省)의 대표에 의한 토의를 거쳐 탄생한 것이 <중국혁명동맹회>이다.

◎ 동제사 역시 1907년 대동단결 선언을 통하여 상해, 남경, 천진, 북경 등 중국 본토에서 활동하는 독립투사뿐 아니라, 길림, 연해주, 하와이, 미국본토 그리고 한국 국내 모든 독립투사의 대동단결을 호소하였다.

그 결과 1919년에 발표된 국내한인독립선언서(3·1독립선언), 동경유학생독립선언서(2·8동경선언), 국외한인대표단독립선언서(대한독립선언), 해삼위한인국민의회선언서 등으로 표명되었으며, 전 민족이 참여한 독립운동을 거쳐 상해에 임시정부가 설립된 것이다. 동제사가 주창한 대동단결이란 명제가 임시정부 수립이라는 열매의 씨앗이 되었다는 뜻이다. 손문이 기도한 대동단결과 동제사의 대동단결선언, 너무나 유사하다.

넷째, 언론기관 창립

● 중국혁명동맹회는 1905년 11월 26일 기관지 <민보(民報)>를 도쿄에서 창간하여 혁명선전을 본격화했다.

◎ 동제사는 홍콩에서 향강을 1913년 발간했으며, 1920년에는 상해에서 진단을, 그리고 북경에서 천고를 1921년에 창간하여 한민족의 독립의지를 고취하였다.

다섯째, 정부수립 후 활동 마감

● 중국혁명동맹회는 비밀조직으로 출발하였지만, 신해혁명을 거치는 동안 중화민국이 성립됨에 따라 공개 정당이 되었다가 다시 국민당으로 개편되었다.

◎ 동제사 역시 비밀조직이었으나, 상해 임시정부 수립에 결정적인 역할을 한 후 활동이 여의치 않게 되는데, 동제사 주도 인물 중 일부는 임정에 참여하고 나머지는 무력항쟁의 길을 택함으로써 서로 다른 길을 걷게 된다. 이때부터 동제사는 역사의 전면에 나타나지 않는다.

이상 살펴본 바와 같이 동제사와 중국혁명동맹회의 역할은 너무나 유사하지만, 두 가지 다른 것이 있다. 동맹회는 설립 초기부터 반청무장투쟁을 표방했지만, 동제사는 때를 기다리며 준비하며 열강의 호의를 기대한, 외교론에 치우친 감이 있다. 비극적인 파리강화회의의 결과를 보고 난 뒤, 동제사의 주력 그룹은 외교론을 전면적으로 포기하고, 의열단 투쟁 등 무력항쟁의 길을 걷게 된다.

또 하나 다른 점은, 중국혁명동맹회를 주도했던 손문의 경우, 대만뿐 아니라 공산당이 집권하고 있는 중국 본토에서도 국부로 숭앙받고 있지만, 동제사의 밑그림을 그리고 배후에서 도움을 주었던 범재 김규흥에 대해선, 남북 양쪽에서 외면을 받고 있는 점이다. 아니 아예 알려지지도 않고 있는 게 현실이다.

이 책을 읽고 있는 독자들은 "그렇게 대단한 김규흥이란 사람이 왜 지금까지 전혀 알려지지 않았나?" 하는 당연한 의문을 제시하리라 본다. 이에 대한 필자의 생각은 다음과 같다.

첫째, 중국혁명동맹회 비밀요원이었던 범재 공의 입장이다.

범재 공은 1911년 3월, 샌프란시스코 대한국민회에 보낸 편지에 다음과 같은 내용을 남긴 바 있다.

"소제(小弟)의 목적은 후선(後線)에서 광복사업에 스스로 호응하여 반드시 이런 기회를 잃지 않으려는 것입니다."

"거듭 말씀드리기를 '복(復)'의 본명은 김규흥(金奎興)이니 이 점 양해하시고 제(弟)의 성명 및 진행사항은 절대로 신보(新報)나 잡보(雜報)에 등재하지 마시고 비밀(秘密)을 지켜 주시기 바랍니다."

자신을 내세우기보단 음지에서 후원하는 방법을 선택한 것은 범재의 성격 탓으로 볼 수도 있겠지만, 중국의 혁명과 조국의 독립운동을 동시에 추진해야만 하는 그가 처해진 상황 때문으로 보인다.

서신에 발기인으로 등장하는 추노는 1905년 중국동맹회에 가입했고, 진형명은 1909년에 가입하여 비밀리에 혁명운동을 전개했다고 한다. 여러 상황을 고려해 보면, 범재 역시 무창봉기 이전에 동맹회에 가입했음이 틀림없다. 범재 공이 비밀조직인 동맹회의 회원이었다면범재의 행위가 일단 이해가 된다.

진형명(陳炯明, 1878~1933)
1909년 중국동맹회에 가입. 광동을 근거지로 혁명세력과 우호적인 관계에 있던 군벌의 지도자. 1920년 상해에 있던 손문과 연합하여 광주에 군정부를 수립했으나. 1922년 6월 자신의 근거지인 광동의 안전을 위협하는 손문의 북벌정책에 반대하여 손문의 숙소를 공격했고. 손문은 상해로 피신했다. 이 사건을 '진형명의 반란' 이라고 한다.

추노(鄒魯, 1885~1954)
1905년 중국동맹회에 가입했고 1907년 비밀리에 동지를 규합하여 혁명운동을 전개했다. 신해혁명 후 1913년 선거에서 국회중의원의원에 당선되었고. 2차 혁명 실패 후 일본 와세다 대학에 유학하면서 1914년 중화혁명당에 가입했다. 1924년 중국국민당집행위원에 당선되었고 서산회의에 가담했다. 1927년 국민당 통합 이후 국민정부위원. 중앙특별위원회위원 등을 역임했다.

진형명, 추노의 이력50)

두 번째, 중국혁명동맹회와 중화민국의 분열

"청 말 변혁에서의 변혁의 내용은(즉, 이른바 신해혁명은) 혁명이 아니며, 반(半)식민지적 반(半)부르주아화를 지향하는 그들의 요구에 적합한 정치체제를 창출하려 한 부르주아적 개량 즉 부르주아적 요소를 위로부터 포섭함으로써 봉건적 지배의 재편을 꾀하는 반(半)식민지적 반(半)봉건적 권력의 수립을 목표로 하는 정치적 변혁이었다고 하지 않을 수 없다."

그동안 찬양일색이었던 신해혁명의 과대평가를 경계하면서 냉정하게 평가하며 손문에 대해서도 재조명을 하고자 하는 경향이 최근 학계의 또 하나의 동향이라고 한다. 이러한 문제에 관해선 이 글에선 일단 논외로 하겠다. 분명한 것은 1912년 2월 12일 청의 마지막 황제가 폐위된 후, 혁명지사들 간에 극심한 분열이 일어났다는 사실이다.

군벌 전쟁 이전, 즉 원세개 생존 시에도 크게는 친·반 원세개로 나누어졌지만, 반원세개 진영 내에서도 동맹회 이전의 단체, 즉 흥중회, 화흥회, 광복회 간의 암투가 있었음은 엄연한 역사적 사실이다. 범재 김규흥의 입장도 대단히 곤혹스러웠을 것으로 예상한다.

범재 인맥의 뿌리는 광동성을 기반으로 한 손문계였을 터이다. 그러나 동제사를 지원하고 한국독립운동의 그림자 역할을 해야만 했던 입장으로서, 원세개의 현실적 권력을 또한 무시할 수 없었을 것으로 본다.

범재와 달리, 신규식과 박은식의 경우는 자신의 입장을 분명히 밝혔던 것으로 보인다.

박은식은 1914년 1월 7일 안창호에게 보낸 편지에서 다음과 같이 말한 바 있다.

"미국에 있는 우리 동포들이 중국에 대하여 어떻게 평가하는지 잘 모르겠지만 망령되게 원 총통을 폄하는 말은 옳지 않다고 생각합니다. 원 총통의 수단으로 말하면 능히 목소리와 얼굴 모습을 변치 않으면서 청국을 100년이나 통치하고 물러갈 사람입니다. 또한 1개월을 넘기지 아니하고 능히 남방 팔성의 난을 평정한 사람입니다.

비록 어떤 단체가 간사하고 음흉한 방법에 의하여 아무 곳에서나 파괴를 실행하고자 하나 결국은 해내지 못하니 (원 총통의) 웅재대략은 역사에도 그렇게 많이 볼 수 있는 일은 아닐 것입니다. 그러한즉 동아대륙의 일은 이분이 아니면 더불어 상의할 수가 없습니다. 또한 우리들에 평소 깊은 믿음을 가지고 있으나 ……."

반면 신규식은 진기미가 암살당했을 때 제문을 쓴 바 있으며, 송교인, 황흥 등의 죽음에 대해서도 애도한 글을 남겼다. 다음은 '극강(황흥)을 애도하며'란 시이다.

어부(송교인), 영사(진기미)의 뒤를 이어
상해에서 피 흘렸으니
외로움은 천추에 빛나고
눈물은 마를 길이 없는데
옛 친구 숨지며 슬프기만 하네.
손일선, 송교인과 더불어 공화제에 뜻을 두고
함께 명성을 떨쳤으나
영예를 다투지 않았으니
중원에 표박하는 자는 울기만 하네.51)

아무튼 두 사람의 입장과는 달리 범재 공은 당시 혼란했던 중국의 상황을 주시하며, 한국의 독립을 위한 동제사의 투쟁방략에 고민을 했을 것이기에 더욱 신변 노출에 주의를 기울여만 했던 것으로 추측된다.

세 번째, 두 개의 신분을 가진 범재 김규흥

신해혁명 후, 범재는 중국 혁명당의 고위직을 역임하고 있다고 자신의 모친에게 보낸 편지를 통하여 우리에게 정보를 제공하고 있다. 사실 여부에 대한 정확한 정보는, 정부의 의지만 있다면 향후 분명하게 밝혀지리라 본다. 아무튼 범재 김규흥이 중국 국민당, 혹은 원세개 내각에 관여를 하고 있었음은 사실로 보인다.

한편 범재는 동제사의 창립자이자 배후의 지도자로서 일정부분 역할을 했음도 분명하다. 범재의 정체가 드러나면 동제사만 아니라 중국 혁명 지사들에게도 큰 타격을 줄 수 있었다는 뜻이다. 두 개의 신분을 가진 범재, 그래서 자신의 정체에 대하여 철저한 보안 유지를 할 수밖에 없었던 이유가 여기에 있다.

그러나 범재 김규흥의 정체도 1918년 무렵, 일본의 정보망에 자주 등장하게 된다.

1918년에 작성된 「배일사상을 품은 조선인 발·착 우편물 취재에 관한 건」이라는 문서를 보면 만주·노령지역의 독립투사들에 관한 인명록이 있는데, 그중 북경 지역에는 金奎興(復)만이 기록되어 있음을 확인할 수 있다. 김규흥이란 본명뿐 아니라 김복이란 가명까지 파악된 셈이다.[52]

만주의 길림지역, 연해주의 블라디보스토크 등에 거주하는 독립투사들에게 대동단결을 호소하는 편지를 보냈다가, 어쩔 수 없이 일제의 정보망에 포착된 것임에 틀림없다. 10년 이상 정체를 숨겨왔던 범재의 정체는 이때를 기점으로 여기저기 일경의 비밀문서에 등장하게 되는데, 이 부분은 의열사를 다룰 때 좀 더 상세한 정보를 제공하겠다.

5) 동제사의 분열

1912년 7월 동제사가 창립된 이후 신규식, 박은식, 조성환, 조용은, 홍명희, 정원택, 김규식, 문일평, 박찬익, 신채호 등이 초기 요원이었다면, 선우 혁, 여운형, 조동호 등은 동제사가 좀 더 활성화되고 난 후 가입한 회원이다.

초창기 몇 명 되지 않던 인원이 300여 명 이상으로 증가했지만, 이들 동제사 요원 중 어느 누구도 배신을 한 자가 없었으며 노선상의 분열도 없었다. 그러나 1918년경 범재 공의 정체가 일부나마 흔적이 드러나고, 1919년 2월 설산 장덕수가 일경에 체포된 후 동제사는 더 이상 비밀 결사 조직으로서의 기능을 유지할 수 없게 된다.

더욱이, 동제사 요원들의 염원이자 조직 결성의 끈이었던 파리회담에 대한 기대감이 참담한 결과로 확인되자, 그동안 드러나지 않았던 회원들 간의 노선 갈등이 표면화된 것으로 보인다. 창조파와 개조파의 갈등, 그리고 국민대표회의의 소집 등을 거치는 임정의 분열상은 동제사 요원들의 거울이기도 했다.

동제사 요원들 중 대동단결선언에 서명한 이는 신규식, 박은식, 신채호, 김규식, 조성환, 신석우, 조소앙, 홍명희, 박찬익 등 9명이며, 국외한인대표단독립선언서(대한독립선언) 서명자는 김규식, 이광, 박은식, 박찬익, 신규식, 신채호, 조소앙, 조성환 등 8명이다. 이들 중 김규식, 박은식, 신규식, 신채호, 조소앙, 조성환, 박찬익 등 7명은 두 개의 선언서에 모두 참여한, 동제사의 핵심 중에 핵심으로, 실제로 동제사를 이끌어 간 지도자로 판단된다.

동제사 핵심 요원 중 신채호, 김규식 등은 창조파의 일원으로서 국민대표회의 무산 후 실제 신정부를 구성하는 등 임시정부와 완전히 등을 돌렸으나(김규식은 후일 임정에 다시 합류함), 반면 조소앙, 조성환, 박찬익 등은 임정의 핵심 요원으로 자리 잡게 된다.

박은식의 경우 창조파의 고문으로 추대되기는 했으나, 창조파의 신정부를 비난하는 성명을 발표하는 등 오히려 창조파를 공박하기도 했다. 국민회의가 1923년 1월 초부터 시작되었으니, 1922년 작고한 신규식과는 무관하다고 할 수 있겠으나, 임정의 분열은 1919년 11월, 통합 임시정부가 이승만을 대통령으로 추대한 그 시점부터 시작되었다. 물론 동제사 요원들의 분열도 마찬가지이다.

필자의 판단으론, 동제사 요원들의 원래 성향은 준비론과 외교론에 치우친 계몽 사상가들이 대부분이었다고 본다. 초기 회원들이 주로 신민회 출신이었음이 이를 증거하고 있다. 그러나 파리회담 후 범재 김규흥이 무장 투쟁론으로 급선회하자 동제사도 이 노선을 따르는 자와 거부하는 그룹으로 분열되었고, 이것이 임정 노선 갈등의 한 원인이 되었다고 본다.

결과적으로 범재는 동제사를 포기하고, 새로운 단체 <북경흥화실업은행>이란 또 하나의 비밀 조직을 만들지 않았을까 하는 게 필자의 추측인데, 다음 장에서 좀 더 자세히 검토할 사항이다.

大韓民國二年一月一日
臨時政府○○○獻○祝新年祝賀式○○○念撮影

제 3 부

평화주의자의 분노

제1장
제2의 동제사,
북경흥화실업은행 창립

북경흥화실업은행 개막 기념사진(1922년 11월 4일)

지금부터 약 90년 전의 사진 한 장을 소개한다. 사진에는, 민국이란 신생 중국 공화국의 연호를 쓰고 있고, 참석자의 대부분이 중국 복장을 하고 있다. 정확한 시기는 民國十一年十一月四日(1922년 11월 4일)이며 장소는 북경이다.

특별히 눈썰미가 없는 사람이라도 젊은 시절의 백범 선생으로 보이는 인물이 우측에서 세 번째에 자리하고 있다는 사실을 금방 발견할 수 있을 터이다. 이 사진에 등장하는 인물을 좀 더 소개하겠다. 다음 쪽의 확대사진을 보라. 심산 김창숙, 우당 이회영, 백범 김구, 우성 박용만, 단재 신채호 ……. 한 사람 한 사람이 모두 항일 독립운동사에서 빛나는 한 장을 차지하고 있는 기라성 같은 인물들이다. 이러한 명망가들이 왜 중국의 은행 개막 기념식에 참석했을까?

그리고 분명히 은행 창립 기념사진인데, 어째서 여성 행원은 단 한 사람도 보이지 않고 젊은 청년들만 바글바글할까? 가운데 상석에 자리하고 있는 범재 김규흥은 또 누구인가? 90년 묵은 빛바랜 이 한 장의 사진을 단서로 숨겨진, 우리가 익히 모르고 있는 독립운동사의 현장으로 안내하겠다.

우리가 찾아야 할 사안은, 과연 이 은행의 정체는 무엇인지, 여기에 등장하는 인물들의 공통점은 무엇인지, 그리고 이 은행의 개업일인 1922년 11월을 전후하여 항일 독립운동사에는 어떠한 사건이 발생했는지 등이 되겠다.

좌로부터(동그라미 표시) 김창숙, 이회영, 김규흥

우부터(동그라미 표시) 김구, 박용만, 신채호

1) 설립자는 누구인가

   등장인물들의 면면을 보면, 무언가 굉장히 의미 있는 모임의 기념 사진인 듯싶은데, 북경흥화실업은행이란 단체에 대한 고찰은 아쉽게도 현재까지 전혀 이루어지지 않고 있다. 아니 어쩌면 대한민국 학자들 대부분이 모르고 있다고 해야 맞을 듯하다. 이 은행에 대한 조그만 단서는 상해임시정부의 기관지라고 할 수 있는 독립신문 1919년 11월 15일자에서 찾을 수 있다. 그 전문을 아래에 소개한다.

흥국은행 창립에 관한 보도가 실린 독립신문

"中韓 兩國의 親善을 圖함에는 爲先 實業提攜에 在하다는 主義
下에서 우리 側에 金復 金貿奎 金南獻 李裕弼 中國人側에 王正
廷 謝遠涵 陳炯明 等 諸氏가 興國實業銀行(株式會社)을 發起하엿
는대 贊成人으로는 金一江 孫逸仙 張謇 伍廷芳 李烈鈞 胡漢民
高一淸 等 中韓 兩國에 有力한 名士들이 後援하며 同銀行의 目
的은 中國 黑龍江 吉林 奉天 等 處의 農墾事業를 振興게 하기로
하야 資本金 總額을 銀幣 二百元으로 하고 第一回 收納金은 總額
의 四分之一로 하야 目下 株式을 公募中이라는대 此가 我邦獨立
宣言 後 中韓合辦事業의 嚆矢라고"1)

묘한 것은 우리 측의 인물들이 우리에게 그리 익숙하지 않은 반
면, 중국 측은 그 당시 중국의 역사를 주도하고 있던 이들이라는
점이다. 왕정정(王正廷), 사원함(謝遠涵), 진형명(陳炯明) 거기에다
김일강(金一江), 손일선(孫逸仙)(손문), 장건(張謇), 오정방(伍廷芳),
이열균(李烈鈞), 호한민(胡漢民), 고일청(高一淸) 등인데, 어떻게 이
러한 만남이 일어날 수 있었으며, 우리의 사학자들은 지금까지 이
러한 모임이 있었다는 것을 왜 모르고 있었을까?

앞 장에서 범재에 관한 정보를 조금씩 제공했지만, 역사의 음지
에만 머무르고 있는 그의 행적이 한편으론 답답하기만 하다. 물론
이 책을 통하여 범재의 모습을 하나씩 확인하는 즐거움은 별개임
을 밝혀 두고 얘기를 계속하겠다.

2) 둔전제와 흥화은행

　사가들에게는 관심 외의 대상이지만, 건국훈장의 명예를 받은 몇
몇 독립투사들의 이력에는 흥화은행 설립의 건이 분명히 기록되어
있는데, 확인해 볼 필요가 있을 듯하다.

　"…… 그러나 군사통일회는 결성이 재정 부족으로 실패한 것을
깨달은 그는 독립군 기지 개척을 위한 자금 마련과 기지 확보를 위
해 흥화은행(興華銀行)을 설립하고 이 은행의 신용을 담보로 북경과
만주 방면의 토지를 구입하여 각지에 산재한 군인들을 집결·훈련시
켜 군사단체를 통일하고 독립전쟁을 일으킬 것을 계획하였다. 이에
따라 1925년 하와이로 가서 군자금을 모금하는 한편, 1926년 6월 중
국 북경으로 돌아와서 독립군 기지 개척을 위해 북경 근방의 땅을
구매하여 대륙농간공사(大陸農墾公司)를 설립하고 수전(水田)과 정
미소를 경영하였으나 성공하지는 못하였다. 1928년 10월 16일 북경
에서 활동을 계속하던 중 오해를 받고 피살되었다."[2]

　"김규흥은 그와 같은 무장투쟁을 지원하기 위해 1921년 박용만
과 함께 흥화실업은행(興華實業銀行)을 설립하였다. 흥화실업은행
은 겉으로는 금융기관을 표방하였으나, 실은 독립운동자금을 모집
하기 위한 방편으로 세워진 것이었다. 이들은 주식금 모집을 위장
하여 독립운동자금을 모집할 계획을 세우고 있었다. 그리하여 모집
된 자금으로 이들은 북경과 만주지역에 토지를 구입하는 한편 각
지에 흩어져 있는 동지들을 불러 모아 경작하게 하면서 농한기에
는 훈련을 실시하여 점차 각 군사단체를 통일하려는 목적을 가지
고 있었다. 그러나 1923년 대규모의 주식금 모집 계획이 뜻과 같이

이루어지지 못함으로써, 한인사회의 건설 및 군사양성의 계획을 달성하지는 못하고 말았다."3)

일단, 흥국실업은행의 설립목적과 박용만과 김규흥의 공훈록에 기재된 흥화은행의 지향하는 바가 동일함이 확인된다. 독립운동의 한 방략으로 이른바 둔전제를 시행하겠다는 의도이다.

○ (독립신문) 同銀行의 目的은 中國 黑龍江 吉林 奉天 等 處의 農墾事業를 振興게 하기로 하야 …….

○ (박용만) 이 은행의 신용을 담보로 북경과 만주 방면의 토지를 구입하여 각지에 산재한 군인들을 집결·훈련시켜 군사단체를 통일하고 독립전쟁을 일으킬 것을 계획하였다.

○ (김규흥) 그리하여 모집된 자금으로 이들은 북경과 만주지역에 토지를 구입하는 한편 각지에 흩어져 있는 동지들을 불러 모아 경작하게 하면서 농한기에는 훈련을 실시하여 점차 각 군사단체를 통일하려는 목적을 가지고 있었다.

둔전제(屯田制)는 중국에서 한(漢)나라 이후부터 청(淸)나라 때까지 시행된 토지제도로, 군량의 확보나 또는 직접적인 재원의 확보를 목적으로 하여 국가주도하에 경작자를 집단적으로 투입하여 관유지나 새로 확보한 변방의 영토 등을 경작하는 토지제도인데, 우리나라에선 고려시대부터 시행한 바가 있다.

기왕의 둔전제가 국가 혹은 관 주도의 제도였다면, 흥화은행이 시도한 것은 독립운동의 한 방편으로서 민간인이 시도하고자 했다는 점이다. 비록 결실을 맺지 못했지만, 이러한 시도 자체는 독립운동 투쟁사에 특별한 검토와 평가가 따라야 할 사항이라고 믿는다.

사실, 범재는 오래전부터 둔전제에 대한 꿈과 야망을 갖고 있었음이 분명하다. 그는 1911년 3월 '샌프란시스코 대한국민회에 보낸 편지'에서 둔전제에 대한 계획을 이미 피력한 적이 있다.

"…… 그 후 다시 하나의 개간공사(開墾公司)를 설립하고 자금을 모집하여 만주에 떠도는 한국동포를 만주 또는 몽고 등 넓은 땅에 각각 안전하게 정착하도록 하였는데 명목은 황무지를 개간(開墾)하는 것으로 하였으나 이는 왜적(倭敵)의 의심을 피하자는 것이요 실제로는 둔병제도(屯兵制度)를 시행해서 기회가 오는 '때'를 기다리는 것입니다. ……"[4]

'청풍김씨가승'에도 같은 내용이 기록되어 있다.

"…… 또한 강서성의 성장인 사원함 동지와 더불어 한중합변으로 흥국은행을 창립하고 운영하다가 후에 상호를 흥화은행으로 개칭하여 운영하였으니 그가 주로 목적을 두기는 머지않은 장래에 오원지대에 광대한 면적을 개척하게 함으로써 동삼성에 백만 교포들을 그곳으로 이주시켜 편안히 살게 하고 해당 지역에다 군사시설을 건설하고 경제, 문화사업들을 갖추게 하여 장차 광복의 대업을 착수코자 하였다. ……"[5]

범재는 북경흥화은행 창립 전인 1920년 7월 이전에 이미 둔전제에 대한 계획을 도산 안창호에게 피력한 적이 있음도 참고할 사항이다.

"…… 君曰 自己가 포타프·呂運亨과 같이 陳炯明을 防하고 서로 約束한 事는 레닌政府에 要求하야 西伯利亞의 地帶를 借得하야 韓人으로 軍營을 組織하야 六師團을 養成하야서 將來에 中國軍人과 合同하야 北京政府를 轉覆하고 後에는 韓國의 獨立을 完成케 하기로 하고, 且 將來 韓國이 獨立하더라도 外로서 軍人

을 준비해야만 國家를 維持하지 兵權의 實力이 無하고는 國家를 統治치 못하리라. ……"6)

정리를 해 보면,

○ 범재 김규흥은 신해혁명 이전부터 둔전제도에 대한 꿈을 갖고 있었는데, 범재가 샌프란시스코 대한국민회에 보낸 서신을 통해 정보를 획득한 박용만도 1911년 3월, 그때쯤부터 둔전제의 실현 가능성 여부에 대하여 관심을 갖기 시작한 것으로 보인다.

○ 파리회담의 실패로 인해 독립운동 방략의 수정, 즉 항일무력투쟁의 필요성을 절감한 범재는 1919년 11월경, 신해혁명 동지이자 평생의 지기인 진형명, 사원함을 중심으로 손문, 호한민 등 중국의 유력자와 일부 한인 독립투사가 함께하는 한중합작 회사인 흥국실업은행(주)을 발기하고,

○ 시대적 상황을 고려할 때 러시아와의 제휴가 필요함도 인정하여, 레닌정부의 육군 대장인 포타프와 광동정부의 실세 진형명과의 연대를 어느 정도 성사시킨 후,

○ 1920년 7월, 도산 안창호에게 그 책임을 맡기고자 했으나 도산의 거절로 인해, 한국, 중국, 러시아 3국 합작 둔전제 시도는 불발되었지만,

○ 1922년 11월 4일, 북경에서 박용만을 비롯하여 이회영, 김창숙, 신채호, 김구 등을 주요 구성원으로 하여 <북경흥화실업은행>을 발족시켰다(중국 측 인사의 경우, 사진 판독이 현재로는 불가능하므로, 향후 정부와 학계의 숙제로 남겨 둠을 양해 바람.).

범재가 시도한 둔전제도는 1922년 6월 진형명의 반란, 1925년 3월 손문의 작고, 1928년 10월 박용만의 암살 등 핵심 요인들의 타계와 군벌의 득세, 중국공산당, 국민당의 합작과 반목의 되풀이 등

복잡한 시대적 상황으로 인해 결실을 거두지 못하게 된다. 그러나 범재와 박용만이 추구하고자 했던 둔전제에 대한 이념과 독립투쟁 방략은 필히 평가받아야만 될 사안임에 틀림없다.

3) 의열단의 비밀과 흥화은행

아무튼 한중합작사업의 효시라고 할 수 있는 북경흥화실업은행은 불행하게도 뜻하는 바의 목적을 달성하지 못하고 파산했지만, 한편으론 우리 독립운동사에 지대한 역할을 성공적으로 수행하기도 했다. 그것은 흥화은행과 의열단과의 관계이다. 누구에게도 관심을 끌지 못하고 있는 흥화은행이 뜻밖에도 일제의 비밀문서에 등장한다.

"一 慶南甲斐巡査射殺事件

…… 최윤동은 …… 1923년 4월 이래 경성부 인사동 7번지 이수영 집과 기타에서 1920년 북경재임 당시부터의 동지인 오의선과 회합할 때 동인이 북경지방에서의 독립운동 거두 박용만의 심복 부하인 김복의 명을 받고 표면적으로 흥화실업은행의 주금모집이라 빙자하고 국민군자금(독립운동자금)을 모집 중이라는 것을 들어 알고 이를 조성하려고 모집방법 등에 관해 모의했을 뿐 아니라 …….

二 관계자

본적: 경기도 경성부 이하 불명

주소: 지나 북경 이하 불명

興華實業銀行行員(興華實業銀行行員인 듯)

金復(50年)……"7)

의열단 관련 일제 비밀문서에 등장하는 김복(김규흥)

상기 문서에 등장하는 최윤동, 배천택 등은 의열단 단원임에 틀림없다. 그런데 은행원이 왜 관계자로 기록되어 있을까?

1918년에 작성된 「배일사상을 품은 조선인 발·착 우편물 취재에 관한 건」이라는 문서에 金奎興(復)이란 이름이 등장한 이후, 1922년 10월 19일자 조선총독부경무국장이 외부차관에 통보한 요지인 「평화회의에 있어서의 한인독립운동자의 행동에 관해」란 문서 등에 김복(金復)이 계속 등장하지만, 아직은 범재 김규흥에 대한 정확한 실체를 밝히지 못한 듯하다.

이 문서에도 김복이란 이름과 나이(50세)는 정확하게 파악되었지만, 흥화실업은행 행원 운운하는 것을 봐서는 범재 김규흥에 대한 실체 규명이 아직은 제대로 이루어지지 않은 것으로 보인다. 이 점은 의열단 내의 행동요원들에게도 마찬가지인 듯싶다. 최윤동과 함께 군자금 모집책의 한 명인 오의선에 대한 기록을 보면,

1921년에 최윤동이 북경에서 박용만(朴容萬)의 부하 김복(金復)과 흥화실업은행(興華實業銀行) 주식모집을 빙자한 독립운동 자금을 모집하였는데, 이때 그는 그 방법 등을 계획하여 제시해 주기도 하였다. 이에 따라 경북 안동에서 군자금을 모집하던 최윤동(崔胤東)이 일본 경찰 갑비를 총살한 의거활동의 관계자로 지목되기도 하였다. …… [오의선][8]

오의선의 후손들이 국가보훈처에 상기 인용한 일본경찰의 문서를 공적 증빙자료로 제출한 듯싶다. 미확인된 범재의 정체에 대한 보고서를 인용하다 보니, 졸지에 김규흥이 박용만의 부하가 된 셈이다. 참고로 1922년 당시 박용만은 41세(1881년생)였고 김규흥은 50세(1872년생)였다. 물론 나이가 적더라도 상관이 될 수 있겠지만, 처음에 선을

보인 북경흥화실업은행 개막 기념식 사진에 위치한 범재와 우성의 자리 위치, 그리고 1911년부터 맺어졌던 인과관계 등을 고려하면, 박용만의 심복 범재란 설정 자체가 얼마나 어이없는 추리인가를 알 수 있다. 범재 김규흥이 그만큼 신변노출에 철저했다는 뜻이다.

유사한 예로 파리강화회의 시, 파리 근처에도 가지 않았던 김규흥이 김탕으로 변신이 되고, 강화회의 한국대표부의 서기로 활동했다는 일경의 어이없는 보고문서도 참고가 될 듯하다.

흥화실업은행이 독립운동을 수행하는 하나의 조직이라고 했을 때, 일선 행동대원들이 조직의 수장인 범재를 모르고 있는 것은 동제사 시절과 너무나 유사하다. 장덕수, 정원택 등 젊은 동제사 요원들도 그들에게 명령을 내리는 신규식만 알았지, 신규식의 배후에 김규흥이 있다는 사실을 모른 것과 똑같다. 참고로 독립신문에 보도된 김규흥 관련 기사를 소개하겠다.

二 上海에 在한

▷ 朝鮮假政府의 首領 金凡濟는 일즉 法國으로 歸來한 中國勞
　働者首領 夏奇峯과 通謀하고 勞働會의 名義를 利用하야 一
　般無識한 勞働者를 入會케 하고 近日 又 漳州 陳炯明으로부
　터 經濟的援助를 受하야 極端의 無政府主義를 宣傳한다. 其
　內容은 法律을 廢棄할 事, 政府를 倒壞할 事, 人民은 相互幇
　助에 依하야 生活하고 一切의 所有物을 社會의 共有로 할 事,
　人民 一日의 勞働時間은 二時間으로 하고 其餘時間은 사람 된
　바의 思想과 精神을 發展할 事, 男女는 任意로 同居함을 得
　할 事, 老若及廢疾者는 共公機關에서 保護할 事, 相互幇助主

義의 外 何等의 宗教도 無한 等 事로 一般勞働者가 此에 加入하는 者 頗多하다 云云.

所聞에 依하면

▷ 一團의 朝鮮人은 一中國人의 紹介로 俄國 레닌政府에 連絡을 圖하랴고 莫斯科에 赴하야 朝鮮獨立假政府를 레닌政府內에 設定할 豫定이라고 하며 또 最近 上海에 在한 朝鮮人 等이 次第過激派的 傾向을 示하야 事實上 各 方面의 不穩分子와 握手하는 것은 注意할 일이라.

(附記)金凡濟 云云 者는 그 비슷한 일홈도 我政府內에 업스며 韓人의 過激主義宣傳 云云도 根據업는 事實이며 韓人赴俄 云云도 밋지 못할 것이라, 右電은 全혀 日人의 中傷說임이 分明하다.[9]

金復이란 이가 敵總督府 ?鬼輩의 魁首가 되여 中國各地方에 잇는 同類輩를 指揮한다는 記事를 其時地方通信에 依하야 本報에 揭載하얏더니 그 後 金目重이란 이로부터 그 姓名이 自己伯父의 氏名과 갓흐나 自己의 伯父는 그런 事實이 업슴을 表明하고 또한 다른 그를 아는 人士中으로부터도 그(號는 凡齋)는 그럴 이가 아니라는 辯護를 하는 이가 잇는바 그는 或同名異人인지도 알 수 업고 或은 엇던 사람이 做出한 嫌疑의 말이 通信人의 探知한 바 되엿는지도 알 수 업더라.[10]

범재의 실체는 그가 속한 조직의 일부 핵심요원 외는 대부분 몰랐음이 분명하다. 생존 시는 물론 그가 작고한 1936년 이후에도 명확하게 밝혀지지 않았는데, 사정이 이렇다 보니 김규흥은 은행원이 되기도 하고, 박용만의 부하가 되었다가, 임시정부의 수령이 되기도 한다.

게다가 조선총독부 밀정의 괴수로 둔갑한 적도 있었다 한다.

本籍	出生地	住所	身分	受刑事項						
				罪名	刑名刑期	言渡年月日	刑ノ始期	言渡裁判所	執行監獄	出獄年月日及其事由
			職業	詐欺懲役	査 年 月	査 年 月 日	査 年 月 日	法院	監獄	滿期 假出獄

前科犯　備考

氏 名	年齡	年 月 日生	指紋番號
金復	身長	尺 寸 分	No.
	特徵		

일제가 작성한 초기의 김규흥 자료, 김복이란 이름만 기재되어 있다.
비고란에 적힌 글의 내용과 축사란 도장이 왜 찍혔는지는 향후 풀어야 할 숙제이다.

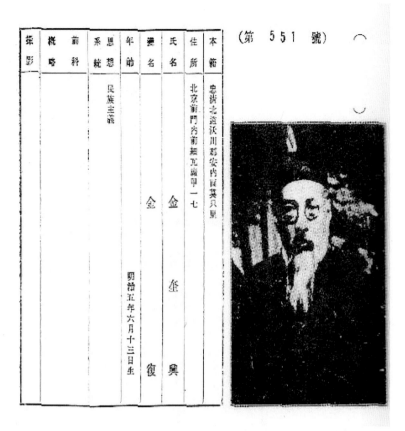

위 사진카드는 조선총독부의 요시찰인물대장에 비치된 것을 해공 신익희 선생이 입수하여
김자중(범재 김규흥의 조카)에게 전한 것임.

한편, 이 무렵부터 범재 김규흥은 조선총독부의 요시찰인물대장
에 오르게 된다.

90년 동안 베일에 감춰졌던 범재 김규흥의 정체를 밝히는 것은
이제, 우리 후손들의 의무가 된 셈인데, 정부와 학계, 그리고 모든
국민들이 관심을 가졌으면 하는 소망을 피력한다. 아무튼 둔전제

준비와 독립운동 자금 모집이 흥화실업은행 설립의 주요 목적인 것은 이로써 분명해졌다. 의열단에 관한 것은 다음 장에서 자세히 다룰 예정이므로 참조 바란다.

4) 주역이 바뀐 동제사

흥화실업은행이 단순한 금융업체가 아니고 조국의 독립을 위한 비밀단체라는 것을 확인했으리라 본다. 다음은 서두에서 제기했던 질문을 기억할 차례이다. 개업식에 참석한 심산 김창숙, 우당 이회영, 백범 김구, 우성 박용만, 단재 신채호, 그리고 범재 김규흥의 공통점은 무엇일까? 질문에 답하기 전에 그들의 이력을 잠깐 비교해 보자.

"······ 1923년 1월 민족의 단합을 위하고 임시정부의 새로운 방향을 모색하기 위해 국민대표자대회(國民代表者大會)가 개최되었다. 그러나 참석자들이 창조파(創造派)와 개조파(改造派)로 양분되었고 이때 심산은 창조파의 국민의회대의원으로 추대되었다. 구국항쟁의 일념에 있던 그는 이때 민족운동의 분열을 우려하여 참가치 않았던 것이다. 1925년 이승만(李承晚) 임시대통령의 위임통치(委任統治) 주장이 문제 되자 그는 박은식(朴殷植)·신채호(申采浩) 등과 이를 성토·탄핵하여 이승만을 대통령직에서 파면시켰다. 한편 국내외적 변화에 따른 임시정부의 광복운동이 침체하자 심산은 1924년부터 북경에서 이회영(李會榮)과 상의하여 새로운 독립운동기지로서 동삼성(東三省) 일대에 한인교포들을 모아 집단거주지를 마련하고 이곳에서 산업의 추진, 청장년을 훈련시켜 독립군(獨立軍)을 양성하여 국내로 진입하는 독립전쟁을 목표로 하였다. 이에 중국국민당과의 교섭으로 만몽(滿蒙) 접경지에 황무지 3만 정보(町步)를 무상 조차하였고 이의 개간자금 모집을 위해 1925년 8월 그는 김화식(金華植)과 함께 국내로 잠입하였다. 경기·충청·경상지역에서 유림과 부호를 대상으로 모금활동을 전개했으나 계획대로의 성과는 거두지 못하였다. 다시 상해로 돌아온 그는 국내에서의 잔학한 일제 식민지통치 아래 점차 상실되는 민족의식을 깨우치는 방법으로 결사대(決死隊)를 파견, 각종 식민지기관을 파괴하기로 하였다. 1926년 이동녕·김구·김원봉(金元鳳) 등과 상의, 1차로 의열단(義烈團)의 나석주(羅錫疇)를 파견하여 1926년 12월 동양척식회사(東洋拓殖會社)를 폭파케 하였다. 국내의 유림들도 그를 도와 모금운동을 하였고 이에 600여 명의 유림이 투옥하는 제2차 유림단사건이 발생하였다. 1927년 5월 심산은 병으로 상해 공동조계(共同租界)에 있던 영국인 병원 공제의원(公濟醫院)에 입원 중 일본 밀정에 발각 피체되어 국내로 압송 대구형무소에 수감되었다. 14년 형을 언도받은 그는 변호도 공소도 거절한 후 대전형무소에서 옥고를 치렀으며 이때 심한 고문으로 앉은뱅이가 되었다. ……" [김창숙][11]

"…… 1919년 3·1운동이 일어나자 상하이(上海)의 대한민국임시정부 수립에 참여하고 임시의정원의원으로 선출되어 활동했다. 그는 정부와 독립운동의 본부는 본질적으로 달라야 된다고 주장했으나 반영되지 않자 상하이를 떠나 베이징(北京)에 체류했다. 이때부터 민족주의에서 점차 무정부주의로 선회하기 시작, 이을규(李乙奎)·이정규(李丁奎)·조소앙(趙素昻)·신채호·김창숙(金昌淑) 등과 자주 접촉했고, 독립 뒤에 건설될 사회는 국가 간 민족자결의 원칙뿐만 아니라 민족 내부에서도 자유와 평등의 원칙이 그대로 실현되는 사회여야 한다는 결론에 이르러 이를 위한 사회개혁의 원리로서 무정부주의운동에 투신했다. 1923년 중국 후난성(湖南省) 한수이 현(漢水縣)에서 한중합작 이상농촌인 양도촌(洋濤村) 건설에 힘썼다. ……" [이회영]12)

"…… 또한 1920년 봄 대동단(大同團) 총부(總部) 무정부장(武政部長)으로 임명되기도 한 그는 문창범(文昌範)·유동열(柳東說)·신채호(申采浩) 등과 회합하여 노령·만주지역의 민족주의자를 중심으로 한 독립군 조직에 혼신의 힘을 기울이는 한편, 동년 1920년 여름 모스크바로 가서 상해 임시정부 외무총장의 이름으로 '소련의 노농정부(勞農政府)와 대한민국임시정부가 상호 연합하여 노농정부를 임시정부의 독립군 양성 승인과 무기를 공급하고 대한민국임시정부는 공산주의를 선전하고 노농정부의 지휘를 받는 것'을 내용으로 하는 밀약을 체결하였다고 한다. 그 후 이 밀약의 일환으로 화아선(華俄鮮) 즉 중국·러시아·조선 연합선전부가 결성되자, 화아선 연합선전부 부부장의 직위를 맡은 그는 1920년 12월 초 특사를 니콜리스크에 파견, 안정근(安定根)·왕삼덕(王三德)과 회견하여 연합선전부 간도지부를 설립키로 협의케 하였다. 그 결과 선전지부 집행군무사령관에 홍범도(洪範圖)를 임명하고 사령부를 돈화현(敦化縣)에 두어 간도주재 일본군경을 습격하기도 하였다. 이후 그는 만주의 군사단체들이 통일된 지도체가 없고, 상해 임정 역시 세력이 약해진 관계로 이들을 지도할 역량이 부재하다는 판단 아래 1921년 4월 신채호(申采浩)·신숙(申肅) 등과 북경 근방에서 군사통일준비회(軍事統一籌備會)를 개최하였다. 이 회의에서 노령의 통일된 독립군 부대는 후일 국내진공작전을 준비하고 만주의 부대들은 지휘계통을 통일하여 국경일대에서 유격전을 벌이는 진공작전을 감행할 것을 결의했다 한다. 그러나 군사통일회는 결성이 재정부족으로 실패한 것을 깨달은 그는 독립군 기지 개척을 위한 자금마련과 기지 확보를 위해 흥화은행(興華銀行)을 설립하고 이 은행의 신용을 담보로 북경과 만주 방면의 토지를 구입하여 각지에 산재한 군인들을 집결·훈련시켜 군사단체를 통일하고 독립전쟁을 일으킬 것을 계획하였다. 이에 따라 1925년 하와이로 가서 군자금을 모금하는 한편 1926년 6월 중국 북경으로 돌아와서 독립군 기지 개척을 위해 북경 근방의 땅을 구매하여 대륙농간공사(大陸農墾公司)를 설립하고 수전(水田)과 정미소를 경영하였으나 성공하지는 못하였다. 1928년 10월 16일 북경에서 활동을 계속하던 중 오해를 받고 피살되었다. ……"[박용만]13)

"…… 1919년 9월에 상해 임시정부가 노령임시정부(국민의회)와 한성임시정부를 통합하여 통합 임시정부로 발전할 때 이승만이 대통령으로 선출되자 분개하여 임시정부와 결별을 선언하고 반(反)임시정부의 노선을 취하였다. 1919년 10월에 상해에서 『신대한(新大韓)』지를 발행하여 무장투쟁노선을 지지하는 언론활동을 했으며, 남형우(南亨祐) 등 동지들과 함께 「신대한동맹단(新大韓同盟團)」을 조직하여 그 부단장으로 활동하였다. 1920년 4월에 『신대한』지의 발행이 중단되자, 북경으로 이주하여 박용만(朴容萬) 등 동지 50여 명과 함께 「제이회보합단(第二回普合團)」을 조직하고 그 내임장(內任長)을 담당하였다. 「제이회보합단」은 독립군단체 「보합단」

을 계승한 단체로서 무장군사활동을 유일한 독립운동방략으로 채택한 독립운동단체였다. 1920년 9월에는 박용만·신숙(申肅) 등과 함께 「군사통일촉성회(軍事統一促成會)」를 조직하여 분산된 독립군 부대들의 지휘계통의 통일과 독립운동 노선의 무장투쟁 노선에의 통일을 추구하였다. 1921년 1월에는 김창숙(金昌淑) 등의 지원을 받아 『천고(天鼓)』 잡지를 창간하여 격렬한 필치의 언론독립운동을 전개했으며, 1920년 4월에는 54명의 동지들과 함께 위임통치 청원을 규탄하는 「성토문」을 공표하였다. 1923년 1월에는 의열단의 요청을 받고 의열단의 독립운동노선과 투쟁방법을 천명하는 유명한 「조선혁명선언(朝鮮革命宣言)」을 집필하였다. 1923년 1월에 상해에서 국민대표회의(國民代表會議)가 개최되자, 창조파에 가담하여 상해 임시정부를 해체하고 새로운 임시정부의 수립을 주장하였다. 국민대표회의가 실패로 끝나자 크게 실망하여 칩거하면서 국사연구에 종사하였다. ……" [신채호]14)

"…… 한인애국단은 무력적인 행동이 없이는 한국 민족의 광복을 달성할 수 없으며 최소의 역량으로 최대의 효과를 거두는 수단과 방법이 아니고는 한국민족이 영원히 일본 제국주의의 침략과 탄압에 항거하는 백성이라는 사실을 세상에 호소할 길이 없다는 불굴의 신념하에 조직되었다. 그리하여 1932년 1월에 한인애국단에 가입한 이봉창(李奉昌)을 동경(東京)으로 파견하여 일본 황제를 저격하려 하였으나 실패하였으며 이봉창은 10월 10일 일제의 단두대에 피를 뿌리고 순국하였다. 그 뒤 4월 29일 윤봉길(尹奉吉)로 하여금 상해 홍구공원(虹口公園)에서 일본의 천황생일을 경축하기 위한 기념식장에 폭탄을 던지게 함으로써 세상을 깜짝 놀라게 하였다. 윤봉길 의거 후 신변이 위험해지자 임정요인들과 함께 강소성(江蘇省) 가흥(嘉興)으로 피신하여 지냈다. 1933년 5월에는 중국의 장개석 총통(蔣介石總統)을 만나 낙양군관학교(洛陽軍官學校)를 광복군 무관양성소로 할 것을 결정한 뒤, 조국의 독립을 위한 독립지사들의 군사교육을 시켰다. ……" [김구]15)

알다시피 당시 독립운동지사들은 준비론, 외교론, 무력투쟁론 등 독립운동 방략에서 많은 갈등을 빚고 있었다. 1922년 11월이라면 국민대표자대회가 소집되기 몇 달 전이며, 창조파와 개조파의 노선 다툼으로 임정의 존립 자체가 의문이 되던 극심한 혼란기였다. 이쯤이면 대부분 정답을 눈치 챘으리라 믿는다. 그렇다. 이들은 방법론상 조금의 차이는 있지만, 항일무력투쟁의 필요성을 절감하고 있던 자들이었다. 특히 홍화실업은행의 설립목적인 둔전제와 무력투쟁을 뒷받침하기 위한 독립운동자금 모집 등에서 투쟁이력의 유사함을 발견할 수 있다.

○ 둔전제에 대한 관심: 김창숙, 이회영, 박용만
○ 반이승만: 김창숙, 이회영, 박용만, 신채호
○ 창조파: 김창숙, 이회영, 박용만, 신채호
○ 아나키즘: 김창숙, 이회영, 신채호
○ 독립군 양성: 김창숙, 이회영, 박용만, 김구
○ 무력투쟁: 김창숙, 이회영, 박용만, 신채호, 김구

아나키즘에 대한 이야기를 잠깐 해야겠다. 김창숙, 이회영, 신채

호의 경우, 시기의 차이는 있지만 아나키즘이란 지독한 이념의 세례를 받았거나 발을 들이댄 상태였다. 범재 김규흥도 마찬가지이다. 앞서 인용한 1920년 5월 22일자 독립신문 보도에 의하면, 오해였던 음모였던 김범재는 극단(極端)의 무정부주의(無政府主義)를 선전(宣傳)하는 자로 낙인이 찍힌 상태였다.

그들이 아나키즘에 경도된 이유는 독립운동방략의 일환으로 항일무력투쟁을 선택한 것이기 때문에, 러시아 사회주의적 아나키즘의 대표격으로 취급되고 있는 바쿠닌이나 크로포트킨 등 정통 아나키스트와는 거리가 다소 있는 것으로 보이지만, 어쨌든 1848년 프라하의 봉기와 1849년 드레스덴의 봉기, 그리고 1863년 폴란드에서 일어난 무장봉기에 참가하였고 1864~1868년 이탈리아의 혁명운동에도 관계한 바쿠닌의 투쟁적인 삶은 그들에게 커다란 영향을 주었음에 틀림없다.

의열단 단원들 다수가 아나키스트로 구성된 점은, 조직의 상층부인 김규흥, 이회영, 김창숙, 신채호 등이 아나키즘에 경도된 것과 무관하지 않은 것으로 본다.

박용만과 김구의 경우, 아나키즘 세례를 받은 흔적은 없다. 그러나 그들 역시 항일무력투쟁론에 적극적인 동의를 표하고 있던 처지였다. 박용만은 군사통일회(軍事統一會)를 조직하여 무력투쟁에 앞장섰으며, 독립군 기지 개척을 위해 북경 근방의 땅을 구매하여 대륙농간공사(大陸農墾公司)를 설립하기도 했다.

그들보다는 온건한 민족주의자였지만 김구 역시 한인애국단과 노병회 등을 조직하여 무력투쟁의 기반을 다졌으며, 이봉창 윤봉길의 폭탄 투척 의거는 범재 김규흥 등 흥화은행 요원들의 투쟁전략과 일치하고 있음이 확인된다.

이 글을 처음부터 읽은 독자라면, 북경흥화실업은행에 필히 참석했어야만 했던 사람 몇 명이 누락되었음을 의아하게 생각하리라 본다. 신규식, 박은식, 조소앙, 김규식, 박찬익, 조성환 …… 실제 이들은 초창기부터 단 한 번도 분열되지 않았던 동제사의 핵심요원들이었다. 만약 김규흥이 동제사의 설립자이자 수뇌였다면, 상기 거론한 이들의 불참은 당연히 이해가 되지 않는다.

김창숙, 이회영, 박용만, 신채호, 김구 …… 이들 중 동제사 핵심요원은 신채호 한 명뿐이다. 이것은 무엇을 말하는가? <제2부 제6장 동제사를 말한다>에서 언급한 바와 같이 동제사는 이미 분열이 되었고, 범재는 그와 뜻을 같이하는 새로운 사람과 조직이 필요했다는 뜻이다. 그것이 바로 흥화실업은행이며, 필자가 이 은행을 제2의 동제사라고 칭하는 이유이기도 하다.

신규식의 경우, 은행 창립일 이전인 1922년 9월 25일 작고했으므로 동제사의 분열과 무관하지 않은가 하는 질문에 대해선, 설령 신규식이 생존해 있었더라도 이 모임에는 분명히 불참했으리라고 단정한다. 사실 동제사의 분열은 김규흥과 신규식의 노선 갈등이 주요 원인으로 파악되고 있는데, 이 점은 다음 장 예관 신규식의 자살 편에서 다시 다루기로 하겠다. 다음은 범재 김규흥이 왜 이렇게 과격한 독립투쟁방략을 선택했는가 하는 의문을 짚어 볼 차례이다.

제2장
무력투쟁으로 가는 길

1) 도산 안창호와 범재 김규흥의 회담

도산일기 1920년 7월 9일 편을 보면 아래와 같은 내용이 있다.

○七月九日 金雲

豫定事項

一, 國務元會에 出席할 것, 二, 金復君尋訪할 것, 三, 韓松溪君
面會할 것. ……

朴殷植 君으로 더불어 金復君을 訪하야 大同旅社에 招待하야 午
餐할 새, 君曰 鐵血團人中 金德이가 自己에게 來往하는데 政府府職
員을 路上에서 逢着하는 대로 毆打하겠다 云하니 政府로서 該靑年
들을 善히 撫摩하라 하는지라, 今日 不平의 標準點된 政府는 撫摩
키 難하니 第三者인 民間의 有力者가 撫摩해야만 安頓되리라 하다.

君曰 自己가 포타프·呂運亨과 같이 陳炯明을 防하고 서로 約
束한 事는 레닌政府에 要求하야 西伯利亞의 地帶를 借得하야 韓
人으로 軍營을 組織하야 六師團을 養成하야서 將來에 中國軍人
과 合同하야 北京政府를 轉覆하고 後에는 韓國의 獨立을 完成케 하기로 하고, 且 將來 韓國이 獨立하더라도 外로서 軍人을 준비해야만 國家를 維持하지 兵權의 實力이 無하고는 國家를 統治치 못하리라. 陳炯明과 約束한 中에 島山의 意思를 不聽하고 先生으로 하여금 總主管하게 말이 되었다 하며, 포타프가 比로 以하야 모스코바에 往하였는데 該處에서 地帶의 許容이 되야 施設이 되는 時는 先生이 旺하야 指揮해야겠다고 하는지라.

余曰 比事가 善히 成功되리라고 크게 信치 말라.

第一, 五族이 耆戰性이 없고 尤히 他國 革命을 爲하야 戰鬪하기로 參加키는 萬無하고

第二, 俄過激派와 支那南方陳派가 다 實力이 空虛하니 六師團 養成이 空想뿐이지 事實이 못 될 듯하고

第三, 韓人의 幾師團軍人이라도 西伯利亞에 募集한다 하면 日本軍隊가 入擊할지니 該根據 維持가 是難이오.

第四, 五族의 性質이 서로 服從치 아니함으로 吾人이 統制할 수가 없고

第五, 우리가 過激派와 連絡하되 잘못 行使하면 世界의 同情을 失하게 될지라 하니,

君曰,

武器는 俄政府에서 擔當하고, 金錢은 陳炯明과 過激黨이 合하야 擔當할 터이오.

地帶는 日本軍隊가 能히 侵犯치 못할 地를 擇할지오.

通御는 先生 같은 이가 兵權을 掌握하고 道德과 權威로 通御하라 하는지라.

余曰 余는 絶對로 比를 任할 수 없다 하고, 基事에 成敗間 試驗은 하야보라. 比를 柳東說先生과 商議함이 最適하겠다 하다.16)

백범 김구 선생은 백범일지 하권 '일제의 항복 소식'이란 글에서 다음과 같이 말한 바 있다.

"나는 이 소식을 들을 때 희소식이라기보다 하늘이 무너지고 땅이 갈라지는 느낌이었다. …… 이제껏 해 온 노력이 아깝고 앞일이 걱정이었다. …… 그때 14개 조항의 원칙을 결정하고 입국하려 할 때 미국 측에서 기별이 오길 미국군정부가 서울에 있으니 개인 자격으로 들어오라는 것이었다. 그리하여 의론이 분분하다가 필경은 개인자격으로 입국하기로 결정하였다."

민족의 자력으로 한 번 싸워 보지 못한 채 해방된 조국에 대해서 선생은 그 기쁨과는 다른 원통함을 느꼈다는 술회인데, 해방 공간에서 임정의 요인들뿐 아니라 우리 민족 전체가 어떠한 수모를 겪었는가에 대해선 더 이상 서술하지 않더라도 우리가 너무나 익히 알고 있는 서글픈 역사의 편린이다.

항일무력투쟁의 중요성을 누구보다 잘 알고 있다고 보이는 백범은 상기 회담의 내용을 알고 있었는지 궁금하다. 물론 역사에는 가정이 없다. 그러나 상기에 인용한 도산과 범재의 회담이 성사되었다면 우리의 역사는 어떤 방향으로 흘러갔을까?

상기 회담이 열렸던 1920년, 그 무렵의 상황을 잠시 짚어 보기로 하겠다. 1920년 7월이라면, 이동휘·이승만·안창호의 3인 체제가 아직 허물어지기 전이었으므로 임정에 대한 기대와 힘이 극대화되고 있던 시기였다. 중국의 경우, 호법/광동정부, 공산당, 북양군벌집단 등이 복잡한 역학관계를 이루고 있었으나 진형명이 반란을 일으키기 전이었으므로 손문이 아직은 건재했었던 시기였으며, 러시아는 일본의 팽창정책에 극도로 민감해하던 시기였다.

이러한, 어쩌면 우리 민족에겐 절호의 시기라고도 할 수 있었던 그 시기에 범재가 제안했던 내용을 다시 정리해 보면,

① 레닌 정부에 요구하여 시베리아의 어느 지역을 조차해서 거기에다 우리의 군영을 조직하고 약 6개 사단 규모의 군대를 양성하는 것을 목적으로 하고,

② 장래 중국군과 합동하여 우선적으로 북경 정부를 수복하고,

③ 연후에 그 세력을 극대화하여 한국의 독립을 완성케 하기로 하였다.

④ 장래 한국이 독립하더라도 병권의 실력이 없으면 국가를 유지할 수 없을 터이니 이런 차원에서라도 병권을 외부에 의존하는 것보다는 스스로 군대를 양성함이 옳을 것이다.

이러한 이유로 아직 선생의 의사를 묻지도 않았지만 선생이 이를 총주관할 수 있도록 하겠다고 진형명과 약속하였다. 이를 위해 포타프가 모스크바에 가서 시베리아의 어느 지대를 사용할 수 있도록 허락이 되고 또 시설이 되면 선생이 거기에 임해서 지휘를 해야겠다.

도산은 왜 이러한 제안을 거부하였을까? 도산의 답변을 좀 더 음미해 보자.

이에 도산이 답하기를,

이 일이 살되리라고 믿지 마라.

첫째, 우리 민족은 싸우기를 좋아하지 않거니와 더욱이 타국의 혁명을 위해 전투에 참가한다는 것은 있을 수 없고,

둘째, 아라사의 과격파나 지나 남방의 진파가 그 실력이 공허하니 6개 사단의 양병이란 사실상 어려울 것이고,

셋째, 시베리아에서 몇 개 사단의 병력일지라도 그 병력을 한국 사람이 모집한다면 필경 일본 군대가 가만히 있지 않고 진격해 올 것이고,

넷째, 우리 민족의 민중성이 서로 복종치 아니하니 나로선 통제하기가 어렵고,

다섯째, 우리가 과격파와 연락을 하되 잘못 사용하면 세계의 동정마저 잃게 될 것이다.

물론 도산의 주장에도 일리는 있다. 아쉬운 것은 현실론도 중요하지만 어느 정도 꿈을 갖게 하는 이상론도 허용할 수 있지 않았나 하는 점이다.

범재의 추가 설명에 따르면,

① 무기는 아라사 정부가 담당하고,

② 금전은 진형명과 과격당이 합하여 담당할 것이고,

③ 지대는 당초부터 일본 군대가 능히 침범하지 못할 곳을 택할 것이고,

④ 그 통제는 선생 같은 인격자가 도덕과 권위로써 시행하면 병권장악은 충분할 것이다.

도산의 준비론이나 이승만의 외교론이 전부 그르다고 주장하는 것은 아니다. 그러나 해방 당시의 역사는 우리에게 무엇을 말해 주고 있는가? 역사에는 가정이 없다지만, 도산이 범재의 제안을 좀 더 냉철히 검토해 보고, 임정 국무원에 정식 안건으로 채택하였다면 우리의 역사는 어떻게 변했을까? 그저 안타깝기만 하다.

사실 범재의 의견은 1913년도 연해주의 이상설 등이 권업회를 통하여 이미 추진한 바 있다. 윤병석은 이렇게 말한다.

"광복군의 군영지를 확보하기 위하여 러시아 정부로부터 토지조차를 추진하며, 양군호와 해동호 등으로 불리는 광복군 양성을 위한 비밀 결사를 운영하고 있었으며, 궁극적으로는 29,000여 명 규모의 시베리아 전역의 한인 병력을 광복군 병력으로 편성하고자 하였던 것으로 생각된다. 권업회의 이러한 '독립전쟁론'의 구현은 대한광복군정부의 건립으로 이어져 1914년 블라디보스토크에서 이상설을 정통으로 하는 광복군정부를 출범하였다."[17]

권업회가 실패했던 이유는 제1차 세계대전이란 변수가 있었기도 하지만, 근본적으로 일개 단체가 추진하기엔 너무 거대한 프로젝트였다고 판단된다. 그러나 1920년의 상황은 달랐다. 중국과 러시아, 정부 차원의 지원을 기대할 수 있었고, 우리민족도 비록 임시라고는 해도 정부가 있었으며 조선을 비롯하여 해외 각지로부터 운집한 인재도 있었지 않았던가?

만약 도산과 범재의 이 회담이 성공적으로 합의되어, 임정이 6개 사단 규모의 독립군을 일차적으로 보유하게 되었다면, 우리 민족뿐 아니라 세계사의 흐름이 바뀌게 되었을지도 모른다는 생각을 해 본다. 물론, 우리의 독립이 외세에 의존하지 않고 우리의 힘으로 이루게 되었을 것이라는 가정도 믿는다.

지금까지 이 글을 읽고 있는 독자들은 안타까움과 함께 궁금증이 자꾸 증폭되고 있으리라 본다. 백암 박은식, 몽양 여운형 등을 조연으로 추락시키며, 시베리아에 6개 사단 규모의 독립군을 양성하여 일본군과 일전불사를 외치는 등 거창한 포부를 피력하고 있는 범재란 인물이 도대체 누구지? 포타프, 진형명도 어느 정도 파악되는데, 포털 검색에도 잡히지 않는 범재란 사람은 과연 누구일까? …… 혹 범재란 사람이 중국인이기 때문에 우리가 모르고 있는 것은 아닐까?

지금부터 독자 여러분은 범재라는 인물을 탐험하는 여행에 동참하게 된다. 우리 민족에게 잊혔던, 아니다. 아예 숨겨졌던 한 위대한 독립운동가의 일생을 발굴하는 작업에 참여하는 셈이다. 아무쪼록 힘 미치는 데까지, 조작된 혹은 왜곡된 독립운동사의 그 진실을 여러분에게 제공하도록 하겠다. 특히 이번 장에선 그가 왜 항일무력투쟁을 선택할 수밖에 없었는지에 대한 그 원인과 과정을 중심으로 고찰하고자 한다.

2) 범재 김규흥은 임정 총리를 왜 거절했나

일본경찰이 1919년 9월 6일에 작성한 "조선내외(朝鮮內外)의 일반상황보고의 건"이란 문서를 보면 지금까지 우리가 배웠고 알고 있는 상식을 거절하는 내용이 기록되어 있다. 도산 안창호라는 거물 독립운동 명망가가 듣도 보도 못한 김복이라는 사람에게 자신의 자리 즉 임시정부 국무총리대리 직함을 양보하겠다고 제안을 했지만, 김복은 그 자리를 거절했다는 줄거리이다.

"김복은 상해선인을 양분할 계획을 실행시켜 이 때문에 저들 사이에는 안창호에 반대하는 자가 생겼는데 현재 안은 내무총장으로 국무총리대리를 겸하였으나 그의 서기 장관을 파견하여 총리대리를 김복에게 양보하겠다고 교섭하였는데 김복은 스스로 그 임무에 맞지 않는다고 사퇴하였다."18)

　지금까지 이 책을 주의 깊게 읽은 독자들은 김복이 바로 범재 김규흥의 이명이라는 것을 기억할 터이지만, 이 글을 처음 접하는 사람이라면, 온갖 물음표가 뇌세포를 괴롭히고 있으리라 믿는다. 이 책의 목적이 범재라는 물음표에 대한 답변을 제공하는 것이므로, 김복의 정체에 대해선 천천히 알아보기로 하고, 우선 도산은 왜 김복에게 임정 총리라는 막중한 지위를 양보하려고 했는지, 그리고 범재는 왜 거절을 했는지에 대한 의문을 풀어 보기로 하자.

　정답을 알기 위해선 당시 임시정부의 상황을 살펴볼 필요가 있다. 그리고 힌트는 철혈단의 선언서가 제공한다.

十月問より会議代表者の起草したる米領本部の憲一〇
目的とし愛国書者のつつありて今後臨時政府の中心と
策に努めつつあるも今後時に注意を要すべきは材料の蒐
十分れと雖教育に於ては近時益に一を紛々臨時政府の土臺と運
するものの設立を得たる革命に比対し愛衣裳食裳挙を求むるに
許しつ慶者の反抗をつのつ慶命を以て父員裳食裳挙を求むるの
中にありつつある若干勢力率の傾向あり父員裳食を紛々むるの
馬で彼等間更の間に若干意思の疎隔ならしむるを記し来れり
を慶聞せしめ共勢力を窺願せむる要と記し来れり比較に於て彼等
各方面より繋装しつつある款金を窺らる充實せむるか如く近時一
般に活気を呈し来れり右期間関たる主なる状況を挙ぐれは左
の如し

一、右上海韓人假政府は米国国民及十月に開かるべきワシン
トンに於ける国際聯邦委員会に提出すべき独立運動の陳情
書を起草中にして草稿は三十二頁より成り且更なる寄
（佛国界接米照○三五五十八號性）稿稚未定として昭々完成
せりと云ふ

二、在民邦僑兵の事は近々遂行せる応なるも独立運動は六に之
に反对し慕恋より布哇に来れる僅伯器の上海に来るを得ち
共に北京に赴き李を説得せんとするものの如し

三、金復は上海韓人を羅分す○右計畫宣徒伝せりとか前政等
の間には安昌浩に反対するものを生し来に安は内務統長
して国務院代理を委ねられしか共の書記官共を連退し家

四、在ワシントン交寄松より米国上院の形勢は独立に對
上人に同情を表し之か将来民国は日本と運恩を倍せすとの意
をもあらむか過信に接したる故上海韓日等人は独立を生き
愛恋と説正の反政府の感は二於て既に愛愛運恩を生きり

又同人より将偏に或れに米利国聯邦か独将独立に對し他
国には何なる意志を示すや今未た明瞭たらさるも米国仁恕
く為国多の同恵を後期することに内定しあり大事降時政府
には正式に或会むるの相義に至らうとと内定しあり已に政府実力を為
め店を何つることに差变なしたるは上海韓人は依等の所問題に
此の事を得たるなた右上海韓人は依等の所問題国多の相所に
国国家を窺くべくしとの熱諮ありとも之か当国に因難なる問題
をかけむるに不利益なりとの反対あり参く之を見合すること
に決定せり

五、持日等人間に大韓共和国臨時政府の抗議を経恋七各国の
同情を訴ける事とすべく若問題に交渉する所ありたるも
現住の庭時政府は口下備国土間の供犠さに在り過に激励す
るは非文立しさうも救祸を公然発裁して政府の所在を公
に守るときは自然日本より佛国へ交渉となり遂に禍々国
際たる紛款を生するに至るべしと聞路せり

六、北京政府に善馮せる韓人及在北京の僑人字恋介若
右に来り京亦人和麦民族等等も之に狂はつて感秘会藝を上

도산 안창호가 김복(김규흥)에게 임시정부총리대리직을 양보한 내용을 기록한 일제의 비밀문서

3) 1919년 초창기 임시정부의 모습

먼저 1920년 6월경, 철혈단이 임시정부의 고위 임원들에게 발송한 선언서 2편을 소개하겠다.

"(제1호) 우리의 독립은 우리의 사활이 걸린 문제라는 것은 두말할 필요가 없고, 우리의 독립은 총과 칼과 희생 없이는 성공할 수 없기 때문에, 우리는 앞으로 최후의 1인까지 최후의 1초까지 무기와 피로 무장하여 악독한 왜구를 배척하여야 한다. 우리의 독립운동가들 중에는 부패한 분자가 적지 않고 독립운동이라는 미명 아래 자기의 명예를 넓히고자 하는 야심가가 있으며, 독립운동으로 공익을 위함이 아니라 개인의 욕심을 충족시키고자 하는 사악한 자가 있다. 독립운동으로 지방열과 사당(私黨)을 조장하고 세력을 다투며 상호 간에 암투를 벌이고 왜구를 물리치기보다 동족을 멸시하는 자가 있다. 아, 이와 같은 분자는 우리 독립을 방해하는 악마이며 이 악마를 우리는 소멸하고 신성한 독립운동가는 그 보조를 맞추어 나아가지 않으면 아니 된다. 이에 우리는 앞서 설명한 악마를 검거하고 우리 사회에 신선하지 아니한 공기를 소독함으로써 우리 전 민족의 정신을 건전하게 하고, 밖으로는 무기로 무장하고 희생함으로써 왜적을 배척하여 우리의 독립을 완수하고자 하는데 그 목적이 있다."

"(제2호) 이미 우리 단체가 포고하는 주의에 의하여 무기와 피로 왜구를 물리침과 동시에 내부의 악마를 소멸하기 위해서는 개인, 단체 또는 정부요원을 불문하고 일반 사회의 불량한 분자는 모두 가차 없이 소탕을 단행하여야 한다.

지난해 3월 1일 이전의 10년간이나 3월 이후 오늘날에 이르기까지 소위 여러 인물 및 단체의 당파 싸움이 원인으로 독립운동은 진보되지 아니하였고, 암투에 관하여 오늘날까지 그 내막의 공표를 원하지 아니하는 이유가 있고, 원태효(元泰孝)라 부르든 김(金)으로 부르든 그 이름과 상관없이, 자기 당이든 다른 당이든 우리의 독립과 우리 민족의 행복을 도모하는 점에서 그 궤를 같이한다.

언젠가 피아에 대한 양해와 통일을 기할 날이 올 것이라고 예상하고 있지만, 아직은 양해와 통일을 완수하지 못할 뿐만 아니라 논쟁이 격렬하여 오늘날 우리는 어쩔 수 없이 그 내용을 파괴하여 근본적으로 해결하지 않을 수 없게 되었다. 이때 정부 내무국은 증거가 충분한 왜탐(倭探)을 발견하여도 합당한 처분을 하지 못하고 왜구의 세력을 두려워하여 하등의 조처를 하지 아니하였다.

또한 헌법에 의하여 정부의 부정을 공격하는 의원에 대하여 내란죄로 문의(問擬)하고 의정원의 개회 중에 의회의 승낙 없이 체포하거나 독립운동원에게 제공할 목적으로 지참금을 징발한 청년을 강도로 부르며 곤봉으로 난타하고 권총으로 위협하는 것을 어찌 임시정부라 칭하며 믿을 수 있겠는가?

우리는 오늘날 우리 민족의 경우와 입장을 고려하여 내무총장에게 대의를 위하여 선후책을 강구하여야 한다고 권고하였음에도 일절 듣지도 않아서 다시 내무부에 질문한 바가 있지만 그 태도 역시 마찬가지였다.

구 한국시대의 대신인 혈기가 왕성한 청년은 분개함에도 불구하고 임시정부는 이에 대하여 태연하였고, 오히려 우리를 정부 전복자 또는 모 당파로 몰 구실을 찾는 데 바빴다. 경무국원 및 군무부

사관학교생도 기타 다수의 인원을 소집하여 질문한 인사의 가택을 습격하고 포승으로 수족을 묶어 사흘 동안 낮과 밤으로 난타한 결과, 수십 명 중에 2인은 근 골절이 파손되고 심장병에 손상을 입었고 입원 치료 중이지만 지금도 생명이 위태롭다. 실제로 왜구가 우리 민족에 대한 만행보다 심하였으니 이에 우리가 나서지 아니할 수 없는 바이다."[19]

상기문서의 수신처는 내각총리대신 각 성 대신/척식국 장관/경시총감 검사총장/조선군사령관/조선 양(兩)사단장/조선헌병대 사령관/진해 요항부 사령관/관동장관/관동군 사령관 등으로 되어 있다. 덧붙여 일본경찰이 상기 철혈단의 활동에 대한 비평은 다음과 같다.

"상해임시정부에 반대의 태도를 보이는 나창헌(羅昌憲) 일파는 철혈단(鐵血團)이라는 별지 제1호 및 제2호의 번역문과 같이 선언서를 발표하였고, 노무용(盧武用), 김재은(金在殷), 이옥(李鈺), 김상덕(金相德), 황학선(黃鶴善) 등을 위원으로 하여 점차 결속을 도모하며 임시정부에 육박하고자 노력하는 한편, 임시정부 안에서도 당파가 발생하여 철혈단에 접근하고자 하는 자가 생겨 암투가 심하였다. 이에 이동휘(李東輝)는 지난 20일 국무총리를 그만두고 얼마 지나지 않아 노령(露領)으로 가고자 하였고, 내무부 차장 이규홍(李圭洪)도 사직을 신청하였다는 정보가 있었다. 또한 안창호(安昌浩)는 선후책에 고심하며 철혈단 간부와 화목하게 지내고자 그 중개자 역할에 힘을 쏟은 것을 울면서 일반인에게 하소연하였다."

지금 이 글을 읽고 있는 필자의 가슴, 너무나 쓰리고 아픔을 감출 수 없다. 열혈 청년들은 임시정부의 각료 등 일부 요인들을 부패한 분자, 야심가, 사악한 자, 지방열과 사당(私黨)을 조장하는 자

등으로 인식하고 있으며 그들을 악마라고까지 표현하고 있는 반면, 정부 측은 부정을 공격하는 의원에 대하여 내란죄로 문의(問擬)하고, 독립운동원에게 제공할 목적으로 지참금을 징발한 청년을 강도로 부르며 게다가 폭력까지 행사하고 있다.

이승만 독재시절, 그리고 군부독재시절의 모습과 어찌 그리도 유사한지, 차라리 끔찍하기만 하다. 도대체 왜 이러한 일이 일어났을까? 출범한 지 겨우 1년 된, 망국의 임시정부, 그곳에도 탐해야 할 권력과 돈, 혹은 명예가 존재했는가? 지금까지 일본 자료를 주로 인용하였는데, 균형을 위해 당시 임정 최고의 실세 도산 안창호의 일기를 함께 보기로 하자.

七月 八日

金九(김구) 君이 來訪 曰 鐵血團이 今日부터 始하여 政府職員을 路上에서 逢變을 준다 하니 注意하라고 此輩를 一齊히 逮捕하여 嚴治함이 如何하냐 하므로, 余 曰 如此 傳說을 信之亦難이오, 設或 事實이라 하여도 撫摩策을 用할지니 嚴酷手段을 行한다면 더욱이 害로울 뿐이라 하다.

七月 九日

朴殷植(박은식) 君으로 더불어 金復(김복) 君을 訪하여 大東旅社에 招待하여 午餐할 새, 君 曰 鐵血團人 中 金德(김덕)이가 自己에게 來往하는데 政府 府職員을 路上에서 逢着하는 대로 毆打하겠다 云하니 政府로서 該 靑年들을 善히 撫摩하라 하는지라, 余 曰 不平의 表準點된 政府는 撫摩키 難하니 第三者인 民間의 有力者가 撫摩해야만 安頓되리라 하다.

248

七月 十日

李圭洪(이규홍) 君이 來訪 曰 內務總長이 鐵血團 關係로 以하여 因責 辭職하겠다 하니 自己가 먼저 因責辭職하겠노라 하는지라, 余 曰 因責할 理由가 無한데 因責하여 辭職한다 하면 其時의 일은 政府에게로 責任을 歸하는 것이니 辭職치 말라 하다.

아쉽게도 철혈단이 선언서를 발표한 시점의 일기는 없다. 철혈단 사건이 어느 정도 정리된 후 정부의 대응책이 필요한 시기인 1920년 7월경의 일기인데, 울면서 하소연했다는 일경의 보고서가 믿기지 않는 장면이다.

각료들은 사직서를 냄으로써 그저 책임만 회피하려고 하고, 사직은 정부의 책임을 인정하는 바가 되므로 사직해선 안 되다고 도산은 말하고 있다. 게다가 청년들을 잘 다독거리길 바란다는 범재의 충고에, 정부보다는 오히려 민간의 유력자인 당신이 청년들을 설득해 달라고 주문한다.

여기서 범재에 대한 도산의 인식을 엿볼 수 있다. 즉 뒤에서 청년들을 선동하는 등 배후의 세력 노릇을 하는 음흉한 자 정도가 도산의 느낌으로 보인다. 이것은 1919년 8월경, 임정 총리 대리 자리를 거절한 범재의 행동과도 맥을 같이한다. 즉 도산의 입장으로선, 아나키스트 혹은 사회주의자로 소문난 범재란 인간을 처음부터 신뢰할 수 없었다는 뜻이다.

사실 이때쯤 신규식이 중간 역할을 했어야 하는데, 당시 범재와 예관은 노선상의 갈등으로 인해 어느 정도 거리를 둔 상태였던 것으로 추측된다. 지금 생각해도 그저 안타깝기만 하다. 만약, 도산과 범재, 그리고 예관이 서로 마음을 터놓고, 조국의 독립을 위해 뜻을 합쳤다면 독립운동사는 어떻게 변했을까? 부질없다. 조금 시간을 뒤로 돌려 보자.

1917년 발표된 대동단결선언서는 복벽주의, 공화주의, 입헌군주제 등 다양한 이념을 내걸고 활동하던 제 독립단체의 단결을 호소하기 위하여 발표된 것으로, 그 취지는 상해 임시정부의 수립으로 일단 달성되었다고 본다. 그러나 각론으로 들어가 준비론, 외교론, 무장투쟁론 등 독립운동의 방략 문제로 인해 대동단결이란 용어 자체가 무색하게 되어 버린 게 그 당시의 현실이었다. 이 선언서에 다음과 같은 내용이 있다.

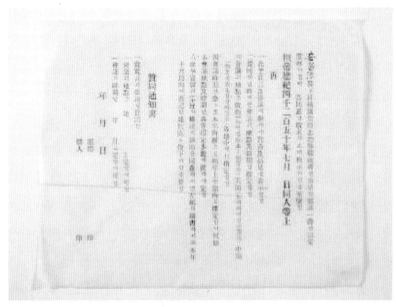

대동단결선언 찬동통지서

"…… 대개 뭉치면 서고 나뉘면 쓰러지는 것은 천도의 원리요. …… 그러나 총단결의 문제는 유래가 오래다. 들으매 귀가 시끄럽고 말하매 이가 시도다. 사람들이 모두 합동 합동하여도 실행에 관하여는 혹은 힘이 미치지 못한다는 데 죄를 돌리고, 혹 땅이 불편하다는 것에 책임을 돌리고, 혹 경쟁이 나쁘지 않다고 화제를 돌리는 등 좌우로 핑계를 대, 아무 일 않고 지내기가 나라가 망한 지 8년에 이르도록 내외 지사의 외면하고 격절함이 여전하여 일치단결의 희망이 아득하도다. …… 근래 러시아에 의존하자, 일본에 의지하자, 중국에 의지하자, 미국에 의지하자 하는 선비와, 문이다 무다, 남이다 북이다 하는 의론이 분분 착잡하여 세세하게는 우의를 무시하며, 거칠게는 인도를 몰각한 실제 증거가 자주 나타나니 오호라 10년 분투에 얻은 것이 무엇인가! ……"

1919년 상해에는 그동안 파리강화회의와 기미독립운동, 임시정부 등을 기획하고 기반을 닦아 온 동제사 요원들 외 본국, 일본, 미국, 연해주, 만주 등에서 대부분의 독립운동 명망가들이 모여들고 있었다. 이들이 모여 의논한 토의의 내용은 임시정부 조직이 중심 화제였는데, 국호문제, 정부의 수반문제 등의 가결을 위해 첨예하게 각을 세웠다.

1919년 4월10일부터 11일까지 제1차 대한민국 임시의정원회의가 상해의 프랑스 조계 김신부로에서 열렸는데, 이승만이 임정의 초대 국무총리로 추대되는 과정을 살펴보면 그 당시 임정 주요 인사들의 독립운동 방략을 엿볼 수 있다. 다음은 그 내용 일부이다.

"…… 후보자를 추천하는 데 있어, 조소앙은 박영효를, 신채호는 박용만을, 김동삼은 이상재를, 현창운은 신채호를 추천하였으나 모두 부결되고, 여운형은 안창호를 추천하고, 신석우는 이동녕을 추천하여 가결되었으며, 현순은 조성환을, 이영근은 김규식을, 현순은 이회영을 추천하였으나 부결되었다. 다시 이승만을 당선시켰다."[20)

당시 임시의정원 의원은 신익희, 여운형, 조동호 외 29명이었으며 의장은 이동녕, 부의장에 손정도, 그리고 서기에 이광수, 백남칠이었다. 이해가 되지 않는 것은 29명의 의원 중 10명이 동제사 회원이었으며, 손정도, 이광수 등 신한청년당 당원을 포함하면 과반수가 동제사 계열이었는데, 3인의 정부수반 후보에 동제사 회원을 아무도 선출하지 않았던 점이다.

<표 2-1 상하이 임시정부 초대 의정원 의원 명단> 참조

대동단결을 위해 동제사는 당연한 권리를 포기한 셈인데, 만약 이날 선출된 이승만, 안창호, 이동녕 대신 신규식이나 박은식, 김규식, 신채호 중 단 한 명이라도 정부수반 후보자로 선출되었다면 임시정부의 미래가 어떻게 변했을까 하는 부질없는 상상을 해 본다.

아무튼 이승만, 안창호, 이동녕 이 세 사람은 이동휘와 함께 초기 임정을 이끌어 가는 네 거두로 자리매김되는 동시에 창조파와 개조파로 대변되는 분열의 씨앗이 되기도 한다. 특히 "이승만은 위임통치 및 자치를 제청한 자로서, 그 이유에서 신임할 수 없다."는 신채호의 변론이 의원들에게 제대로 전달되지 않았음은 안타까움을 넘어 도저히 이해할 수 없는 그날의 풍경이었다.

4) 신규식의 노선과 자살

다시 처음으로 돌아가자. 도산이 범재에게 국무총리 자리를 제의

한 시기는 8月 1日~8月 3日 사이였으므로 아직 통합임시정부가 설립되기 전이었다. 조금 길지만 임시정부 수립 무렵, 어떠한 일이 발생했는지 임정 연표를 함께 살펴보자.

<표 3-1 임시정부 초기 주요사건>

일자	신규식 임정직위	주요사건
1919년 2월 1일		김규식 파리회담 출발
20일		장덕수, 인천에서 체포
3월 1일		독립선언
13일		김규식, 파리 도착
4월 5일		상해 임시정부 수립 선포, 안창호를 내무총장으로 선임
4월 10일		제1차 회의 조동호, 여운형, 손정도, 조소앙, 김철, 선우 혁, 한진교, 신석우, 이광수, 현순, 신익희, 조성환, 이광, 최근우, 백남칠, 김대지, 남형우, 이회영, 이시영, 이동녕, 조완구, 신채호, 진희창, 신철, 이영근, 조동진, 여운홍, 현장운, 김동삼
4월 13일		임시의정원 의장 이동녕 국무총리 이승만 내무총장 안창호 차장 신익희 외무총장 김규식 차장 현순 재무총장 최재형 차장 이춘숙 법무총장 이시영 차장 남형우 군무총장 이동휘 차장 조성환 교통총장 문창범 차장 선우 혁 국무원비서장 조소앙 ※파리주재 김규식에게 전권대사의 신임장 발송
4월 22일		제2차 회의
4월 25일		제3차 회의
4월 30일	의정원 부의장	제4차 회의 의장 손정도, 부의장 신규식 선임, 국무총리에 이동녕이 선임됨
5월 12일		김규식, 파리강화회의에 독립청원서 제출
5월 25일		안창호, 상해 도착
6월		조소앙, 만국사회당대회 참석차 파리 도착
6월 28일		파리강화회의 폐막
7월 11일		제5차 회의 상해임시의정원과 노령대한민의회와의 합병을 결의

일자	신규식 임정직위	주요사건
7월 14일	의원직 사퇴	신규식, 부의장직과 의원직 사퇴
8월 8일		김규식, 파리에서 미국으로 출발
8월 18일~9월 17일		제6차 회의 독립신문 '독립'이란 제호로 창간(8. 25)
9월 11일	법무총장	임시대통령 이승만, 국무총리 이동휘, 내무총장 이동녕 외무총장 박용만, 군무총장 노백린, 재무총장 이시영, 법무총장 신규식, 학무총장 김규식, 노동국총판 안창호
9월 18일		이동휘, 상해 도착
10월 31일		여운형, 안공근, 한형권을 소련에 파견 의결, 한형권 단독 상해 출발
11월 9일		김원봉 이종암 등13명, 길림에서 의열단 조직
11월 18일~29일		여운형 도일
1920년 1월		한형권, 러시아 원조자금 운용사건 발생
3월 30일		제7차 회의
10월 10일		상해에서 진단 창간호 발간
12월 5일		이승만 상해 도착, 12월 8일 정식으로 대통령에 취임
1921년 1월 24일		이동휘, 국무총리직 사임
25일		이동녕, 국무총리 임명
4월 20일		박용만, 신채호 등 북경에서 군사통일회 개최
4월 24일		협성회 결성
4월 24일		진단 제22기 발간(최종호)
5월 16일	총리대리 겸 외무, 법무총장	이승만 도미 신규식, 국무총리대리 겸 외무총장, 법무총장
8월 26일		태평양회의 후원위원회 조직
10월		신규식, 손문의 광동호법정부 방문 9월 26일 상해 출발~12월 25일 상해 도착
10월 10일		이승만, 태평양회의에서 조선독립청원서 미국대표에 제출
11월 11일		태평양회의, 워싱턴에서 개막
1922년 1월		천고 창간호 발간
3월 20일	모든 공직 사퇴	신규식, 이시영과 함께 사직
5월		독립신문, 김승학 백광운 장기초 등 출자로 한문판 증간
5월 10일		국민대표회 준비위원회 개최
6월 14일		진형명 반란
9월 25일		신규식 작고
10월 28일		김구, 여운형 한국노병회 설립
11월 4일		북경흥화실업은행 창립

우여곡절 끝에 1919년 9월 11일 통합임시정부가 출범을 하였다. 그러나 이 정부는 출발 초기부터 분열과 파쟁에 직면할 수밖에 없었다. 외교론, 준비론, 무력투쟁론 등 독립운동 방략의 차이가 가장 큰 쟁점이었으나, 기호파와 서북파로 대별되는 지방색, 대종교와 기독교인과의 종교적 갈등, 민족주의, 사회주의, 아나키즘 등 이념상의 충돌과 그 밖의 제반문제들을 원만히 해결할 수 있는 민족의 큰 지도자가 없었다고 보는 것이 옳을 것이다.

이승만(당시 44세), 안창호(41세), 이동휘(46세), 이동녕(50세), 신규식(40세) 등 초기임정의 주요 지도자로 등장한 인물들은 그 당시로는 아직 젊었고, 하나의 국가를 이끌어 가기에는 경륜과 경험이 부족한 상태였다. 무엇보다 안타까운 것은, 그 많은 독립운동가들 중 이승만을 최고의 지도자로 옹립을 했다는 사실이다.

안창호 역시 초기 임정의 여러 갈등을 해결하기에는 역부족을 느꼈으리라 본다. 도산이 범재에게 제기한 임정 총리 대리 제의는 어쩌면 도산의 진심이었는지도 모른다. 동제사의 실세요 각종 독립선언서와 김규식의 파리회담 참여를 주관한 범재 김규흥이라면 임정의 분열을 극복하고 다시 대동단결을 이룰 수 있는 적임자라고 판단했는지도 모른다.

그러나 도산이 간과하고 있는 게 있었다. 범재 김규흥은 중국의 혁명사업과 음지에서 독립운동을 지원하는 역할을 감수한 처지이지, 안창호나 이승만, 이동휘 등과 같은 명망가가 아니었다. 임시정부 전면에 나설 입장이 아니었다는 뜻이다.

가장 바람직한 귀결은, 범재 김규흥의 항일무장투쟁론에 대하여 충분히 이해를 하고, 동삼성, 연해주, 중국 관내를 아우르는 무장투쟁세력들을 묶어 일본에 대한 무력투쟁선언을 임정의 첫 번째 과업으로 했더라면 하는 상상이다. 도산 안창호와 예관 신규식이 이승만의 외교방략에 대한 환상을 조금이라도 일찍 깨달았더라면 하는 부질없는 바람을 다시 끄집어내 본다. 도산은 차지하고, 예관 신규식이 왜 범재와 등을 지게 되었는지 그 이유와 그가 선택한 노선을 검토해 보는 것은 이 책의 주제와 연결되는 대단히 중요한 명제임을 밝혀 둔다.

1912년 동제사 창립 이후, 신규식은 범재 김규흥의 복심이자 분신 역할을 해 왔다. 그러나 임시정부가 수립된 이후부턴 범재와의 관련 사항이 그리 눈에 띄질 않는다. 대신 임정 초기, 그의 활약은 임지정부의 아버지라는 칭호에 부끄럽지 않을 정도로 대단한 기여를 했다.

그는 임정의 법무총장을 역임했으며 국무총리대리 겸 외무총장까지 맡아 광동의 호법정부 총통 손문과 상호승인 및 독립운동지원 등에 대하여 논의하기도 했다. 한편, 임정 수립 전후하여 몇 가지 불명확한 신규식의 움직임이 있는데, 김희곤은 네 가지 난제를 제시하고 있다.

첫째, 상해에 한국독립운동의 장을 열고 임시정부를 세울 수 있는 교두보를 확보한 인물인데도 불구하고 임시정부 수립 초기에 그의 위상이 부상하지 못한 사실이다.

둘째, 이승만 대통령이 상해에 체류하던 1920년부터 1921년 5월까지 그의 동향이 확실하게 잡히지 않는다는 점이다. 특히 당시에 임시정부를 주도하던 안창호와 이동휘가 임시정부를 이탈하는 상황에 신규식의 동향과 성향이 확연하게 파악되지 않는 점이다.

셋째, 이승만이 상해를 떠나면서 그에게 법무총장에다가 국무총리대리와 외무총장까지 맡긴 이유를 선명하게 이해하지 못한다는 점이다.

끝으로 그가 광동에서 손문을 만나 벌인 외교활동은 드러나지만, 그 당시 초미의 관심사였던 태평양회의와의 관련성에 대해서는 별로 주목하지 못했다는 사실이다.[21)

김희곤은 대단히 중요한 사항을 지적하였다. 김희곤 교수가 제시한 네 가지 사항은 의문투성이인 신규식의 자살 문제를 푸는 실마리도 된다. 이 글에선 첫 번째 문제인 임정수립 초기, 신규식의 행적과 이승만과 함께한 신규식의 외교방략을 중심으로 필자의 견해를 밝히고자 한다.

<표 3-1 임시정부 초기 주요사건>에 나타난 바와 같이, 신규식은 1919년 4월 11일 제1차 의정원 회의가 개최되었을 때, 출석도 안 했으며 29명의 의원 명단에도 등장하지 않는다. 그가 본격적으로 활약하는 시기는, 1919년 9월 11일 통합임시정부가 출범하고 난 뒤였다.

그러면 그때쯤 동제사의 핵심이었던 신규식은 무엇을 하고 있었을까? <지산외유일지>는 당시의 상황을 다음과 같이 기록하고 있다.

1919년 3월 12일(양력 1919. 4. 12)

…… 예관 선생의 안부를 물으니, 삼강이 말하기를, 그분이 요즘 여러 가지 일로 상심(傷心)하고 몸이 불편하여 방금 병원에 입원 치료 중이라 한다. …… 예관 선생은 신병으로 입원 치료 중인데, 현금 상해 임시정부 수립에 대하여 각료로 중망을 걸머진 이는 이승만 · 박용만 · 안창호 · 이동녕 · 이시영 · 신규식 여러분이 당선될

것으로 생각되고, 그 밖에는 상해에 도착하는 대로 선택될 것이라 하며, ……

1919년 3월 13일(양력 1919. 4. 13)

삼강(三崗)과 동반하여 예관 선생께 문후하니, 병세는 그다지 심하지 않고 다만 심화가 대단한 듯하였다.

왜 신규식은 상심하며 심화가 치밀었을까? 도무지 짐작이 가지 않는데, 두 가지 정도를 추측해 본다. 첫째는, 장덕수의 체포로 인해 동제사에 대한 기밀이 많이 노출되어 그로 인한 스트레스의 과중과, 둘째는, 임시정부에 적극적으로 참여하여 뜻을 펴고 싶은 예관과 달리 음지에서 배후의 역할을 고집하는 범재 김규흥과의 노선갈등 등으로 상상해 보는데, 정확한 실상을 밝히는 것은 현재의 자료로는 아무래도 무리인 듯싶다. 어쩌면 평생의 지기, 신채호와 노선문제로 인해 대판 싸움을 했었는지도 모르겠다.

한 가지 더 우리가 추측해 볼 수 있는 것은, 자금마련에 대한 부담감이다. 그 무렵의 지산외유일지를 보면 조그만 단서를 발견할 수 있다.

1919년 3월 18일(양력 1919. 4. 18)

"…… 경제력이 극히 박약하고, 인심이 단합되지 못하여 자금을 많이 가지고 온 동지도 있으나, 이런 경우에도 각각 자기 친근자의 유도로 숨겨 두고, 대세만 관망하며 동정을 비밀히 하고, 기회를 기다리는 자세로 나서서 협조하지 않으니 가탄 가석이다. 전일 길림에서 행하던 방법으로 강권으로 출자케 함이 어떠한가?"

내 대답하기를 "길림과 상해를 비교한다면 지역의 문화 정도와, 인품의 우열이 현격하고, 또 이에 회집된 인원은 대개 덕성이 있고 중망을 가진 분이 많은 중에도 정세가 단순하지 못하니 행동을 가볍게 하지 못하리니, 실행하려면 첫째 가히 두렵고 가히 꺼릴 만한 배경을 수립하여야 할 것이요, 둘째는 주동 측에서 먼저 기만 원이라도 내놓고, 각 방면에 자금을 요청하여야 일이 바르고, 말이 순조로워 일이 반드시 성공하리니, 나의 생각으로는 급무가 방금 국내에서 새로 오는 청년들이 사상이 순일매진(純一邁進)하고, 추호도 사사로운 마음이 없으니 그네들을 단합시켜, 그윽한 장소를 택하여 그 청년들에게 무기 무예(武技武藝)를 연습도 시키고 제조도 가르치면, 청년의 집무처도 되고 남이 두려워할 배후 기관도 될 것이요. 그리고 예관 선생이 중국으로 건너갈 때에 그의 동지 정두화(鄭斗和)와 약속이 있으니, 만일 유사지추(有事之秋)를 당하면 거액의 자금을 조달하겠다는 숙약(宿約)이 있는데, 또 수년 전에 박남파가 예관의 소개로 귀국하여 그 숙약을 다시 조정한 사실이 있으니, 예관 선생과 상의하여 그 숙약을 실행케 하면 그 자금을 먼저 내게 하고, 각 방면에서 휴대한 자금을 모집하면 일이 성공할까 생각한다." 하니 조소앙의 대답이 "그것이 옳은 견해다." 하고 내일부터 먼저 첫째의 안건을 실행키로 하였다.

1919년 3월 21일(양력 1919. 4. 21)

상해 공동 조계(共同租界)에 있는 가옥 4칸을 빌리고, 중국인 기술사(師) 1명을 맞이하여, 새로운 청년 9명을 선택하여 기사의 교수로 폭탄제조를 연습케 하며 여가를 타서 권투도 가르쳤다.

3월 28일(양력 1919. 4. 28)

일전에 소앙과 토의하던 제2의 안건을 실행하고자, 소앙과 동반하여 예관 선생을 뵙고 고하기를 "먼젓번에 선생이 정두화(鄭斗和)

씨에 대한 숙약(宿約)을 실천할 시기가 다가온 듯하오니, 숙약 실천의 연락 책임을 담당하겠습니다." 하고 청하니, 선생이 한참 생각하다가 답하기를 "국내 왕래가 퍽 위험하고, 또는 방금 유사지추를 당하여 전일의 동지는 모두 각처로 흩어지고 나의 외로움이 심하였는데, 뜻밖에 지산(志山) 한 사람이 와서 나에게 위안이 됨이 크거늘, 오늘 별안간 위험한 지경에 발을 들여놓으려 함은 공사 간(公私間)에 적당치 못하다고 생각하노라." 하였다. 내가 대답하기를 "사정은 그러하오나 범사는 실천이 제일이요, 또 위험을 피하고는 일을 추진시킬 수 없을 것이요, 또 동성(東醒)의 경과한 바를 들으면 국경 통과에 방법이 있다 하오니, 너무 염려 마시기를 바라나이다." 또 소앙이 곁에서 권청하니 예관 선생은 마지못해 응낙하셨다.

3월 29일(양력 1919. 4. 29)

국내로 출발하기로 결정하고, 서신 서류함을 휴대할 방법을 강구하는데, 전일 중국 기서(奇書)에서 본 바를 이용하여 중국 책방으로 가서 시집 가운데에 속지가 끼인 책을 구하니, 이의산(李義山) 시집이 그러한지라(장책의 지질이 너무 얇으면 백지 1장씩을 책장마다 끼워 장책하는 것이다.). 이의산 시집 1함을 구입하여 책을 뜯어 속에 끼인 백지를 빼내어 예관 선생께 드리고, 소금물을 진하게 풀어 선생의 친필로 소금물을 찍어서 서신을 쓰니, 소금물이 마르니 단순한 백지뿐이요, 글자 흔적이 없으나 만일 화롯불에 쪼이면 붉은 빛의 글자가 또렷하게 노출되는 것이다. 선생이 쓰기를 마친 뒤에 다시 책자 페이지 속에 끼워서 장책을 하니, 이를 알 만한 사람이 없을 것이다. 심산(心汕) 김창숙(金昌淑) 씨는 곽면우(郭俛宇) 선생의 문인으로, 면우 선생이 파리에 보내는 장서(소위 파리장서

로 137명의 유생이 서명한 것.)를 가지고 상해에 도착하였던 무렵
에 참석한지라. 그때에도 역시 이러한 방법으로 서함을 써서 부탁
한 것이다.

4월 4일(양력 1919. 5. 3)

동성과 동반하여 출발하는데, 예관 선생이 눈물을 머금고 송별하
면서 말씀하기를 "조심하여 위험한 땅을 통과하라." 하고 2백 원을
손가방에 넣으시며 말씀하기를 "혹 위급할 때에 대비하라." 하였다.
동지 몇 사람과 고별하고 상해 역에 도착하여 승차하였는데, 뜻밖
에 소앙이 또 뒤를 쫓아 차창에까지 와서 나에게 말하기를 "나도
며칠 뒤에는 파리로 출발하고자 하니 이것으로 작별인 듯하오. 이
는 나의 비밀이라 곁의 사람을 꺼리니 감히 발언치 못한 고로 지금
이렇게 쫓아와서 고별하는 것이요." 하였다.

결국 자금 문제가 신규식의 가장 큰 고민거리가 아니었을까? 많
은 교민들이 이주해 있는 연해주, 미국 등과 달리 상해, 북경 등
중국 관내 지역은 우리 동포들의 수가 극히 소수였다. 그러므로 독
립운동을 위한 자금 조달은 친분이 있는 중국인이나 본국의 일부
후원자에게 의지할 수밖에 없었을 터이다.

그 당시, 신규식의 중국계 라인은 거의 소멸된 상태였다. 1913년
3월 송교인이 암살당한 이후, 1916년 5월에는 진기미가 암살당하
였고, 동년 10월 황흥이 작고했으며, 5·4운동 이전이었으므로 손
문도 망명상태였다. 노선문제 등의 이유로 중국통인 범재 김규흥과
도 관계가 그리 원만하지 않았던 것이 분명하다.

나름대로 자금원이 있는 타 지역 독립지사들과 달리, 돈줄이 꽉

막힌 상황이었다는 뜻이다. 임시정부의 출범을 위해 최선의 노력을 다했던 동제사, 신한청년당 소속 요인들이 임정의 수반으로 후보자조차 내지 못한 이유가 여기에 있다고 본다. 그러니 예관의 심사가 오죽하였겠는가?

이러한 때에 지산 정원택이 위험을 무릅쓰고 본국에 잠입하여 정두화 등으로부터 자금 지원을 받아 오겠다고 했으니, 어찌 눈물이 나지 않았겠는가? 필자의 이 추측은 시기적으로도 일치한다. 1919년 4월 29일, 정원택의 본국 파송 건이 결정된 후인, 4월 30일 의정원 제4차 회의에서 의정원 부의장으로서 임시정부의 일에 나서게 된다. 일말의 기대감이 예관의 울화병을 낮게 헷다는 뜻이다.

그러면 임정에 참여한 지 겨우 2달 정도인 7월 14일, 신규식은 왜 사퇴를 했을까? 이 의문도 자금문제와 연결해 생각해 볼 수 있으나, 보다 근본적인 것은 파리회담의 결과로 보인다. 1919년 6월 28일은 파리강화회담의 공식 일정이 끝난 날이다. 아무 성과 없이 끝났다는 파리로부터의 전문은 대부분의 독립지사들에게 대단한 충격이었을 터이다. 특히 김규식 파송을 위해서 전면에서 활약을 했던 신규식은 그 누구보다 큰 타격을 받았을 것으로 추측된다. 아마 이에 대한 책임을 지는 의미로 의정원의 부의장과 의원직을 사퇴했다고 보는 게 필자의 관점이다.

이 무렵부터 예관과 범재의 거리는 더욱 벌어진 것으로 보인다. 특히 지산외유일지에 나타난 폭탄제조에 관해서 신규식이 관여를 했다는 흔적을 발견할 수 없는 것은 항일무력항쟁을 선택한 범재와 외교론을 끝까지 밀고 나간 예관의 노선 차이의 당연한 귀결로도 볼 수 있겠다.

신규식이 임시정부에 다시 등장하는 시기는, 1919년 9월 11일 통합임시정부의 법무총장으로 선출되고부터이다. 그러나 이후 1921년 5월 16일, 국무총리대리 겸 외무, 법무총장으로서 임정의 실세가 되기까지, 신규식이 주도하여 임정의 핵심 사업을 했다는 기록은 거의 없다. 어쩌면 이 기간 동안, 범재의 그늘을 벗어나고자 예관 스스로 고난의 길을 선택했는지도 모르겠다.

이 기간 동안, 임시정부는 도산 안창호의 주도하에 행정 면에선 많은 업적을 이루었다고 본다. 특히 연통제는 법령 및 공문의 전포, 군인·군속의 징모, 군수품의 조사·수령, 시위운동의 계획, 애국성금의 갹출운동, 통신연락·정보수집 등 다양했는데, 초기 임시정부의 큰 성과 중의 하나로 평가되고 있다.

그러나 당시 임정의 가장 큰 실책은, 만주 연해주 방면에 수없이 등장했다간 소멸되곤 했던 항일무력독립투사들을 단합시키지 못한 것과 의열단으로 상징되는 무력집단을 임정이 외면했다는 사실이다.

전술한 바 있지만, 다시 생각해도 안타깝다. 1920년 초기 무렵은 청산리, 봉오동 전투 등 독립군의 활동이 가장 왕성했던 시기였다. 이때 범재의 제안대로 한국, 중국, 러시아가 합작하여 조차지를 준비하여 독립군을 통합하는 작업을 시도했다면, 임정, 그리고 독립운동의 역사는 어떻게 바뀌었을까?

아무튼 신규식은 범재의 무력투쟁론보단 이승만의 외교론을 선택한 것으로 보인다. 비극적인 파리회담의 결과를 체험했음에도 태평양회의에 또 한 번의 기대를 가진 것이 그 반증이다. 이러한 기대감은 이승만이 위임통치론 등의 문제로 인해 위기에 처했을 때, 협성회를 조직하여 이승만의 변호를 자임한 것으로도 나타난다.

흔히들 호법정부(護法政府)의 승인을 구한 것을 예관의 가장 큰 업적 중의 하나로 꼽고 있다. 그러나 필자의 생각은 다르다. 손문과의 회담을 위한 광동호법정부 방문이야말로 예관을 자살로 이끈 가장 큰 이유라고 본다. 신규식이 요구한 5개 조항을 보자.

① 대한민국 임시정부는 호법정부의 대중화민국 정통정부로 승인하며 아울러 그 원수(元首)와 국권을 존중함.

② 대중화민국 호법정부는 대한민국임시정부를 승인할 것.

③ 한국학생을 중화민국 군관학교에 수용할 것.

④ 5백만 원을 차관할 것.

⑤ 조차지대(租借地帶)를 허락하여 한국독립군을 양성케 할 것.

임시정부 그리고 신규식이 무엇보다 기대했던 것은 5백만 원 차관 건이었을 것이다. 솔직히 말해서 손문의 광동정부도 망명정부요 임시정부인 셈인데, 망명임시정부가 망명임시정부의 승인을 받는다는 것이 무슨 의미가 있겠는가?

특히 연통제가 1921년 후반에 이르러 소멸되고 말았기 때문에, 자금 조달이야말로 당시 임정의 현안 중의 현안이었을 터인데, 아무런 성과 없이 상해로 돌아온 예관의 심정이 짐작 가지 않는가? 게다가 일말의 기대감을 가졌던 태평양회의도 무위로 끝나 버렸고 ……

1922년 3월 20일 예관이 모든 공직을 사퇴했을 때, 당시 재무총장이던 이시영이 동반 사퇴한 사실은 필자의 주장에 무게를 실어 준다. 예관은 작고하기 전 25일 동안 음식도 들지 않고 말도 하지 않으며 눈을 뜨지도 않았다고 전하는데, 다음은 묵언하기 전 마지막 말이라고 한다.

"나는 아무 죄도 없습니다. …… 나는 아무 죄도 없습니다. 그럼 잘 있으시오. 나는 가겠소. …… 여러분들! 임시정부를 잘 간직하시고 3천만 동포를 위해 진력해 주시오. ……"

임종 때의 마지막 유언은 "정부! 정부!"였다고 예관의 사위 석린 민필호는 전하고 있다.[22]

만약 신규식의 자살 원인이 태평양회의와 차관 교섭 실패가 옳다면, 그 누구보다 책임을 져야 할 사람은 이승만일 것이다. 그러나 이승만은 신규식의 죽음에 어떠한 입장 표명을 한 바 없다. 그는 우리 민족에게 공보단 훨씬 큰 과오를 제공하며, 90세까지 천수 이상의 삶을 누렸다. 안타까운 가정은, 신규식이 끝까지 범재 김규흥과 독립투쟁 노선을 함께 했더라면 하는 부질없는 상상을 다시 해 본다.

5) 이승만과 위임통치론

1919년 9월 11일, 의정원 의장 명의로 이승만의 임시대통령 당선을 공포하고, 같은 날 대한민국 임시정부 대통령의 명의로 국무총리 이동휘 이하 한성정부 조직에 의하는 새 국무원을 임명 발표함으로써 임시정부는 정식으로 출범하였다.

그러나 그 앞길은 순탄치 않았다. 독립운동의 노선이 나뉘고, 잠재해 있던 지역 갈등이 독립운동 진영 안에서도 분열요소로 등장하면서 임시정부 내부에서도 전략적 대립이 표면화되기 시작했다. 준비론과 외교론, 그리고 무력투쟁론이 그것이다. 또한 각 지역별 독립운동세력과의 연대와 군자금 모집을 위해 구상했던 연통제마저도 큰 효과를 보지 못하고 일제의 탄압으로 실패로 돌아가고 말았다.

무엇보다 임시정부의 주된 노선이었던 외교활동도 별다른 성과를 거두지 못하고 있었다. 파리강화회의와 태평양회의의 참담한 결과가 대표적 예이다. 출범 초, 임시정부는 국가의 3요소인 주권, 영토, 주민 중 어느 것도 갖지 못했지만 독립운동의 상징이었다. 임시정부가 위치해 있던 상하이의 프랑스 조계라는 조건은 동양 최대의 국제도시로 외교활동에 유리하며, 일본 영사경찰의 영향이 미치지 못한다는 점에서 외교활동에는 적격이었다. 그러나 그 지역의 한인교포의 수가 매우 적고, 한국 본토와 거리가 멀며, 또한 독립군 활동기지와도 격리되어 있다는 점은 임시정부가 대표해야 할 '자국민'과의 거리를 두게 되는 선택이었다.

더구나 1921년 사회주의자 및 아나키즘 계열 인사들이 철수하면서 임시정부는 민족통일전선적 성격을 잃고 이후 쇄락의 길을 걷게 되었다. 1923년, 독립운동자들을 소집한 국민대표대회에 임시정부 고수파가 불참한 상태에서 임시정부의 전면적 개편을 주장한 개조파와 새로운 조직을 주장한 창조파로 분열되고 그 이후 창조파가 임정으로부터 이탈하는 등 노선분화가 뚜렷해졌다. 이 과정에서 임시정부는 독립운동 진영의 총영도기관에서 임시정부 고수파만을 중심으로 한 하나의 독립운동 단체로 전락하게 되었다.

임시정부가 자기쇄신책으로 선택한 것은 1925년 이승만을 대통령직에서 탄핵, 축출한 것이었다. 한편, 이승만은 임정이 정식으로 출범한 시기에 미국에 있었으며, 그가 상해로 온 때는 통합임정 출범 1년 3개월 후인 1920년 12월 5일이었으며, 그나마 6개월 정도만 상해에 있었을 뿐 1921년 5월 16일 미국으로 돌아가 버렸다. 그는 1919년부터 1925년까지 약 6년 동안 대통령으로 재직했었지만, 실질적인 수반의 역할을 전혀 하지 못했다.

전 민족의 대동단결을 내세우며 의욕적으로 출범한 임시정부가 초창기부터 분열이 되고, 맡은 바 소임을 제대로 수행하지 못한 것은 아무래도 초대 임시대통령이었던 이승만의 책임이 가장 크다. 이승만이 신임을 얻지 못한 이유는 여러 가지 있겠지만 처음부터 끝까지 그를 괴롭힌 것은 위임통치론이란 족쇄였다. 그러면 이쯤에서 이승만이 윌슨에게 전했다는 청원서, 그 내용이 어떠한지 살펴보기로 하자.

請願書

1. 열강은 한국을 일본 학정하에서 구출하며,

2. 열강은 我國의 장래 완전 독립을 보증하며,

3. 我國을 아직 국제연맹 통치하에 둘 일,

1919년 2월 25일 워싱턴

미국 대통령 각하여 大韓人國民會 委員會는 이 청원서에 서명한 대표자로 하여금 下와 如한 공식의 청원서를 각하께 提呈하나이다.

노우스아메리카, 하와이, 멕시코, 淸國과 및 우루시아에 在留하는 한인들은 우리 2천만의 목소리를 대표하여 이하의 사실을 들어 각하께 呼籲하나이다.

일본은 日俄(러일)戰爭 後에 한일조약상 의무를 저버리고 한국에 보호정치를 施行하였나이다. 처음 日俄(러일)戰爭이 개시할 時에 한국이 일본을 협조하기 위하여 한일조약을 체결한 것은 공문상 기록에 載在하였나이다. 한국이 이 조약을 체결한 것은 일본이 한국 독립과 영토의 보호를 보증한 까닭이거늘 그 후 일본은 한국을 戰利品처럼 점령하였으니 이는 일본이 조약을 違反한 것이오 다. 대저 한국은 보호조약으로 합병조약까지 허락한 적이 없었나이다. 한국 인민과 황제뿐만 아니라 당시 집정대신들까지 절대적 거절하였나니 그런고로 일본이 한국을 점령한 것은 모두 병력으로 한 것뿐이올시다.

일본은 한국을 합병한 후 한인이 생각하기에 매우 暴虐한 정책을 썼나이다. 富源과 物産의 발전은 모두 日人을 위하였고 한인을 위한 것이 없으며 한인의 사업은 적은 것까지 방해하며 韓人 商民은 日人 商民처럼 영업하지 못하도록 일본정부로서 억지로 만들어 놓으며 일본 內地에 貧民 여러 千萬을 移民하여다가 한인의 것으로 먹고살게 하므로 경제상 곤란으로 말미암아 한인은 일인의 경제적 노예가 될 지경이올시다.

문명과 정신적 발전으로 말하면 일본이 한국을 다스린 정치는 한국에 大損害를 끼쳤나이다. 일본정부는 한국의 역사와 문학적 서적을 도서관과 민가에서 압수하여다가 燒火하였고 신문 잡지를 封禁하였으며 일본어를 官話로 만들 뿐만 아니라 학교 課程語로 쓰게 하며 소위 교육령은 학교에서 일본 神敎는 가르쳐도 耶蘇敎는 가르치지 못하게 하며 또는 역사 지리 方言을 가르치지 못하게 하며 이와 같이 가혹한 교육령에 정하기를 무릇 한국 학교는 반드시 日人 校長 관리하에 있게 하였고 한인 아동으로 하여금 일본 국기에 경례케 하며 日皇의 화상에 절을 시키며 일본 정부는 한국 학생의 구미유학을 엄금함이다. 한인의 공동 집회를 금지하며 심지어 종교적 집회에도 日人 헌병을 보내어 은밀히 정탐하며 강제로 협박함이다. 대저 일본정부의 관원들은 한국 耶蘇敎會를 여지없이 박멸

하나니 이는 1912년 교회 핍박 시에 韓人 耶蘇教 領袖와 교인 천여 명을 惡刑 拷問한 것을 보아도 可히 證據할 일이올시다.

이상에 말씀한 것은 다만 韓人들이 日人의 압박을 받는 참혹한 情形의 大略이올시다. 각하께서 세계 만민을 위하여 정의와 평등을 주창하는 줄 아나이다. 그런고로 우리 민족 자결과 정치적 독립을 원하는 한인들은 각하께 청원하나니 각하께서 平和會를 주재하여 모든 압제받은 국가 민족의 運命을 제정할 시에 각하의 지위를 이용하여 우리로 하여금 정의를 확립하도록 힘써 주시기를 바라나이다.

우리는 자유를 사랑하는 2천만의 이름으로 각하께 청원하나니 각하는 평화회에서 우리의 자유를 주창하여 평화회에 모인 열강으로 하여금 먼저 한국을 일본의 학정하에서 벗어나게 하시면 장래 완전 독립을 보증하시면 아직은 한국을 國際聯盟 통치하에 두게 하시옵소서. 이렇게 할 지경이면 大韓半島는 萬國의 通商地가 될지라. 이렇게 하여 한국을 遠東의 緩衝機를 만들어 놓으면 어느 一國이든지 東亞 大陸에서 침략정책을 쓰지 못할 것이오, 동양 평화를 영원히 보전할 것이올시다.

公式으로 세계대전에 참여치 못한 나라를 위하여 이와 같이 하여 주는 것이 어려운 줄을 우리도 짐작하지 못하는 바가 아니올시다. 그러나 우리나라 사람들도 전쟁 시에 수천 명이 우루시아 義勇兵으로 연합군을 위하여 設軍 出戰하였고 또는 미국에 在留한 韓人들도 자기들의 정성과 역량을 다하여 共和의 원리를 위하여 인력과 재력을 바쳤나이다. 그리고 한국에 있는 미국의 종교와 상업상 관계로 말하여도 미국에서 한국 정형을 等閒이 볼 수 없나이다. 우리 한국 인민들은 미국에서 한국을 돕기로 한 한미조약을 잊어

버린 적이 없고 또 한인들은 미국의 同情을 잃어버릴 일을 무슨 일이든지 행한 것이 도무지 없나이다.

미국은 이와 같이 民族自決主義를 가진 韓人을 도울 의무가 있는 밖에 또 한 가지 생각할 것은 미국은 자기의 권리와 이익을 위하여서도 일본이 원동에서 침략하는 것을 等閒이 보지 못할 것이며 또는 자유를 사랑하는 2천만 韓人으로 하여금 이 시대에 다른 나라의 束縛을 받게 되면 이로써 世界上 民主政策主義가 완전히 발전되지 못할 것이올시다.

각하의 영원 평화를 창조하시는 근본 大旨가 모든 발달된 爲國的 갈망에 큰 만족을 줌이라 하였으니 이 大旨는 평화회에서 모든 일을 규정하는 데 模範이 될 것이라. 이 大旨 속에 韓人이 위국적 갈망을 포함한 것은 묻지 않아도 가히 알 것이라. 우리는 간절히 바라나니 각하께서 잘 幹旋하여 한국 인민으로 하여금 천부의 자유를 찾게 하시며 한국 인민으로 하여금 자기가 원하는 정부를 자기들이 건설하고 그 政府下에서 살게 하시기를 바라나이다.

大韓人國民會中央總會 臨時委員會

代表員 李承晚(이승만)

鄭翰景(정한경)

문제의 청원서 전문이다. 이 문서가 알려진 후, 각 독립지사들의 반응은 일단 생략하고 대표적인 성토문 두 가지를 소개하겠다.

聲討文

紀元 四千二百五十四年(1921) 五月 日

北京留學生會

우리 北京留學生會는 眞正한 愛國의 熱誠과 完全한 獨立의 精神에 基하여 우리 二千萬 兄弟姉妹의 앞에 對美委任統治請願을 提出한 李承晚(이승만), 鄭漢卿(정한경) 等 賣國賣族의 그 罪惡을 聲討하노라.

四千二百五十二年(1919년) 三月 一日에 國內 國外를 勿論하고 우리 半萬年 歷史의 權威를 枚하며 二千萬 民衆의 熱誠을 合하여 倭奴의 羈絆을 脫하고 固有의 國權을 復하려고 獨立을 宣布하며 百折不屈의 精神으로 勇往邁進할 그때에 李(이승만), 鄭(정한경) 等이 在美國民會의 代表가 되어 巴里平和會義에 朝鮮獨立問題를 提出하기 위하여 發程하여 가다가 中路에 滯留하면서 儼然히 二千萬 民族의 代表를 冒稱하고 美國의 植民地되기를 願한다는 請願書를 美政府에 提出하였도다. 우리 同胞는 一片丹心으로 자나 깨나 十年 동안에 敵의 毒한 銃, 利한 劍, 惡한 刑을 무릅쓰고 生命, 財産, 能力을 모두 貢獻하야 血戰苦鬪하여 온 것은 오직 獨立을 위한 따름이라. 賣國賊 李完用(이완용)을 狙擊한 李(이재명) 烈士의 검과 自治運動奴 閔元植(민원식)을 快殺한 梁(양근환) 義士의 칼이 우리 獨立의 眞正한 本意를 表顯함이 아닌가. 어찌 夢寐의 間이라도 自治는 委任統治를 뜻하였으리오. 망령되게 彼賊 等이 大逆不道의 行動으로 內로는 蕭墻의 禍를 起케 하고 外로는 外國의 侮笑를 受하였으며 그 後 조금도 후회함이 없이 스스로 禍心이 勃發하야 奸輩雜類를 糾合하고 陰謀巢窟을 作하야 逆賊의 道를 實行코져 하니 어찌 우리 二千萬 同胞로 하여금 痛恨切齒할 바 아닌가. 彼賊도 同是國民이요 他族異種이 아니거든 어찌하야 獨立을 싫다 하고 委任統治를 바라며 自由를 마다하고 奴隷 됨을 좋아하는가? 或 美國의 奴隷 됨이 倭敵의 奴隷 됨보다 榮光으로 生覺하야 그리하는가? 우리의 徹底한 精神과 確固한 意志로 다물 事業에 나아가는 前途에 到底히 彼賊을 討誅치 않을 수 없으며 在美國民會 中央總會長 安昌浩(안창호)는 該會에 主幹이 되었으니 李(이완용) 賊 等이 賣國賣族의 事實을 必然明知하리라. 만일 獨立精神의 眞意가 있었으면 當場에 餘地 없이 聲明討責하야 그 망령된 行爲를 阻止케 함이 可하겠거늘 如何한 逆心으로 只今까지도 아무 소리 없이 悍然掩蔽의 態度를 가지니 이 어찌 同意贊成이 아닌가? 그 罪狀도 또한 容赦할 수 없으며 所謂 上海政府와 議政院은 彼賊 等의 罪惡을 煥然明知하고도 討誅치 아니하며 그 請願을 取消시키지도 아니하고 도리어 推戴하며 擁護하니 이 어찌 李完用(이완용)을 忠臣이라 하며 閔元植(민원식)을 愛國者라 함과 무엇이 다르리오. 그런즉 이는 곳 우리의 獨立의 精神을 眩惑케 하고 自由의 前途를 障害케 하야 美國의 奴隷되기를 請願하는 賊을 우리 留學生들은 비록 學生의 身分이나 亂逆悖道의 賊 等이 國家의 禍孽을 作함을 볼 때에 끓어오르는 祖國의 血誠을 抑制치 못할 뿐 아니라 民族의 一分子인 責任으로 右의 聲討文을 發하야 同胞의 迷惑을 打破하야 獨立의 精神을 鞏固케 하며 國民의 眞意를 表顯하야 將來의 禍根을 斬除케 하노니 愛國諸君子는 此에 同聲共討하기를 바라노라.

聲討文

姜卿文(강경문), 高光寅(고광인), 奇雲(기운), 金周炳(김주병), 金

世峻(김세준), 金在禧(김재희), 金元鳳(김원봉), 金高淑(김경숙), 金孟汝(김맹여), 金大浩(김대호), 金甲(김갑), 金世相(김세상), 金炳植(김병식), 金譯(김역), 金高根(김고근), 金子言(김자언), 南公善(남공선), 都經(도경), 李大根(이대근), 李聲波(이성파), 李克魯(이극로), 李康埈(이강준), 李一春(이일춘), 李起一(이기일), 林大柱(임대주), 朴健秉(박건병), 朴容班(박용반), 朴基重(박기중), 方漢泰(방한태), 裴達武(배달무), 裴煥(배환), 徐白羊(서백양), 徐日甫(서일보), 孫學海(손학해), 宋虎(송호), 申采浩(신채호), 申達模(신달모), 安如馨(안여성), 吳基燦(오기찬), 吳成崙(오성륜), 尹大濟(윤대제), 張元城(장원성), 張建相(장건상), 全鴻陸(전홍승), 鄭寅敎(정인교), 趙俊(조준), 趙鎭元(조진원), 趙鼎(조정), 朱●(주●), 崔用德(최용덕), 崔默(최묵), 崔允明(최윤명), 河鶴(하학), 韓興(한흥)

紀元 四千二百五十四年 四月 十九日

我二千萬 兄弟姉妹에게 向하여 李承晚(이승만), 鄭漢卿(정한경) 等 對美委任統治請願 및 賣國賣族의 請願을 提出한 事實을 擧하여 그 罪를 聲討하노라.

李等의 該請願提出은 四千二百五十二年 三月頃 我國 獨立運動 勃發의 同時라. 世界의 大戰이 終結되자 平和會議가 開設되며 알아서 民族自決의 聲浪이 높았도다. 이에 各 民族의 自由대로 (一) 固有의 獨立을 잃은 民族은 다시 그 獨立을 恢復하며, (二) 甲國의 所有로 乙國에 빼앗기었던 土地는 다시 甲國으로 돌리며, (三) 兩強國間 彼此 爭奪되는 地方은 그 地方居民의 意思에 依하여 統治의 主權을 自擇하게 하며, (四) 오직 德奧土(독일・오스트리아)의 各 殖民地는

그 主國이 亂首된 責罰로 이를 沒收하여 協約國에 委任統治한 채 되었도다. 以上 一二三項 民族自決問題에 依하여 歐洲內(유럽내) 數十個 新獨立運動과 新變更된 幾個地方이 있는 以外에 實行되지 못한 곳이 더 많거니와 當初에는 各 强國으로 다 그와 같이 떠들었으며 許多亡國民族들은 이와 같이 되기를 빌었도다.

五千年 獨立의 古國으로 無理한 蠻國의 並香을 받아 十年血戰을 繼續하여 온 우리 朝鮮도 이 思潮에 應하여 더욱 奮發함에 內地는 勿論이오 朝鮮人도 獨立을 부르며 俄領(러시아령)의 朝鮮人도 獨立을 부르며 美領의 朝鮮人도 獨立을 부르며 日本 東京의 朝鮮留學生도 獨立을 부르매 더욱 美領의 同胞들은 國民會의 主動으로 各廢響應하여 勞動所得의 血汗錢을 거두어 平和會義에 朝鮮獨立問題를 提出하기 爲하여 代表를 뽑아 巴黎에 보낼 때 李와 鄭 等이 그 뽑힌 바 되어 發程하다가 旅行券의 難得으로 中路에서 滯留할 새 彼等이 合併 十年 人의 殖民地인 痛恨을 잊었던가. 獨立을 爲하여 釖에 銃에 惡刑에 죽은 先忠先烈이 계심을 몰랐던가. 朝鮮을 自來 獨立國이 아닌 줄로 생각하였던가. ●然히 委任統治請願書 곧 朝鮮이 美國殖民地 되여지이다 하는 要求를 美國政府에 提出하여 賣國賣族의 行爲를 敢行하였도다.

獨立이란 글에서 一步를 물러서면 合併賊●의 李完用(이완용)이 되거나 政合併論者의 宋秉畯(송병준)이 되거나 自治運動者의 閔元植(민원식)이 되어 禍國의 妖擊이 並作하리니 獨立의 大防을 爲하여 李, 鄭 等을 誅討치 아니할 수 없으며 信●者의 眼中에는 朝鮮이 이미 滅亡하였다 할지라도 朝鮮人의 心中에는 永遠獨立의 朝鮮이 있어 日本뿐 아니라 곧 世界何國을 勿論하고 우리 朝

鮮에 向하여 無禮를 加하거든 劍으로나 銃으로나 아니면 赤手空
拳으로라도 血戰함이 朝鮮民族의 精神이니 만일 이 精神이 없이
親日者는 日本에 親美者는 美國에 親英者는 英國이나 俄國(러시
아)에 奴隸 됨을 願한다 하면 朝鮮民族은 生生世世 奴隸의 一道
에 輪廻되리니 獨立의 精神을 爲하여 李, 鄭 等을 誅討아니 할
수 없으며 우리 前途는 全國 二千萬의 要求가 「獨立」이란 血과
淚의 叫呼로 內론 同胞의 誠力을 團合하며 外론 列國의 同情을
博得함에 在하거늘 어찌 委任統治의 邪論을 容許하면 岐路를 없
이 同胞를 迷惑케 할 뿐 아니라 또 滑稽矛盾으로서 外國人에게
보이어 朝鮮民族의 眞意가 어디 있는가를 懷疑케 함이니 獨立運
動의 前途를 爲하여 李, 鄭 等을 誅討 아니 할 수 없도다.

委任統治請願에 對하여 在美國民會中央總會長 安昌浩(안창호)
는 同意든지 默認이든지 該會의 主幹者로서 李, 鄭 等을 代表로
보내어 該請願을 올리었으니 그 罪責도 또한 容恕할 수 없으며
上海議政院이 所謂 臨時政府를 組織할 때에 벌써 傳播● 委任統
治請願云云의 說을 李 等과 私憾 있는 者의 做出이라 하여 徹底
히 査核하지 않고 李承晩(이승만)을 國務總理로 推定함도 千萬의
輕擧이니와 第二次 所謂 閣員을 改造할 때에는 ●하게 該請願의
提出이 事實 됨을 알았는데 마침내 李承晩(이승만)을 大統領으로
選擧한 罪는 더 重大하며 特派大使 金奎植(김규식)이 歐洲(유럽)
로부터 돌아와 「朝鮮사람이 獨立運動을 하면서 어찌하여 委任統
治請願者 李承晩(이승만)을 大統領에 任하였느냐」 하는 各國人士
의 反問에 아무 回答할 말이 없었다. 하여 萬邦에 謄笑된 實狀을
傳하거늘 그래도 李는 ●●하겠다 하여 그 犯罪이 彈劾은 없으며

그 請願의 取消시킬 意思도 없이 오직 辯護의 策劃 안에 熱中하는 議政員이나 閣員이란 某某들의 그 心理를 알지 못하겠도다.

或曰 李承晩(이승만)의 委任統治請願은 自治運動의 閔元植(민원식)과 같이 徹底의 主張이 아니요, 다만 一時의 迷誤인 故로 李도 至今에는 이 일을 ●●● 自●함이 아니니 구태여 追罪할 것이 없다 하나 그럴진대 彼 等이 卽時 美國政府에 向하여 그 請願의 取消를 聲明하고 國人에게 向하여 妄作의 罪를 謝하여서 萬分의 一이라도 自贖의 道를 求함이 可하거늘 이에 十手의 指點을 不顧하고 儼然히 上海에 來하여 所謂 大統領의 名義로 오히려 輿論을 籠絡하려 하니 이는 禍心을 包藏한 逆賊이 아니면 苟●庸碌의 鄙夫를 假借하여 國民의 名譽를 汚辱하면 또한 可痛하지 아니한가.

當初에는 該請願의 提出與否 接受與否가 모두 模●暗昧의 中에 있으므로 本人 等도 疑慮만 抱할 뿐이요, 進하여 誅討의 擧를 仰치 못하였더니 오늘 와서는 事實의 全部가 暴露되어 우리 國民이 다시는 容忍하지 못하겠도다. 玆에 第(一) 李 等의 罪狀을 宣布하여 後來者를 爲하여 警懲이 義●昭垂하며, 第(二) 美國政府에 向하여 二千萬을 代表하도다 云하는 李承晩(이승만), 鄭漢卿(정한경) 等이 誣白이니 該請願은 곳 李承晩(이승만), 鄭漢卿(정한경) 等 一, 二個人의 自作이요, 우리 國民의 與知한 바 아니라 하여 그 請願의 無效함을 聲明하기로 決議하고 有의 聲明文을 發하여 遠近의 同聲으로 前途의 共濟를 바라노라.

이해가 되지 않는 것은, 임시정부의 존립 자체를 흔들고 있는 이러한 대사건에 대하여 정작 당사자인 이승만은 적극적인 해명도 하지 않았으며 1925년 3월 탄핵될 때까지 형식적으로나마 책임을 지겠다는 즉 대통령직을 사임하겠다는 의사 표명도 하지 않았다. 또 하나는 이러한 이승만을 추종하는 이들이 예상외로 많았다는 점이다.

<上海 在住 韓人 獨立運動者의 近況에 관해 一九二一年 十月 十四日字로 朝鮮 總督府 警務局長이 外務省 亞細亞(아시아) 局長에 通報한 要旨>란 일제 비밀문서를 보면, 당시 독립지사들에 대하여 그들이 어떠한 시각을 갖고 있는지 참고가 되는 글이 있다. 일제가 분류한 유형별 독립지사는 아래와 같다.

(一) 日本에 依해 獨立해야 한다고 하는 者
(二) 美國에 의해 獨立해야 한다고 하는 者
(三) 美日戰爭의 機會를 타야 한다고 하는 者
(四) 過激派와 提携해야 한다고 하는 者
(五) 委任 統治를 主張하는 者
(六) 獨立은 到底히 不能하다고 하는 者
(七) 職業的 排日 韓人
(八) 獨立 問題는 그 念頭에도 없는 者

우리가 알고 있는 독립지사들이 어떤 유형에 속하는지 검토해 보는 것도 상당히 의미 있는 작업이라고 생각된다. 지금 이 글에선 독립지사들을 일제가 어떻게 분류했는지 구체적으로 밝히지는 않겠다. 단 위임통치 부문만 아래에 인용한다.

"李承晩(이승만), 鄭翰景(정한경), 徐載弼(서재필) 等이 일찍이 主張한 바로서 今日 上海에서는 公然 이를 唱道하는 者는 없어도 安昌浩

(안창호) 같은 이도 美國의 委任統治가 가장 安全하다고 믿는 한 사람이라고 한다."

　당시 독립지사들이 일제가 분류한 유형만 있었다면, 너무 허무하다. 물론 가장 바람직한 것은 우리 자신의 힘으로 독립하는 것일 터이다. 그러나 조선인만의 능력과 노력으로 독립을 성취하는 것은 거의 불가능한 것이 현실이기도 했다. 그렇다면 결론은 자명하다. 누군가와 힘을 합치거나 빌려야만 했다는 뜻이다. 그렇다고 이승만의 주장처럼 일본 대신에 미국 혹은 다른 나라의 식민지가 된다는 것은, 자존심 이전에 민족 자체의 생존을 위협하는 발상임에 틀림없다. 이 점 범재 김규흥의 독립운동 방략은 다시 생각해도, 현실을 감안한 최선의 선택이 아니었나 싶다. 도산 안창호와의 회담 시 범재가 제안한 방략을 한 번 더 소개한다.

　　○ 레닌 정부에 요구하여 시베리아의 어느 지역을 조차해서 거기
　　　 에다 우리의 군영을 조직하고 약 6개 사단 규모의 군대를 양
　　　 성하는 것을 목적으로 하고,

　　○ 장래 중국군과 합동하여 우선적으로 북경 정부를 수복하고,

　　○ 연후에 그 세력을 극대화하여 한국의 독립을 완성케 하기로 하였다.

　　○ 장래 한국이 독립하더라도 병권의 실력이 없으면 국가를 유
　　　 지할 수 없을 터이니 이런 차원에서라도 병권을 외부에 의존
　　　 하는 것보다는 스스로 군대를 양성함이 옳을 것이다.

　무장병력의 필요성은 누구나 인정하고 있다. 그리고 주변 국가들과의 협력도 당연히 필요하다. 그런데 여기서 필히 짚고 넘어야 할 점이 있다. 세상에 공짜는 없다는 것이다. 중국과 러시아의 협조를 기대한다면, 그들에게도 무언가의 대가를 지불해야만 한다는 뜻이다.

당시 손문의 광동 정부는 위기와 기회를 동시에 갖고 있었다. 이때 범재의 제안대로 우리 독립군이 북경 군벌 정권을 전복시키는데 협력을 하고, 그것을 기반으로 일본과의 독립투쟁에 전념했더라면, 한국 그리고 중국의 역사는 어떻게 바뀌어졌을까? 그렇다. 당시 임시정부는 위임통치 운운의 소모적 정쟁을 할 시기가 아니었다. 범재 김규흥이 제안했던 독립운동 방략을 진지하게 논의할 때였다.

좌로부터 자중 김진영(범재의 조카), 몽양 여운형, 범재 김규흥, 진형명, 포타프

지금까지 임시정부의 분열상황과 범재 김규흥의 독립투쟁노선을 검토해 보았다. 여기서 빠진 것은 범재 김규흥이 왜 무력투쟁론자로 변신하게 되었는가에 대한 설명인데, 그 이유를 지금부터 알아보기로 하겠다.

6) 제암리 사건과 일제의 만행

　<제1장 제2의 동제사, 북경흥화실업은행 창립>에서 인용한 사진에 등장했던 인물들을 다시 기억해 보자. 김창숙, 이회영, 신채호, 박용만, 김구……. 이들은 모두 항일무력투쟁론자들로 알려져 있다. 그러면 이들은 독립운동 초창기부터 무력투쟁을 주장했을까?

　사실 이들 대부분은 신민회 출신이었으며, 학교와 무관학교를 설립하고, 신문과 잡지를 발행하는 등 오히려 준비론자에 가까운 방략으로 투쟁을 했다. 파리강화회의에 커다란 기대를 품었던 외교론자이기도 했다. 물론 범재 김규흥도 마찬가지이다.

　그러나 파리강화회의는 피압박민족의 외침이 철저하게 묵살되고, 영국, 프랑스, 미국 등 전승국의 이해가 보장되는 방향에서 베르사유조약이 체결되고 끝났다. 전승국 일본의 식민지였던 한국도 당연히 예외가 될 수 없었다.

　파리강화회의 참담한 결과는 외교론 혹은 준비론에 대한 기대가 모두 환상에 지나지 않았다는 것을 깨달은 계기가 되었다. 평화적 독립운동을 하던 이들이 외부의 자극에 의해 테러리스트란 악명을 감수하는 무력투쟁론자로 변신하게 되었다는 뜻이다. 평화주의자가 극렬무장투쟁론자로 전향하게끔 동인을 제공한 일제의 만행을 제암리 사건을 중심으로 살펴보자. 그동안 논란이 많았던 일제의 제암리 사건 왜곡에 대하여 마침표를 찍을 수 있는 문건이 발견되었다고 한다. 다음은 이 사실을 보도한 동아일보의 기사이다.

　"…… 일본 아사히신문은 3·1운동 당시 조선군사령관이던 우쓰노미야 다로(宇都宮太郎, 1861~1922) 대장이 남긴 15년 분의 일기가 발견됐다고 28일 보도했다. …… 1919년 4월 15일 '제암리 사건'이 일어나자 우쓰노미야 대장은 '서울 남방에서 일본군이 약 30명을 교회에 몰아넣고 학살, 방화'했다고 썼다. 그러나 일본군은 사건을 발표하면서 학살 방화 사실을 부인했다.

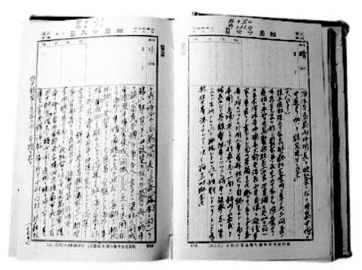

우쓰노미야 다로 조선군사령관이 제암리 사건을 기록한 **4월 18일자** 일기

그 이유는 4월 18일자 일기에 나온다. '(사실대로 처리하면) 제국의 입장에 심히 불이익이 되므로' 간부회의에서 '저항했기 때문에 살육한 것으로 하고 학살 방화 등은 인정하지 않기로 결정하고 밤 12시에 산회했다.'는 것.

이튿날 일기에는 '사건에 관여한 중위를 진압 방법과 수단이 적정치 않았다는 점에서 30일간 중(重)근신에 처하기로 결심했다.'고

적었다. …… 그러나 소요가 갈수록 확산되자 그는 '지금까지의 진압 수단으로는 도저히 대처할 수 없다.'고 판단하고 3월 11일 하세가와 요세미치(長谷川好道) 조선총독에게서 군 동원을 허가받아 진압을 시작했다. ……"23)

제암리 사건은 일제의 대표적 만행의 하나이자 왜곡사건으로 인식되고 있지만, 한편으론 한국 정부와 일부 사가, 종교계의 특수목적으로 인해 한 번 더 왜곡된 대표적 사례이기도 하다. 일제강점기하 우리의 독립운동사가 어떻게 축소, 과장, 조작되었는지 제암리 사건을 예로 삼아 고찰해 보는 것은, 역사의 외면 속에 제대로 평가조차 못 받고 있는 범재 김규흥을 발굴하고자 하는 이 책의 주제와도 관련이 있을 듯싶다.

제암리 사건의 희생자 숫자는 해방 후 1959년 정부에서 건립한 순국기념비에 의하면 23명으로 기록하고 있으며 이것이 통설로 자리 잡고 있다. 그러나 사건 당시 희생자의 숫자는 기록마다 다양하게 나타나고 있는데 이를 살펴보면 다음과 같다.

① 일본인들은 이런 방법으로 12명 정도의 기독교인과 25명 정도의 한국종교인(천도교인 25명)을 불러 모았다. 「미국국회의사록(발췌)」, 『독립운동사자료집』 4, 독립운동사편찬위원회, 1972, 309면.

불타 버린 제암리 교회

② 살해당한 기독교인 수는 12명인데 그들의 이름은 입수되었고, 그들에 더하여 여자가 있었는데 그들은 살해당한 남편들에게 무슨 일이 일어났는지 알아보기 위해 왔다. 한 여인은 40세가 넘었고 다른 한 여인은 10세였다. 이들 시체들은 교회 밖에서 볼 수 있었다. 「미국국회의사록(발췌)」, 『독립운동사자료집』 4, 독립운동사편찬위원회, 1972, 310면.

③ 언더우드: 교회 안에서 죽은 사람은 몇 명이나 되는가? 한국인: 약 30명 「한국의 정세(1)」, 『독립운동사자료집』 4, 독립운동사편찬위원회, 1972, 406면.

④ 그가 설명한 사건 전말도 다른 사람들의 이야기와 모든 면에서 부합했다. 그도 역시 몇 명이 피살되었는지 몰랐으나 약

30명 정도로 보았다. 「한국의 정세(1)」, 『독립운동사자료집』 4, 독립운동사편찬위원회, 1972, 407면.

⑤ 이 사건은 헌병과 군인이 이 마을에 들어가 명령을 내릴 것이 있다고 하면서 마을 남자들을 교회에 모이게 하여 저지른 것이다. 교회에 모인 사람들은 50여 명 정도가 되었다. 「한국의 정세(1)」, 『독립운동사자료집』 4, 독립운동사편찬위원회, 1972, 409면.

⑥ 명령대로 교회에 모인 인원은 30여 명이었다고 하는데 병정들은 모인 사람들에게 사격을 가한 후 교회에 들어가 아직 죽지 않은 자들을 군도와 총검으로 모두 해치웠다는 것이다. 「한국의 정세(1)」, 『독립운동사자료집』 4, 독립운동사편찬위원회, 1972, 413면.

⑦ 마을에서 약간 떨어진 집 안에 있던 여인들에게 조심스럽게 물어본 결과, 살해된 기독교인은 12명이라 하며, …… 교회 안에서 살해된 나머지 남자들은 천도교인이며 25명이었다고 한다. 「한국의 정세(1)」, 『독립운동사자료집』 4, 독립운동사편찬위원회, 1972, 415면.

⑧ 약 30명이 교회 안으로 들어섰을 때 병사들이 소총으로 그들에게 사격을 개시했다. 「한국의 진상(2)」, 『독립운동사자료집』 4, 독립운동사편찬위원회, 1972, 625면.

⑨ 모든 기독교 신도와 천도교 교인들은 모두 교회에 집합하라고 알렸다. 29명의 남자들이 교회에 가서 안에 들어앉아 무슨 일이 있을 것인가 하고 웅성거리고 있었다. 「한국의 사정」, 『독립운동사자료집』 6, 독립운동사편찬위원회, 1973, 301면.

⑩ 30餘 名의 敎人이 敎堂에 會集하여 何事가 有한가 疑惑하는
  中 …… 堂內에서 死한 者 二十二人이요 庭內에서 死한 者
  六人이라. 金秉祚, 『한국독립운동사략』, 宣民社(상해), 1920,
  김형석, 『一齋 金秉祚의 民族運動』 附 韓國獨立運動史(上),
  남강문화재단출판부, 1993, 274면.

⑪ 예수교도 및 천도교도 있음에 알고 4월 15일 부하 11명을 인
  솔 순사, 순사보와 함께 동지에 이르자 예수교 회당에 집합한
  교도들의 반항을 받자 사격으로 대항 사자 20명, 부상자 1명을
  내고 ……. 「조선3·1독립소요사건」, 『독립운동사자료집』 6,
  독립운동사편찬위원회, 1973, 930면.

⑫ 군대 협력으로 진압하고 폭민의 사망 32명, 부상자 약간 명. 金正明,
  『朝鮮獨立運動Ⅰ-民族主義運動篇』, 原書房, 소화 42년, 606면.

⑬ 사상자 20명 확실, 부상자 1명은 도주 행위불명. 金正明, 『朝鮮
  獨立運動Ⅰ-民族主義運動篇』, 原書房, 소화 42년, 631면.

⑭ 야소교회당에 교도 30여 명 집합, 불온한 상태로 해산명령에
  불응하며 폭거로 나오려고 하자 발포, 死者 約 20명, 負傷者 1,
  2명. 金正明, 『朝鮮獨立運動Ⅰ-民族主義運動篇』, 原書房,
  소화 42년, 627면.

⑮ 천도교도와 야소교도 25여명이 야소교회당에 집합, 전부 사살.
  『不逞團關係雜件 朝鮮人의 部 在內地』, 일본외무성, 1919(국
  사편찬위원회).24)

제암리 사건에서 유의해 보아야 할 것은 사망자 개인의 종교와
숫자이다. 인용한 자료 중 ①~⑨까지는 선교사를 비롯한 외국인
이 보도한 것이며, ⑪~⑮는 일본 측 자료이다. 그리고 ⑪은 당시

임시정부의 요인이었던 김병조 목사가 기록한 것이다.

일본의 기록물이 20명에서 30여 명 정도인 반면 다른 자료에는 29명에서 50여 명까지로 희생자 수를 표시하고 있다. 어떤 자료가 진실인지 현재로는 알 수 없다. 그러나 일본 측의 자료가 대체로 숫자를 축소하려는 경향을 보이고 있고, 외국인들은 조금 과장된 숫자로 보도한 느낌이 든다.

1959년에 작성된 정부의 기록에 의해 이름이 확인된 희생자는 기독교인 12명 천도교인 11명 등 23명이다. 그러나 이 통계도 믿을 수 있는 자료가 아니다. 왜냐면 인용 자료마다 희생자의 명단이 다르기 때문이다. 성주현은 상기 인용한 논문에서 희생자 수를 37명으로 논거하며 34명의 명단과 종교성향을 다음과 같이 말했다.

▲ 천도교인 - 安鍾煥, 金基勳, 金基榮, 安慶淳, 洪淳鎭, 安鍾麟, 安應淳, 金基世, 安興淳, 安相容, 安政玉, 安鍾亨, 安鍾燁, 安子淳, 安好淳, 안종락, 김덕용, 김학교, 조경칠, 안종진, 안명순, 안무순, 안관순(이상 23명)

▲ 기독교인 - 安鍾厚 安珍淳 安鳳淳 安泰淳 安有淳 姜泰成 金正憲 洪元植 安弼淳, 金氏(姜泰成氏婦人) 金氏(洪元植氏婦人)(이상 11명)

참고로 이번에 발견된 조선군사령관 우쓰노미야 다로(宇都宮太郎)의 일기에 기록된 당시의 상황은 다음과 같다.

"1919년 4월 18일 금, 맑음,

…… 밤에 총독을 방문하여 마침 오시마 부관의 복명에 의하여 15일 수원군 발안장 부근 제암리에서의 아리타 중위의 진압에 관한 진상을 듣고, 돌아와 군으로부터 파견한 야마모토 참모의 상세

한 보고를 접했다. 즉 중위는 같은 촌(제암리)의 예수교도, 천도교도 30여 명을 예수교회당 안에 모아 두세 문답 끝에 그 32명을 죽이고 동 교회 및 민가 20여 호를 소각시킨 진상을 알았다. 고지마 경무총장(순사, 순사보도 참가했기 때문에)도 와서 모여, 조호지 사단장, 야마모토 참모와 의논하여, 사실을 사실로 처분하면 아주 간단하겠지만, 그러면 아무렇지도 않게 독필을 휘두르고 있는 외국인들에게 학살방화를 스스로 인정하는 것이 되고, 제국의 입장은 심히 불이익이 되며, 한편으로는 조선 안에 폭민을 증가 조장시키고 또 진압에 종사하고 있는 장졸에게 의혹의 생각을 갖게 하는 불리함이 있으므로 '저항하므로 죽였다'는 것으로 하여 학살, 방화 등은 인정하지 않기로 결정하고 밤 12시에 산회하였다."

만세시위에 대한 일제의 보복 사례 중 가장 많이 알려졌고 일제 만행의 대표적 사례인 제암리 사건의 실상이 이러하다. 우리는 무엇을 믿어야 할까? 독립운동에 대한 정부의 무책임, 무성의는 일부 종교단체의 선교전략으로 이용되는 계기를 마련해 주기도 한다. 한국기독교백년사 중 3 · 1운동과 교회의 주동역할 편에는 제암리 사건을 다음과 같이 서술하고 있다.

"…… 3 · 1운동이 한창 막바지에 이르렀던 4월 15일 낮 12시경, 수원 부근의 제암리로 일본 헌병의 일대가 달려들었다. 그들은 총을 휘두르며 약 30명의 기독교인을 모두 교회당 안으로 모아들였다. 교인들이 다 들어간 다음, 헌병들은 문을 잠그고 교회당에 불을 질렀다. 견디다 못하여 창문을 부수고 나오는 교인들에게 총을 겨누어 쏘아 죽였다. ……"

이 글에 의하면, 제암리 사건 당시 희생자는 30여 명이며 장소는 교회, 그리고 그들의 종교는 모두 기독교가 된다. 즉 기독교계는 30여 명의 순교자를 배출하게 되었다는 뜻이다. 왜 이러한 일이 일어나게 되었을까? 물론 가장 큰 책임은 정부에 있다. 그러나 일반 시민 대중들도 면책될 수는 없다. 알다시피 일제강점기하 독립운동은 민족의 정기, 즉 민족혼과도 밀접한 관련이 있다.

1913년 범재 김규흥이 홍콩에서 발간한 향강 잡지에 실린 <민기>를 보면 아래의 글이 실려 있다.

"…… 내가 이전에 각지를 유람하면서 우리의 민기를 살펴본즉 진실로 한심하였다. 인간이랍시고 눈이 둘에 팔이 둘 달린 것이 희희낙락(喜喜樂樂) 왔다 갔다 하면서 옷 입는 것과 밥 먹는 것 말고 동족에 대해서는 관심이 없으며 서로 시기하고 미워하며 다투고 반목하는 것이 물과 불 사이 같았다. 자기 나라에서 저희끼리 그러한 것이 외국 사람을 대할 때면 위축하여 두려워하기를 호랑이 늑대를 만난 듯하고 국가의 치욕을 바라보기를 진(秦)나라가 수척한 것을 방관하는 모양이다. …… 대체로 우리민족이 약한 것은 그 체력이나 물력이 약한 것이 아니라 정신과 민기가 약한 것이거늘 그 원인이 어디에 있는가? ……"

양극화로 대변되는 물질만능주의하에 살고 있는 오늘의 우리 모습을 질타하고 있는 듯하지 않은가? 많은 세월이 흘렀다. 그러나 지금이라도 제암리 사건의 진실은 바르게 밝혀져야 하며 다른 독립운동도 마찬가지이다. 물론 일부 특정 단체가 왜곡, 과장했던 사례도 예외가 될 수 없다. 오늘을 살아가는 우리에게도 <민기>는 바르게 서야만 한다.

범재 김규흥을 비롯한 다른 독립지사들에게도 제암리 사건을 비롯한 '정수의 학살', '맹산의 학살', '강서의 학살', '조씨 일문의 참화', '밀양의 학살', '합천의 학살', '천안의 참혹한 죽음', '경성십자가의 참살', '의주 강계의 참살' 등 용서할 수 없는 일제의 보복, 만행소식이 전해졌음은 당연하다. 평화적 만세운동은 무수한 동포의 희생과 조작, 왜곡된 정보의 제공이란 결과로 귀납된 셈인데, 평화주의자 김규흥이 항일무력투쟁론자로 변신하게 된 결정적인 계기이기도 하다. 기미년 만세사건으로 인한 당시 동포의 희생 상황에 대하여 독립신문은 다음과 같이 보도했다.

"一九一九年 三月로부터 同年 八月末日까지의 半年間 統計는 公然히 證明된 者로만 殺害된 者가 七千八百人이오 傷害된 者가 四萬六千餘人이라 割引 잘하는 日本人은 一百六十餘處 暴動에 十三萬八千人 亂民中에 偶然히 死傷者가 七百五十人이라 報告히다. 水原堤岩里의 一村三十餘人을 基督教堂에 誘集하고 全部 燒殺한 事는 虐殺한 實例中의 一이며 …… 要歷一千九百二十一年 十一月 日 大韓民國臨時政府代表 署"[25]

조선총독부는 750명의 사상자를 발표하고 있고, 상해 임시정부는 일제의 보복행위로 인해 7,800명의 사망자와 46,000여 명의 상해자가 발생했다고 한다. 간격이 너무 커 무엇이 진실인가는 분명하지 않다. 그러나 한 가지 확실한 것은 엄청난 학살 만행이 일어났음에도 미국을 비롯한 열강 국제사회의 여론을 움직이지 못했다는 점이다.

○ 서울, 동경, 연해주, 중국 등에서 선언서를 발표했고,

○ 전 세계 한국인이 사는 곳은 어느 곳이나 대부분의 한국인들이 태극기를 손에 들고 시위운동을 했으며,

○ 파리강화회의에 파견된 우리의 대표가 진정서를 제출하여 의

제로 채택되도록 최선을 노력을 다했다.

이러한 모든 행위는 일제의 조선통치에 대해 미국을 비롯한 세계의 여론을 움직여 평화적 독립을 쟁취하고자 하는 동제사를 비롯한 각 독립운동단체의 독립운동 방략이자 민족의 염원이었다. 이제 나머지 선택은 무엇인가?

사실 무력항쟁 특히 암살과 테러는 많은 부작용을 낳게 마련이다. 박노자는 "정당한 폭력은 정당한가"란 논문에서 '이완용 테러를 막다가 죽은 인력거꾼 박원문과 윤봉길의 홍커우 의거에서 무고하게 죽은 일본인들'에 대하여 다음과 같이 언급한 바 있다.

"…… '무고한 희생자'의 문제와 함께 저항 방법으로서의 테러를 의심케 하는 부분은, 폭력이 일상화되면 저항 주체 사이의 권력 투쟁의 수단으로도 전락될 수 있다는 사실이다. 우리는 보통 독립운동의 역사를 '왜적과의 싸움의 역사'로 보지만 실제로는 독립투쟁에서도 내부적인 권력 쟁투 양상이 적지 않았으며 때로는 폭력적 형태를 취하기도 했다. 동류를 향한 폭력의 주체가 저명한 독립운동가라고 해서 과연 그 폭력이 무조건 선한 것이던가? ……"

박노자의 주장은 원론적으론 옳다. 이재명이 공판과정에서 '무지한 노동자'의 죽음에 대해 유감을 표명한 적이 없었다던가, 의열단의 다나카 기이치 남작에 대한 총탄과 폭탄 세례 중, 남편과 함께 세계일주를 하다가 아무 죄도 없이 고통스럽게 죽어 간 스니더 부인의 참사는 상하이의 외국 조계를 경악하게 해 한국 독립운동 전체에 대한 탄압 강화로 이어졌다는 지적, 그리고 우리 동포에 의한 김립과 박용만의 암살 사건 등을 독립운동단체의 권력암투로 인식한 것 등 암살과 테러에 대한 문제점을 지적한 박노자의 견해에 대하여 시비를 걸 생각은 없다. 그러나 그의 견해에 전적으로 동의하기는 어렵다. 암살, 테러와 항일무력투쟁에 대한 주제는 다음 글에서 다룰 내용이기도 하다.

그 이전에 1920년도에 간행된 독립운동지혈사에 묘사된 "왜적이 우리 양민을 학살한 대참화"란 글을 부분 인용하고 다음 차례로 넘어가기로 하겠다.

일제가 독립운동지사들을 처형하는 장면

"…… 그러나 이들은 모두 전쟁에 참여하여 전투를 하던 사람들이었다. 저 왜적들과 같이 서북간도의 양민 동포를 학살한 것은 역사상 일찍이 없었던 것이었다. …… 올해 10월에 훈춘 사건을 구실로 비적 소탕을 내세우고 3개 사단을 파견하여 훈춘을 점령하고 우리 민족을 박멸하였다. 이를 결행함에 있어서 소위 장교가 다수의 병사를 지휘하여 각처의 촌락으로 들어가 인가와 교회당, 학교 및 양곡 수만 석을 일제히 불태워 버렸다. 또한 남녀노소를 가리지 않고 총으로 쏴 죽이고, 칼로 찔러 죽이고, 몽둥이로 때려 죽이고, 묶어서 죽이고, 주먹과 발로 차 죽이고, 찢어 죽였다. 또한 생매장, 불로 죽이기, 솥에서 삶기, 해부, 코에 구멍 뚫기, 옆구리 뚫기, 배 가르기, 목 자르기, 눈알 빼기, 가죽 벗기기, 허리 자르기, 사지에 못 박기, 수족절단 등 인간으로서 차마 볼 수 없는 짓들을 저들은 오락을 즐기듯 했다. ……"26)

7) 의열단, 철혈단, 다물단의 관계

일제강점기하, 독립지사들이 선택한 다양한 방법의 투쟁 내용 중 의열투쟁은 그 의미가 각별하다. 자신의 목숨을 초개같이 버리며 침략의 원흉과 중요기관을 암살·파괴하는 의열투쟁은 적극적인 항일 무력투쟁의 한 방략이었으며, 실제로 큰 성과를 거두기도 했다.

의열투쟁은 불특정 다수의 민간인을 살상하는 보편적 의미의 테러리즘과는 엄연히 구별되어야 하며, 당시 우리 민족이 선택할 수 있는 최선의 투쟁론 중 하나로 평가되어야 한다고 본다. 물론 많은 학자들이 의열투쟁의 의의와 전개과정 등에 대하여 연구 결과를 발표하긴 했다.

문제는 이러한 연구들이 개인적인 활동상만을 부각시키다 보니, 전설적·신비한 내용으로 일관된 즉 영웅 만들기의 일환으로 변질되어 버림으로써 독립운동의 본질을 훼손시키고 있다는 점이다. 안 중근, 윤봉길, 이봉창, 그리고 김원봉 등이 대표적 예이다.

하나의 의열투쟁을 성사시키기 위해선, 폭탄제조·무기구입·암살 대상자 및 목표지점에 대한 정보, 그리고 모의훈련 장소 등이 필수적이다. 준비과정에 적지 않은 자금이 소요됨도 당연하다. 즉 열사 개인의 신념만으론 의열투쟁 자체가 불가능하다. 누가 기획을 했으며, 자금은 어떤 방법으로 준비했는지 등에 대한 고찰은 필수적인 검토대상이 되어야만 한다는 뜻이다.

윤봉길, 이봉창 열사의 의거 뒤에는 한인애국단이 있었으며, 한인애국단을 조직, 운영하는 주체는 임시정부와 김구라는 것은 우리가 익히 알고 있는 사실이다. 그러나 의열투쟁에 부정적인 태도를 보이던 임시정부가 왜, 어떤 계기로 인해 입장이 바뀌었는가에 대한 연구는 거의 없는 것으로 알고 있다.

특히 한인애국단의 활약 이전, 1920년대에 집중된 수많은 의열투쟁과 그 투쟁을 주관한 단체에 대해선 연구실적도 거의 없으며, 한편으론 왜곡되어 있기도 하다. 그래도 꽤 많은 연구가 이루어졌다는 의열단의 예를 들어 보자.

"1920년대에 일본 고관(高官) 암살과 관공서 테러 등의 활발한 활동을 하였다. …… 이런 필요에 따라 1919년 11월 9일 밤, 만주 길림성에서 독립지사들은 민족주의 노선(路線)을 지향하는 항일비밀결사(抗日秘密結社)인 의열단을 조직하였다. …… 창단 당시의 단원은 대체로 신흥무관학교(新興武官學校) 출신이 중심이 되었다. 고문으로는 김대지(金大池), 황상규(黃尙圭)가 맡았고, 단원으로는 김원봉(金元鳳), 윤세주(尹世胄), 이성우(李成宇), 곽경(郭敬), 강세우(姜世宇), 이종암(李鐘岩), 한봉근(韓鳳根), 한봉인(韓鳳仁), 김상윤(金相潤), 신철휴(申喆休), 배동선(裵東宣), 서상락(徐相洛), 권준

(權俊) 13명이었다. 단장은 김원봉이 맡았다. ……"27)

"의열단(義烈團)은 약산 김원봉을 단장으로 하는 아나키스트 성격의 무장독립운동단체이다. 이들은 프랑스 조계지역(외국인 치외법권 지역)인 중국 상하이에서 폭력항쟁으로 대일본제국의 대한제국에 대한 식민통치에 대항하는 독립운동을 했다. 이들이 상하이에서 활동한 이유는 프랑스와 일본의 대립으로 인해, 프랑스 경찰이 백범 김구 선생을 포함한 조선인 독립운동가들을 보호했기 때문이다. ……"28)

중·고교 교과서를 비롯하여 대부분의 자료에는 상기 인용한 내용과 거의 동일하게 기록되어 있다. 의열단의 배경이념이 민족주의인가 아니면 사회주의 혹은 아나키즘인가에 관해선 많은 논란이 있지만, 그러나 의열단의 상징인물이자 단장으로서 김원봉을 내세우는 것은 대부분이 동의하고 있는 듯하다. 여기서 잠깐 약산 김원봉의 연보를 소개하겠다.

1917년(19세): 10월 중국 천진 덕화학당 입학, 여름방학 때 귀국
1918년(20세): 9월 중국 남경 금릉대학 입학
1919년(21세): 6월 서간도 신흥무관학교 입학, 9월 퇴교, 11월 길림에서 의열단 창단

생각해 보라. 아직은 학생신분이라고 할 수 있는 20대 초반의 젊은 청년이 항일무력단체의 대표를 어떻게 맡을 수 있으며, 자금 마련과 폭탄제조와 무기구입 등은 무슨 방법으로 준비할 수 있었겠는가?

<표 3-2 의열단 출범 시 주요인물/1919년 11월 9일 설립>

이름	출생지	생년 (나이)	망명 연도	건국 훈장	비 고
김대지	경남 밀양	1891 (28)	1919	독립장 (1980)	고문(?)
황상규	경남 밀양	1890 (29)	1918	독립장 (1963)	고문(?)
김원봉	경남 밀양	1898 (21)	1918		단장(?)
윤세주	경남 밀양	1901 (18)	1919	독립장 (1982)	단원
이성우	시베리아	1899 (20)	.	독립장 (1968)	단원
곽 경 (곽재기)	충북 청주	1893 (26)	1919	독립장 (1963)	단원
강세우					단원
이종암	경북 대구	1896 (23)	1918	독립장 (1962)	단원
한봉근	경남 밀양	1894 (25)	1918 이전	독립장 (1980)	단원
한봉인	경남 밀양	1898 (21)	1918 이전	애국장 (1990)	단원
김상윤	경남 밀양	1897 (22)	1918 이전	대통령표창, 68	단원
신철휴	경북 고령	1898 (21)	1918 이전	애국장 (1990)	단원
배동선 (배중세)	경남 창원	1893 (26)	1918 이전	애국장 (1990)	단원
서상락	경북 달성	1893 (26)		애국장 (1990)	단원
권 준	경북 상주	1895 (24)		독립장 (1968)	단원

먼저 정답부터 제공하겠다. 의열단은 단장이란 명칭 대신 의백이란 제도가 있었으며, 초대 의백에는 김원봉의 고모부인 황상규가 선출되었다. 그리고 황상규는 대한독립의군부 소속이었으며, 배후에는 동제사가 있었다. 의열단의 항일투쟁에는 범재 김규흥이란 그

림자가 존재했었다는 뜻이다.

동제사가 점조직으로 이루어진 비밀조직이었던 것과 마찬가지로 의열단 역시 어둠 속에 감춰진 비밀결사단체였다. 의열단원들은 자신들의 행적을 단 한 줄도 스스로 남기지 않았으며 같은 단원끼리도 되도록 사적인 이름이나 무슨 작전을 펼치는지 숨겼다고 전해진다. 그러다 보니 의열단 자체의 공식적인 기록은 거의 남아 있지 않다. 그러나 의열단의 정체를 파악할 수 있는 몇 가지 단서는 있다.

일제의 <고등경찰요사>란 비밀문서, 그리고 상해 독립신문 등이 일차 자료 역할을 해 주고 있으며 도산 안창호의 일기, 지산외유일지, 유자명 수기, 조선혁명사화(마의편지), 그 외 조선혁명선언서 등 각종 선언문구류 등이 의열단을 파악하는 데 귀중한 정보를 제공해 준다. 의열단을 정확하게 알기 위해선 그리 익숙하지 않은 몇 가지 키워드가 있다. 즉 동제사, 흥화실업은행, 다물단, 철혈단, 판의단, 제2보합단, 그리고 범재 김규흥 등인데 이들 단체에 소속된 인물과 강령 등을 검토해 보면 몇 가지 공통사항이 있음을 확인할 수 있다. 3·1운동, 상하이, 임시정부, 서로군정서, 군자금, 의열단, 북경 등이 그것이다.

앞에서도 언급한 바 있지만, 의열투쟁의 개인적인 활동만을 부각시키면, 의열단의 뿌리는 절대로 파악할 수 없음을 한 번 더 지적하며 글을 계속하겠다. 이쯤에서 질문을 하나 하자. 의열단의 목적과 지향하는 궁극적인 목표는 무엇이었을까? 의열단의 설립목적은 항일 독립이며 주요 활동은 일본 고관 암살, 관공서 테러라고 단정하지 말 것을 우선 권유한다. 물론 의열투쟁이 의열단의 주요한 목적인 것은 맞다. 그러나 일제의 극비문서 폭도사 편 234쪽에 있는

<의열단원 양건호 자금모집사건>을 보면, 의열단의 자금모집 목적은 군사통일회를 결성하고 둔병제에 의한 독립군 양병이란 말이 나온다.

제1장 북경흥화실업은행 편에서 언급한 바 있지만, 범재 김규흥의 둔전제에 대한 소망은 망명 초기부터 변하지 않은 소신이었다. 그렇다면 의열투쟁은 수단이고 실질적으론 국민개병제(國民皆兵制)로 병농일치(兵農一致)를 추구하는 둔전제(屯田制)가 최종목표라고도 할 수 있다. 물론 이러한 주장이 파격으로 느껴질 수도 있겠으나, 의열단, 다물단, 판의단 등 의열투쟁 단체들의 성립과 소멸과정, 그리고 활동상황 등을 검토해 보면, 필자의 주장에 공감할 수 있으리라 믿는다. 그러면 지금부터 김규흥이란 그림자를 양지로 드러나게 하는 작업을 시작해 보자.

(가) "살파새로(佛租界薩坡賽路) 19호로 이전하고 …(원본판독불가)…의 수령은 김약산(金若山)이라고 일반에게 알려져 있는데 손(孫) 모라고 하는 일설(一說)도 있다. 또한 이 손(孫) 모는 대단히 문장에 능하다는 소문이 있는가 하면 또 손정도(孫貞道)라고도 한다."[29]

1923년에 작성된 일제기밀 문서에 의하면, 의열단의 배후에 누군가가 존재함을 감지하고 있다는 표현이 등장한다. 그러나 이 문서에 의하면, 아직은 배후의 실세에 대하여 파악하지 못하고 있었음이 분명하다. 일제가 지적한 손정도 목사는 임정 초창기 의정원 부의장, 의장, 교통총장 등을 역임한 임정 핵심 요원의 한 명이었지만, 의열단에는 관여한 적이 없다. 그리고 문장에 능하다는 평가를 받은 적도 없다. 대단한 문장가가 의열단 수령이라는 소문을 접한 것은 1923년 1월에 발표한 조선혁명선언서 때문으로 보이는데, 아마 신채호를 말하는 듯하다. 그러나 신채호 역시 의열단에 적극적으로 관여한 바는 없다. 그렇다면, 대단히 문장에 능하다는 소문이 있는 의열단 배후의 그림자, 그는 누구일까?

(나) "…… 그 배경에는 황상규와 김대지라는 인물이 있었음은 별로 알려져 있지 않은 것 같다. 특히 김대지(1891~1942)는 의열단의 결성에 중요한 일익을 담당했던 인물이었다. 그는 단장인 김원봉의 족친으로서 같은 밀양출신이며 …… 뒤에 의열단의 창단 멤버 또는 항일투쟁에 투신한 밀양출신의 독립지사인 김대지를 비롯하여 황상규, 김원봉, 최수봉, 고인덕, 김상윤 등도 모두 이 학교 출신이었음을 보아 넉넉히 짐작할 수 있다. 김대지는 1910년의 경술국치 직후 향리에서 황상규, 윤치형 등 동지들과 함께 '일합사(一合社)'라는 항일 비밀결사를 조직하고, 1913년에는 채기중, 유창순, 김상옥, 황상규 등과 '대한광복단'을 결성하여 활동하다가 국내에서의 항일투쟁의 근거지를 마련하기 위해 중국 동북지방으로 망명하였다. 그는 우선 길림성 '현 흑룡강성 명안현'에 근거지를 정하고 항일 비밀결사의 조직에 착수하는 한편 임시정부 의정원 의원으로도 활동하였다. 1919년 5월에는 황상규와 함께 비밀결사 결성에 대한 의논을 거듭하는 동시에 김대지가 추천했던 이성우, 이종암, 한봉조, 신철휴, 김상윤 등 신흥무관학교 단기반 출신의 우국청년들도 참석시켜 그 결성에 박차를 가하였다. 이 무렵 김대지의 고향인 밀양에서 그를 찾아온 열혈청년 김원봉을 지도하면서 그를 전면에 행동인으로 내세우기로 하였다. 그리하여 후일에 김원봉이 의열단의 단장이 된 것이다. 김대지는 '의열단'이라는 단명도 정하

고 또한 의열단의 인장(印章)도 고안하였다. 의열단이 결성되자 그 활동을 위한 준비로 길림의 북로군정서에는 황상규, 상해의 임시정부에는 김대지를 파견하였다. 특히 김대지를 상해에 파견한 것은 무기와 폭탄을 구입하기 위해서였으며, 이때 구입해 온 폭탄으로 1920년 3월부터 시작되는 의열단의 제1차 암살·파괴계획이 추진된 것이다."[30]

김창수의 주장은 논리적이며 상당히 설득력이 있다. 망명 전 황상규와 김대지의 대한광복단 등 국내에서의 무장투쟁 경력, 고향 청년들을 중심으로 모집한 단원들, 그리고 열혈청년 김원봉을 전면에 행동인으로 내세운 것 등은 사실인 듯하다. 그러나 무기와 폭탄을 구입하기 위해 상해로 갔을 때, 누구를 만났는지 그리고 어떻게 구입했는가에 대한 고증이 없는 것이 아쉽다.

(다) "…… 고모부인 황상규가 세 사람에게 호를 지어 주며 의형제를 맺게 하였고, 세 사람은 해외로 나가 민족해방운동을 벌이기로 굳게 언약한다. …… 황상규가 의백(義伯)으로 추대되었는데, '의열단(義烈團)'이라는 이름이었다. …… 만주 길림에서 창단된 의열단은 본부를 북경으로 옮긴다. 1920년 늦봄에서 초여름쯤이다. 중국 정치 중심지인 북경에는 조선 사람들이 많이 모여 있었고 상해에 있는 임시정부가 내세우는 외교독립노선에 반대하는 조선인들한테서 많은 도움을 받을 수 있기 때문이다. 의열단이 거행한 제1차 거사는 조선총독부를 폭파하려는 일명 '밀양폭파사건'이다. 하지만 곽재기, 이성우, 신철휴, 김수득, 한봉근, 윤세주 6명이 서울 인사동 어떤 중국 요릿집에 모여 있다가 독립운동자 검거로 악명을 떨치던 김태석(金泰錫) 경부와 그 부하들에게 체포됨으로써 실

패로 끝나게 된다. 1920년 6월 16일 모두 16명이 검거된 '암살 파괴의 대음모 사건' 주범으로 지목받은 곽재기는 8년 만기를 채웠고, 이성우가 세상 구경을 다시 하게 된 것은 1928년 3월 8일이다. 이 사건으로 황상규, 이성우 같은 선배들이 붙잡혀 들어감으로써 약산은 '의백(義伯)'이라는 이름의 단장을 맡게 된다."[31]

김성동의 글은 조금 더 구체적이다. 초대 의열단 의백은 김원봉의 고모부인 황상규이며, 선배들의 투옥 후 김원봉이 의백이 되었다는 주장은 김창수의 논문과도 맥을 같이한다. 그러나 이 글 역시 의열단에 도움을 주었던 사람, 혹은 단체의 정체에 대해선 전혀 언급을 못 하고 있다.

그리고 1920년 늦봄 북경으로 본부를 옮겼다는 것은 오류로 보인다. 왜냐하면 앞에 인용한 재중국 조선인(在支鮮人)의 행동에 관한 건에 의하면, 1923년 8월경 의열단 본부는 그때까지도 상해 불조계에 있었음이 확인된다. 김원봉 평전 등에도 1929년도에 북경으로 본부를 이전했다고 되어 있는 점도 참고가 된다.

사실 많은 자료에서 북경을 의열단 본부로 언급하고 있는데, 한편으론 이 주장이 옳을지 모른다. 상해 의열단 본부는 김원봉 등 행동대원들의 근거지이고, 실제 의열단에 지령을 내리는 의열단 총본부는 북경에 있다고 하면 대개의 의문이 풀릴 수 있다. 그리고 의열단과 밀접한 관계를 맺고 있는 김규흥, 박용만, 이회영, 김창숙, 신채호 등이 대부분 북경을 근거지로 활동했음도 북경이 의열단 총본부의 소재지였음을 증명한다.

이제 어느 정도 숨겨진 그림자의 정체가 밝혀진 듯하다. 우리가 마지막으로 풀어야 할 의문은 의열단에 무기를 제공하고, 그들을 훈련시키며, 의열투쟁의 대상을 선정하는 등 실질적인 의열단 본부의 주체가 누구인가 하는 점인데, 지산외유일지는 이에 대한 단서를 제공해 주고 있다.

지산외유일지

1919년 1월 27일(양력 1919. 2. 26)

시당 선생 댁에 회접하여 대한독립의군부(즉 군정서의 전신)를 조직하는데, 시당 여준(呂準) 씨가 총재로 추대되고, 총무 겸 외무에 박찬익(朴贊翊)이요, 재무에는 황상규(黃尙圭)요, 군무에는 김좌진이요, 서무에는 정원택(鄭元澤)이요, 선전 겸 연락에는 정운해(鄭雲海) 등이 피선되었다.

1919년 3월 21일(양력 1919. 4. 21)

상해 공동 조계(共同租界)에 있는 가옥 4칸을 빌리고, 중국인 기술사(師) 1명을 맞이하여, 새로운 청년 9명을 선택하여 기사의 교수로 폭탄제조를 연습케 하며 여가를 타서 권투도 가르쳤다.

1919년 11월 9일 길림에서 십여 명의 청년들이 의열투쟁을 다짐하는 모임을 갖기 전인 4월경에 상해에선 동제사가 주관이 되어, 안전 가옥을 빌리고 중국인 폭탄제조 기술자를 초빙했으며 청년들을 선발하여 의열투쟁을 위한 교육과 준비를 하였음을 알 수 있다. 그리고 정원택 등을 본국에 밀파하여 군자금을 모집하는 과정도 지난 글 <제2장 4) 신규식의 노선과 자살>에서 이미 확인을 하였다. 의열단 모임 후, 김대지가 상해로 간 것이 옳다면, 그가 어디로 갔겠는가? 잠깐 정리를 해 보자.

○ 1919년 2월 말, 신규식 즉 동제사의 밀명에 의해 길림에서

대한독립의군부를 창설한다.

○ 4월경, 정원택을 상해로 파견하여 의열투쟁을 위한 준비를 하
게 한다.

○ 11월경, 황상규 등 젊은 청년들이 길림에서 모임을 갖는다.
모임의 대표를 의미하는 의백은 가장 연장자이며 대한독립의
군부 소속이었던 황상규를 선출한다.

○ 김대지가 우선 상해의 상황을 알아보고, 그 뒤 의열단원들은
동제사가 준비한 안전가옥에서 폭탄제조연습 및 체력단련을
하며 의열투쟁을 준비한다.

○ 훈련이 어느 정도 소기의 성과를 거두고, 의열투쟁 대상이 확
정된 1920년 3월경부터 제1차 암살·파괴계획이 추진된다.

○ 제1차 계획이 실패하고 황상규 등 16명의 대원들이 검거되자,
약산 김원봉이 황상규의 임무를 대행한다.

필자가 재구성한 의열단 성립과정이다. 초창기의 의열단은 임시
정부와도 밀접한 관계가 있었음이 틀림없다. 그것은 신규식, 조소
앙을 비롯한 동제사의 주요 인물들이 임정의 주력을 형성했기 때
문이다. 그러나 임정과는 얼마 지나지 않아 관계가 많이 악화된 듯
하다. 이것은 준비론과 외교론을 우선시하는 임정 요인들의 독립운
동방략과 무관하지 않다. 당시 임정의 실세였던 도산 안창호의 견
해를 예로 들겠다.

五月 九日(1920. 5. 9)

김약산(金藥山) 君이 來訪함에 炸彈使用을 單獨的으로 何時에
나 紀律 없이 使用하지 말고, 軍事當局에 款屬하여 實力을 漸蓄

하였다가 相當한 時에 大擧하기를 注意하라 한다.

五月 十四日(1920. 5. 14)

김약산(金若山) 君이 來訪曰 自己가 從速 入國하노라 하므로, 余曰 如斯히 部分的으로 冒險을 行動치 말고 그 冒險行動하는 最高機關에 連絡하여 適應時機에 大大的으로 行動하기를 企望하는 뜻으로 길게 說明한즉, 君曰 言雖切當하여 歎服不已하나 自己와 및 同志의 事情이 不許하노라 하다.

결국 의열단 행동대원들은 무기구입, 훈련, 국내 잠입의 편리성 등의 이유 때문에 상해에 계속 거주했지만, 임정의 통제로부턴 완전히 벗어나고 북경 의열단 총본부의 지령에 의해 모든 거사를 준비한 것으로 보인다.

아무튼 복잡한 임정 내부 사정에도 불구하고 1920년 초반, 열혈 청년들의 의열투쟁은 대단한 성과를 거두었다. 반면 수많은 의열대원들이 검거되기도 했는데, 이 과정에서 의열단의 숨은 그림자였던 범재 김규흥의 정체가 일제의 첩보망에 어느 정도 노출되었으며, 상해 의열단과 무관하지 않은 북경 다물단에도 김규흥이 관련했다는 사실도 드러난다. 일제에 의해 노출된 정보는 다음과 같다.

(가) 다물단 사건

"徐東一은 부모의 재산 약 1萬 圓을 탕진하고 자포자기하여 1923. 1월경 支那北京으로 도망하여 예전부터 알고 있던 당시 北京 前門內細瓦폐甲17號 거주 경성출신 金復의 弟 金自重방에 기식 중 ……."[32]

다물단은 1925년 4월, 북경에서 결성된 의열단체인데 일제밀정 김달하 처단사건으로 많이 알려져 있다. 그러나 일경은 다물단의 군자금 모집 활동 부분을 더욱 중요하게 생각한 듯하다. 일제비밀 문서가 말하는 다물단 사건이란 서동일의 자금 모집 과정을 대단히 상세하게 기록하고 있으며, 배후 주동인물로 남형우, 배천택 등을 지목하고 있다. 이 사건에서도 김복이란 이름이 노출되고 있지만, 조카를 동생으로 표현한 것을 보면 아직은 범재의 정확한 정체가 파악되지 않은 듯하다.

(나) 경남갑비순사사살 사건

"…… 최윤동은 …… 1923년 4월 이래 경성부 인사동 7번지 이수영 집과 기타에서 1920년 북경재임 당시부터의 동지인 오의선과 회합할 때 동인이 북경지방에서의 독립운동 거두 박용만의 심복 부하인 김복의 명을 받고 표면적으로 흥화실업은행의 주금모집이라 빙자하고 국민군자금(독립운동자금)을 모집 중이라는 것을 들어 알고 이를 조성하려고 모집방법 등에 관해 모의했을 뿐 아니라 ……."[33]

이 문서는 경남지역 담당 김봉규, 김종철 등이 자금 모집 중 의령경찰서 일경 갑비를 사살한 후 도피하다가 1924년경 송두환, 정동석 등과 함께 체포된 사건을 기록한 것이다. 주목할 것은 사살사건보다 자금모집 부분 특히 흥화실업은행의 주금모집이란 기상천외의 군자금 모집방법에 대하여 상세히 언급하고 있는 점이다.

최윤동은 경북지역의 군자금 모집책이었는데 그의 활동 상황이 비교적 자세하게 기록되어 있으며, 30명에 이르는 관계자의 인적 사항을 부기하고 있다. 사건 기록부를 보면 일제가 이 사건을 얼마나 중요하게 생각하고 있었음을 알 수 있다.

물론 김복을 박용만의 부하라고 하는 등 오류도 보이지만, 흥화실업은행 관계자로 김복이 유일하게 거명된 점은 일제의 첩보망이 범재 김규흥에게도 대단히 근접했음을 보여 준다.

의열단 사건을 검토하다 보면, 김원봉과는 전혀 관계없이 사건이 일어난 경우를 많이 발견할 수 있다. 그리고 의열단의 지도자로 알려져 있는 신채호, 이회영 등도 마찬가지이다. 상기 사건에도 박용만, 배천택, 김복 등은 등장하지만, 신채호, 이회영, 유자명, 김원봉 등은 보이지 않는다. 이것은 무엇을 말하는가?

필자의 견해론, 의열단은 세 단계의 구조로 조직이 되었다고 본다. 즉 행동대원, 중간지도자, 그리고 배후의 지도자이다. 조금 더 자세하게 말하자면

- 의열단에는 김원봉, 김지섭, 김익상 등의 행동대원과 그들을 대표하는 의백이 있었으며,
- 철혈단에는 나창헌, 김덕, 황학선 등이 활동했고,
- 다물단에는 유자명, 이규준 등이,
- 판의단에는 이동진, 김응섭, 김명봉 등의 행동대원들이 있었던 것으로 보인다.

흥화실업은행 개막식에 나타난 젊은 청년들이 바로 이들, 의열투쟁의 행동대원들이었다면, 신채호, 이회영, 김창숙, 박용만 등이 중견 간부 역할을 했다고 본다. 물론 배후의 조정자는 범재 김규흥이 틀림없었을 터이다.

필자의 이러한 가정은 다음과 같은 문서의 내용과도 부합된다.

- 金復(김복)은 上海鮮人을 兩分할 計劃을 實行했다. 이 때문에 彼等 사이에는 安昌浩(안창호)에 反對하는 者가 생겼다. 現在 安(안창호)은 內務總長으로서 國務總理代理를 兼하고 있는데 그 書記官長을 派遣하여 總理代理를 金復(김복)에게

移讓하려고 交涉케 하였다. 이에 金復(김복)은, 自己는 그 責
任이 해당치 않다 하고 辭退하였다.34)

○ 安昌浩(안창호)의 部下로서 가장 文筆에 뛰어난 白南七(백남
칠)은 이번에 排日鮮人의 무리에서 벗어나게 되었다. 그는
國際聯盟에 提出할 請願書의 起草를 管掌하고 있던 者로서
安의 部下를 漸次 없애려고 하는 金復(김복)이 懇諭한 結果
에 依한 것으로 判斷된다.35)

○ 朴殷植(박은식) 君으로 더불어 金復(김복) 君을 訪하여 大東旅
社에 招待하여 午餐할 새, 君 曰 鐵血團人 中 金德(김덕)이가
自己에게 來往하는데 政府 府職員을 路上에서 逢着하는 대로
毆打하겠다 云하니 政府로서 該 靑年들을 善히 撫摩하라 하
는지라, 余 曰 不平의 表準點된 政府는 撫摩키 難하니 第三
者인 民間의 有力者가 撫摩해야만 安頓되리라 하다.36)

○ 朝鮮假政府의 首領 金凡濟는 ……37)

○ 金復이란 이가 敵總督府 ?鬼輩의 魁首가 되어38)

각종 문서에 등장하는 김복은, 독립신문의 표현에 따르자면 애매
한 자이다. 즉 정체가 불분명하다는 의미인데, 한편으론 도산 안창
호의 경쟁자로 묘사되고 있다. 아무튼 범재 김규흥이 이 정도라도
드러나게 된 것은 의열투쟁을 통해 그의 정체가 어느 정도 노출되
었기 때문으로 보인다.

의열투쟁은 1926년 12월, 나석주 의사의 동양척식주식회사 및
식산은행 폭탄투척 의거로 거의 종료되는데, 이것은 중국 측 자금
원의 차단과 관련이 있는 것으로 보인다. 범재의 유력한 후원자였

던 진형명은 1922년 6월 반란 이후 거의 유명무실한 존재가 되어 버렸고, 손문 역시 1925년 3월 작고했기 때문에 흥화실업은행의 중국 자금줄이 거의 끊어진 것으로 보이고 게다가 1926년 7월에 시작된 장개석(蔣介石)을 총사령(總司令)으로 한 국민혁명군의 북벌로 인해 중국 전 지역이 내란 상태로 접어든 것도 무관하지 않았을 터이다. 그러나 범재 김규흥이 씨앗을 뿌렸던 의열투쟁은 백범 김구에 의해 계승된다. 이 부분은 별도의 장에서 논하기로 하겠다. 다음은 의열단의 상징이자 만해(萬海) 한용운(韓龍雲)의 '조선독립의서'와 함께 식민지시대 2대 명문장으로 평가되고 있는 조선혁명선언서에 대해서 검토할 순서이다.

8) 단재 신채호, 조선혁명선언서의 기초자가 될 수 없는 이유

조선혁명선언과 단재 신채호의 사진을 편집한 문서

"의열단선언(義烈團宣言)이라고도 한다. 1919년 11월 만주 길림성(吉林省)에서 조직된 항일 무력독립운동 단체인 의열단은 활발한 활동으로 큰 성과를 거두었으나, 그들의 행동강령 및 투쟁목표가 필요함을 깨닫고 신채호에게 선언문을 청하였다. 5개 부분, 6,400여 자로 쓰인 이 선언문은 일제의 침략과 압제를 경험하면서 성장한 민중세력을 일제의 이족통치(異族統治)뿐만 아니라, 당시 세계를 지배하고 있는 약탈적·불평등적인 제국주의 체제를 타파하는 주인공으로 부각시켰다는 의미에서 그의 민족주의 이념의 폭과 질의 강도를 잘 보여 주고 있다. ……"39)

"의열단선언이라고도 한다. 1920년을 전후한 시기에 신채호는 이회영(李會榮), 유자명(柳子明) 등 중국에서 활동하고 있던 무정부주의자들과 함께 러시아 혁명, 파리 강화회의 등 국제정세에 대한 소식, 상해임시정부와 조선인 사회주의자들의 활동, 조선독립운동 방략에 대한 의견 등을 교환했다. 이러한 분위기 속에서 신채호는 새로운 조선의 건설은 자유연합의 조직 원리에 따라 세워져야 한다는 확신을 가지고 무정부주의의 혁명관이 나타나 있는 문서를 집필했다. ……"40)

"김원봉은 1923년 북경을 방문하여 당시 임시정부의 외교우선론에 반대하고 무장투쟁론을 주장하던 단재 신채호 선생을 만나 의열단의 정신을 문서화해 달라는 요청을 했다. 신채호는 김원봉을 따라 상해로 와서 폭탄 만드는 시설을 살펴보고, 약 한 달 동안 여관방에 앉아 한국독립운동사에서 중요한 위치를 차지하는 의열단선언, 즉 조선혁명선언을 집필했다. …… 이 선언에서 신채호는 독립투쟁방법으로 이승만의 외교론과 안창호의 준비론 등을 모두 부차적이라고 설득하였으며, 무장투쟁을 최우선하는 의열단의 뜻을 분명히 밝혀 주었다."[41]

조선혁명선언에 대하여 설명한 몇 가지 백과사전의 글을 인용하였다. 선언에 나타난 이데올로기가 아나키즘 혁명관인지 혹은 민족주의를 표방하고 있는가에 대해선 사전뿐 아니라 학계의 주장도 분열이 되어 있다. 그러나 기초자가 신채호라는 것, 김원봉이 신채호에게 부탁하여 의열단의 항일 투쟁노선을 정당화하고 지표가 되는 이념을 확립하게 되었다는 것 등에 대해선 어느 누구도 이의를 제기하고 있지 않다. 필자는 이 글을 통하여 견고하기 이를 데 없는 신채호의 조선혁명선언 저작설에 대하여 반기를 들고자 한다.

첫째, 일차자료가 없다.

대개의 선언문에는 다수의 선언인들이 기록되어 있지만 작성자, 혹은 기초자를 별도로 표시하지 않는다. 이것은 선언문이 한 개인의 의견이 아니라 선언문에 서명한 전체의 의견임을 표방하기 위함이다. 그러나 우리 후손들은 그 선언문을 누가 작성했는가에 대한 호기심을 끊임없이 제기하곤 한다. 그러다 보니 상식선을 벗어난 사람이 선언문의 기초자로 등장하는 예가 비일비재하다.

앞선 글에서 지적한 바 있지만, 대한독립선언서의 조소앙 기초설이 한 예이다. 더욱이 조선혁명선언에는 선언자마저 없다.

그럼에도 "조선혁명선언을 기초한 사람은 단재 신채호이다."라는 주장이 언제부터인지 정설이 되어 버렸다. 시작은 박태원부터였다. 소설가 박태원이 1947년 <약산과 의열단>이란 김원봉의 전기에서 "김원봉의 부탁에 의해 신채호가 조선혁명선언을 작성했다."고 주장한 이후 수많은 논문, 평전, 언론 등에서 박태원의 글을 진실로 인정하고 그대로 인용하고 있다.

신채호가 조선혁명선언의 기초자가 되기 위해선 단재 신채호의 친필로 작성한 문건이나 자신의 생각을 드러낸 인터뷰 등의 일차자료 즉 비가공자료가 있어야 한다. 그러나 신채호 자신이 조선혁명선언을 작성했다는 일기나 고백, 혹은 자필로 작성한 서류 등은 전혀 없다.

그리고 신채호가 1928년 무정부주의 동방연맹 국제위폐 사건에 연루되어 체포된 이후, 여러 차례 공판과정의 기록물에도 조선혁명선언에 대한 언급은 없다. 한편, 1931년 작성된 김원봉 친필 회견기에도 조선혁명선언을 자신이 부탁하여 신채호가 작성했다는 기록은 없다. 비가공자료가 없는 상태에서, 조선혁명선언 신채호설은 박태원 전기, 유자명의 회고록 등 가공된 자료가 일차자료로 채택되고 있는 게 현실이다.

둘째, 객관적 자료의 근거도 없다.

조선혁명선언은 1923년 1월경에 작성된 것으로 알려져 있다. 실제로 1923년 이후 동아일보 등 각종 언론, 일제의 재판기록, 비밀문서 등을 보면 조선혁명선언 관련 사건이 자주 등장한다. 현재 전해지고 있는 일본의 문서 중 조선혁명선언과 의열단선언을 언급하고 있는 자료는 아래와 같다.

① 上海情報(1923 – 04 – 16) 朝鮮總督府 警務局
② 僭稱上海臨時政府 解散聲明 및 不穩印刷物 頒布計劃에 관한 건(1923 – 04 – 21) 鈴木要太郎
③ 不穩印刷物「朝鮮革命宣言」頒布에 관한 건(1923 – 05 – 04) 鈴木要太郎

④ 大正十二年 五月 中 間島 및 接壤地 地方 治安情況에 관
한 건(1923 – 06 – 07) 鈴木要太郎(間島 總……)

⑤ 大正十二年 六月 中 間島 및 接壤地 地方 治安情況에 관
한 건(1923 – 07 – 02) 鈴木要太郎

⑥ 不逞鮮人의 不穩文書에 관한 건(1923 – 07 – 08) 田中繁三

⑦ 大韓統義府의 近況(1924 – 05 – 19) 關東廳警務局

⑧ 共産主義宣傳員檢擧ノ件 京畿道 警察部長(1924 – 06 – 09)

⑨ 李大鼎 被疑者訊問調書(第二回)(1924 – 10 – 22)

⑩ 金昌吉 判決(1924 – 10 – 23)

⑪ 의열단원 吳福泳 등의 행동에 관한 건(1923 – 09 – 28) 경성
종로경찰서장

⑫ 李大鼎 被告人訊問調書(第二回)(1924 – 11 – 25)

이 많은 서류 중, 신채호가 조선혁명선언을 기초했다는 내용은
어디에도 없다. 이것은 무엇을 뜻하는가? 다음은 언론이 보도한 내
용이다.

동아일보

기사제목 上海의 義烈團宣言書 京城市內配付說 데이차대회 후
의 선언서가 시내에 배부되엿다는 정보, 各警察은 秘密活動 中(발
행연월일 1927 – 08 – 07)

기사제목 義烈團宣言書 平壤市에 配布 ○○운동통일당촉진선
언서 의렬단으로부터 평양에 배포 平壤署 俄然大活動(발행연월일
1927 – 08 – 12)

기사제목 義烈團宣言과 青年三名檢擧 의렬단선언서가 배포된 후 청년 세 명을 경찰이 검속해 平壤義烈團宣言事件(발행연월일 1927 - 08 - 13)

중외일보

기사제목 평양시내에 의열단선언, ○○운동이 통일되면 의열단은 해체하겠다. 경찰 대경 활동(발행연월일 1927 - 08 - 12)

동아일보

기사제목 爆彈拳銃兩部로 破壞計劃을 着着進行, 북경에 잇는 의렬단 최근의 활동,

이번에 잡힌 사람들은 림시 동지자//黃鈺의 天津行, 김원봉을 수색하나 그림자도 보지 못해//上海에서 面回? 김원봉과 황옥, 텬진에서 면보거래//暴力의 武器로써 「강도일본」의 세력을 파괴 후 「리상적 조선」을 건설하자고, 「朝鮮革命宣言」 內容//總督政治는 朝鮮人의 仇敵, 관공리에게 보내는 문서내용//事件의 決定은 이삼일 안으로 되나 예심에 붓틀 듯하다.//可恐할 假面獨立黨, 경찰관으로 독립운동에 참가케, 긔괴교묘한 당국쟈의 뎡탐정치//密偵增加, 의외의 인물로 밀뎡이 만타고//金元鳳 臺灣行說, 동궁행계에 대하야 엄중 경계

(발행연월일 1923 - 04 - 14)

언론의 보도 또한 마찬가지이다. 선언서의 내용, 그리고 배포문제에 대해선 대단한 관심을 표시하고 있지만, 각종 언론의 기사 역시 선언서의 기초자를 증명하기 위한 자료로는 채택될 수 없다는 것이 확인된다.

셋째, 신채호와 김원봉의 노선 차이

당시의 언론이 선언서 내용과 배포 자체를 무척 중요하게 생각하고 있었음은 틀림없다. 그러나 일제의 관점은 다른 듯하다. 일제의 비밀문서에 의하면, 그들은 1923년 1월부터 상하이에서 약 5개월 동안 계속된 대한민국임시정부의 개조(改造)와 창조(創造)를 논의한 국민대표회의와 조선혁명선언과의 관련성에 주목을 한 것으로 보인다. 그 증거로 상기 인용한 비밀문서들은 대부분 개조파와 선언서를 함께 취급하고 있다는 점이다. 그들이 가장 두려워하고 했던 것은 다음과 같은 시나리오가 아닌가 싶다.

○ 개조파에 참여하고 있는 상해파 고려공산당 요원들인 김철수, 윤자영 등이 임정내개조파인 안창호 등과 서간도 개조파인 김동삼, 이진산 등 민족주의 계열 인사들을 의식화시킨다.

○ 창조파 이르쿠츠크 고려공산당은 박용만, 신채호 등 북경군사통일회의 출신인물들, 그리고 윤해, 원세훈 등의 대한국민회의 파, 신숙 등의 천도교 인사 등 민족주의 계열 인사들을 의식화시킨다.

○ 창조파와 개조파가 공산주의 이념으로 합쳐진다.

○ 김구, 이동녕 등 임정 고수파도 어쩔 수 없이 대세에 따른다.

○ 러시아의 지원을 받아 무력에 의한 공산혁명 노선을 추구하는 집단이 되어, 일본과 전쟁을 시작한다.

○ 조선혁명선언은 이러한 과정에 기본적인 이데올로기를 제공하는 문서로 보인다.

그러나 일제의 염려와 달리 국민대표회의는 아무런 결과물도 없이 독립투사 진영의 분열만 야기하고 상처투성이로 해산되고 말았다. 신채호는 국민회의 산회 후 은거를 택한다. 그는 북경 근처 석등암(石燈庵)에서 수도승 생활을 하며 한국고대사 연구에 전념했는데, 그 이후부터 무정부주의에 관심을 가지기 시작한 듯하다. 그러나 그는 공산주의와는 끝까지 일정한 거리를 둔 것으로 보인다. 반면 김원봉은 국민회의 도중 개조파와 타협하고 난 이후에는 사회주의에 많은 관심을 둔 듯싶다. 아래의 일제 비밀문서는 국민회의 후의 상황에 대한 설명이다.

"上海 韓人 獨立運動者들은 國民代表會 決裂 以來 改造 創造(建設派) 兩派로 分裂하여 서로 反目하고 있었는바 改造派에 屬하는 安昌浩(안창호), 金澈(김철), 鄭信(정신), 李裕弼(이유필) 現 政府 維持派의 洪鎭(홍진), 孫貞道(손정도), 李始榮(이시영), 創造派의 尹海(윤해), 元世勳(원세훈), 申肅(신숙) 等 各派 幹部는 各派의 意思 疏通을 꾀하기 위해 法界(프랑스계) 蒲石路 新民里十四號에서 過日來 屢次 會合 協議하였으나 創造派는 頑然 改造派의 意思를 容納하지 않으므로 改造와 維持(現政府派) 兩派는 創造派의 行動에 憤慨하고 當地에 潛在한 義烈團과 連絡하여 暗暗裡에 創造派 驅逐 運動을 하고 있다. 그리고 改造와 維持 兩派의 妥協이 成立하여 改造派의 主張인 閣員의 改選, 臨時 憲法의 改正을 實行하려고 臨時 憲法 起草 委員會를 組織하고 本月 二日字로 다음 譯文과 같이 憲法 起草 委員會 規程과 起草 委員을 發表하였다."[42]

국민회의 기간을 거치는 동안 개조파 지지자들이 의열단에 대거 참여한 것은 확실하다. 아래는 그 근거 중 하나이다.

"…… 개조파(改造派) 간부로 활동하면서 독립운동 방략과 독립운동단체의 통일기관을 조직하기 위해 활동하였다. 그러나 국민대표회의의 결말이 흐지부지 끝나게 되자, 상하이에서 보천교청년회(普天敎靑年會) 대표 강홍렬(姜弘烈) 등 개조파 지지자들과 함께 의열단(義烈團)에 입단하여 무장투쟁을 전개하고자 하였다. ……"[43]

문제는 무력항일투쟁을 표방했던 의열단이 점차 정치단체로 노선변경을 하고 있는 것인데, 그 시점이 조선혁명선언 작성 이후이니 너무나 아이러니하지 않은가? 실제 김원봉은 1924년 광동 방문 후 1926년 1월 황포군관학교에 입교하고 그 뒤 조선민족혁명당(朝鮮民族革命黨)을 창당하는 등 정치가의 길로 들어서게 된다.

이 와중에 윤자영 등은 1924년 상해청년동맹을, 유자명 등은 재중국조선무정부주의자연맹을 각각 결성한 이후 의열단을 탈퇴하는데, 김원봉 계열의 주장은 그동안의 성과에 비해 희생이 컸고, 충격효과에도 불구하고 성공보다 실패가 많았음을 반성해, 테러에 의해 촉발된 민중봉기로 단숨에 독립을 쟁취하는 것은 환상이며, 국내의 대중운동이 발전함에 따라 이에 맞는 운동을 해야 한다는 의견들이 제기되었던 것으로 보인다. 소수 투사들의 자유결합에 의한 폐쇄적 비밀결사의 틀을 벗고, 대중의 장기적 조직화와 그에 기반을 둔 무장투쟁노선으로 전환하기 시작했다는 뜻이다.

여기서 필히 짚고 넘어갈 것이 있다. 흔히들 의열단 무력투쟁의 상징이자 배후로 김원봉, 유자명 등을 꼽고 있다. 그러나 그들이 의열단을 떠나고 무력항쟁을 포기했어도 1926년도엔 나석주 의사에 의해 동양척식주식회사 및 식산은행 폭탄투척 의거 등이 일어났으며 1927년도엔 경성, 평양 등을 비롯해 전국적인 의열단선언서 살포 사건이 언론에 대대적으로 보도되었다(상기 동아일보, 중외일보 참조).

이것은 무엇을 뜻하는가? 앞 장에서 설명한 바와 같이 그 당시,

의열단 외에도 다물단, 철혈단, 보합단, 판의단 등의 항일무력단체가 존재했으며 이들 단체의 배후이자 지도자로 김규흥, 김창숙, 이회영, 박용만 등이 건재했음을 기억하면 의문은 풀리리라 본다.

아무튼 김원봉과 신채호의 연결고리는 너무나 약하다. 세간의 주장대로 김원봉의 부탁에 의해 신채호가 조선혁명선언을 작성했다면 얼마나 허무한가? 의열단에 이데올로기를 제공하고자 했던 선언서가 정작 발표 후엔, 그 작성자와 의뢰자가 노선을 달리했다면 얼마나 서글픈 일인가? 게다가 본질인 의열투쟁이 오히려 약화되었다면 선언서를 작성하여 제공한 사람의 입장은 어떻게 되는 것인가?

넷째, 문체의 차이

'내가 죽으면 나의 시체를 왜놈들이 밟지 못하도록 화장해서 바다에 뿌려 달라'고 했던 단재 신채호, 일제의 잔혹한 고문에 앉은뱅이가 되어 버린 심산 김창숙, 그리고 만해 한용운 등 독립운동 그 초심과 절개를 끝까지 지켰다 하여 그들 3인은 삼절(三節)로 불리고 있다.

특히 신채호는 항일독립운동가, 사학자, 언론인 등으로서 수많은 작품을 남겼는데, ≪조선상고사(朝鮮上古史)≫, ≪조선상고문화사(朝鮮上古文化史)≫, ≪조선사연구초(朝鮮史研究艸)≫, ≪조선사론(朝鮮史論)≫, ≪이탈리아 건국삼걸전(建國三傑傳)≫, ≪을지문덕전(乙支文德傳)≫, ≪이순신전(李舜臣傳)≫, ≪동국거걸(東國巨傑)≫, ≪최도통전(崔都統傳)≫ 등 익히 알려진 작품 외 수많은 논설, 소설, 시, 선언서 등이 있다.

이 작품들은 신채호라는 본명 외 금협산인(錦頰山人)·무애생(無涯生)·열혈생(熱血生)·한놈·검심(劍心)·적심(赤心)·연시몽인

(燕市夢人) 등의 필명, 그리고 가명으로서 유맹원(劉孟源)·박철(朴鐵)·옥조숭(玉兆崇)·윤인원(尹仁元) 그 외 단재(丹齋)·일편단생(一片丹生)·단생(丹生) 등의 호를 사용한 것으로 알려져 있다.

사실 신채호뿐 아니라 당시 대부분의 독립지사들은 본명을 사용한 예가 극히 적었다. 그러다 보니 작품의 저자문제가 학계와 후손들의 첨예한 논쟁으로 비화하기도 한다. 한 예로 '시일에 우방성대곡'이란 논설의 필자가 박은식인가 신채호인가라는 문제가 불거지기도 했다.

"논란이 있어 단재 신채호 전집에는 수록되지 않았으나, 신채호가 썼다는 주장이 끊이지 않는 1905년 12월 28일자 대한매일신보 논설 '是日에 又放聲大哭'은 실제 필자가 단재가 아니라 백암 박은식임을 세밀히 고증한 주장이 제출됐다. …… 김 교수가 이 논설 필자를 단재가 아닌 제3의 인물로 간주하는 근거는 크게 세 가지이다. 첫째, 이 논설이 발표되던 무렵에 단재는 이 신문에 관여하지 않았으며, 둘째, 문체가 단재의 그것이 아닐뿐더러, 셋째, 거기에 나타난 사상 또한 단재로 볼 수 없다는 것이다. …… 김 교수는 또한 단재 작품으로 간주해 그 전집에 수록한 대한매일신보 기서란(독자투고란) 투고글인 '역사에 대한 관련 이칙' 등 4편의 글도 단재 전집 목록에서 제외해야 한다고 주장했다."[44]

기존 명망가 중심의 독립운동사를 지양하고 사실에 입각한 역사 찾기를 해야 한다는 점에서 경북대 김주현 교수의 시도에 박수를 보낸다. 제대로 검증도 하지 않고 작품의 저자를 단정하는 것은 고인에게도 누가 될 것임에 틀림없다. 삼 절(三節)의 한 분으로 존경받고 있는 신채호의 경우 더욱 그러하다.

단재 신채호의 작품으로 누구나 인정하고 있는 조선혁명선언의 경우도 마찬가지이다. 과연 이 선언서가 기존 신채호의 문체와 닮았는지, 1923년 무렵 그 당시 단재의 사상이나 이념과 충돌되지는 않는지 등에 대한 고찰이 지금까지 단 한 편의 논문도 없는 것은 유감이라 하지 않을 수 없다. 신채호는 1921년 4월 임시정부의 임시대통령인 이승만의 위임통치청원 사실을 규탄하는 <성토문>, 그리고 1923년 1월 <조선혁명선언>과 1928년 4월 조선인 무정부주의자들의 북경회의 <동방연맹대회 선언문> 등 3편의 선언문을 기초한 것으로 알려져 있다.

이 중 <조선혁명선언>와 <동방연맹대회 선언문>의 일부를 인용하니 문체를 비교해 보길 권한다.

"강도 일본이 우리의 국호(國號)를 없이하며, 우리의 정권을 빼앗으며, 우리의 생존적 필요조건을 박탈하였다. 경제의 생명인 산림, 천택(川澤), 철도, 광산, 어장 …… 내지 소(小)공업 원료까지 다 빼앗아 일절의 생산기능을 칼로 베이며 도끼로 끊고, 토지세, 가옥세, 인구세, 가축세, 백일(百一)세, 지방세, 주초(酒草)세, 비료세, 종자세, 영업세, 청결세, 소득세 …… 기타 각종 잡세가 날로 증가하여 혈액을 있는 대로 다 빨아가고 ……." <조선혁명선언 첫 문장 도입부>

"우리의 세계 무산대중! 더욱 우리 동방 각 식민지 무산민중의 혈·피·육·골을 빨고, 짜고, 씹고, 물고, 깨물어 먹어 온 자본주의의 강도제국 야수군들은 지금에 그 창자가 꿰어지려 한다. 배가 터지려 한다. 그래서 피등(彼等)이 그 최후의 발악으로 우리 무산민중이 더욱 동방 각 식민지 민중을 대가리에서부터 발끝까지 박박 찢으며 아삭아삭 깨물어, 우리 민중은 사멸보다도 더 음참한 불생존의 생존을 가지고 있다.

아, 세계무산민중의 생존! 동방무산민중의 생존! 소수가 다수에게 지는 것이 원칙이라 하면, 왜 최대 다수의 민중이 최소수인 야수적 강도들에게 피를 빨리고 고기를 찢기느냐? 왜 우리 민중의 피와 고기가 아니면 굶어 뒈질 강도들을 박멸하지 못하고 도리어 그놈들에게 박멸을 당하느냐? 피등의 군대 까닭일까? 경찰 까닭일까? 군함·비행기·대포·장총·장갑차·독가스 등 흉참한 무기 까닭일까? 아니다. 이는 그 결과요, 원인이 아니다. ……" <동방연맹대회 선언문 도입부>

조선혁명선언과 동방연맹대회 선언문의 이념문제 등은 이 글에선 다루지 않겠다. 다만 두 글의 전문을 읽어 보면 문외한이라도 문체, 단어의 선택, 반복법, 감탄사 등의 사용방법이 확연히 다름을 확인할 수 있으리라 본다. 조선혁명선언은 단재의 다른 작품, 즉 낭만의 신년 만필, 용과 용의 대격전 등 이념이 비슷한 글의 문체와도 전혀 다르다. 오히려 대동단결선언, 대한독립선언 등과 유사함을 발견할 수 있다.

결국 문제의 핵심은 범재 김규흥이다. 그동안 김규흥이란 키워드가 생략된 채 각종 선언서들의 기초자를 찾다 보니 여러 가지 무리한 설정이 정설로 굳어진 것이 아닌가 싶다. 이미 밝힌 바 있지만, 김규흥, 박은식, 신규식, 신채호, 조소앙 등은 동제사의 핵심이자 당대의 문장가들이다. 제안을 하나 하겠다. 김주현 교수처럼 논란이 되고 있는 작품의 저자를 밝혀내는 작업을 하거나(물론 1910년대에서 30년대까지만 해당된다.) 독립운동사의 미해결 문제점을 연구하는 분들은 범재 김규흥이란 코드를 끼워 넣고 고찰해 보기를 권한다. 아마 수많은 난제들이 해결되리라 확신한다.

다섯째, 조선혁명선언 선포의 주체는 어디인가?

필자는 이미, 조선혁명선언서의 기초자가 신채호가 될 수 없으며, 김원봉으로 상징되는 의열단이 선언의 주체가 아님을 주장했다. 그렇다면 어떤 단체, 그리고 누가 선언문을 작성했는가 하는 의문이 남는다.

이것은 대단히 중요하며 까다로운 문제이다. 왜냐하면 앞에서 지적한 바와 같이 일차자료가 전혀 발견되지 않았기 때문이다. 필자 역시 상황증거에 의존할 수밖에 없음을 먼저 밝힌다. 조선혁명선언의 선포 목적과 주관 단체를 알기 위해선, 선언의 내용이 국민회의 참여 세력 중 어떤 부류 단체의 주장과 일치하는가를 파악하는 것이 문제해결의 단초가 된다고 본다.

1923년 1월은 국민대표회의가 개최되었으며, 조선혁명선언이 발표된 시기이기도 하다. 이러한 일치는 조선혁명선언이 국민대표회의와 밀접한 관련이 있음을 나타낸다.

1923년 1월 3일 개회된 국민대표회의에는 135개의 단체가 참가했고, 158명의 대표가 파견됐으며, 이 중에서 자격심사를 거쳐 최종적으로 125명이 대표로 최종 확정됐다. 그리고 의장 김동삼, 부의장 윤해·안창호, 비서장 배천택, 비서 김철수·오창환·박완삼이 선출됐다.

흔히들 국민대표회의는 창조파와 개조파의 대립으로 이해하고 있지만, 사실상 내부 사정은 더욱 복잡했다. 대체로 원세훈 등의 대한국민의회파는 신숙 등의 북경집단과 연대하여 임시정부 타도를 주장하는 창조파를 형성하였고, 안창호, 여운형 등의 상해집단과 이진산 등의 만주대표는 대개 임시정부의 개조만을 주장하는 개조파를 형성하고 있었다.

또 이러한 대립의 배후에는 이승만을 정점으로 하는 미주파(美洲派)를 제거하려는 노령파의 의도가 있었고, 무장투쟁으로 독립을 성취하자는 극단적인 군사일변도주의를 주장하는 북경 군사통일회의의 무단파(武斷派)가 무저항 내지 외세의존적인 활동에 주력해 온 안창호·여운형 등의 문치파(文治派)를 배격하려는 의도가 깔려 있었다. 그리고 국민대표회의를 처음부터 조심스레 준비해 온 안창호 등의 평안도 출신의 인사들이 임시정부를 독점하고 있는 이승만 중심의 기호지방 출신의 인사들을 못마땅하게 보는 생각 등도 숨겨져 있었다고 한다.45)

조선혁명선언이 작성된 시기가 국민대표회의가 개최된 시점과 일치하는 점을 고려하면, 이 선언서는 분명히 국민대표회의에 영향을 끼쳤을 것이다. 그렇다면 이들 각 분파 중 어느 한 곳이 조선혁명선언의 주체라고도 가정할 수 있을 터이다. 그러나 지금까지 그러한 문헌과 주장은 전혀 없다. 다만 의열단만이 선언의 주체로 알려져 있다. 과연 진실은 무엇인가?

조선혁명선언의 내용을 보면 '강도 일본'에 대한 '직접혁명'이 필연적이며, 외교론·준비론 등 실력양성론자들을 강도 일본과 타협하는 적으로 비판하고, 파괴의 대상은 이족통치(異族統治), 특권계급, 경제약탈제도, 사회적 불균형, 노예적 문화사상 등이라 하여 민중폭력혁명노선을 이념으로 제시했다. 여기까지만 보면, 일종의 공산당선언으로 보아도 무방하다. 그러나 무산계급의 궐기 같은 상투적인 공산주의 투쟁방략이 생략되었으며 특히 "현재 조선민중은 오직 민중적 폭력으로 신조선 건설의 장애인 강도 일본세력을 파괴할 것뿐인 줄을 알진대, 조선민중이 한편이 되고 일본 강도가 한편이 되어, 네가 망하지 아니하면 내가 망하게 된 '외나무다리 위'에 선 줄을 알진대, 우리 이천만 민중은 일치로 폭력 파괴의 길로 나아갈지니라. 민중은 우리 혁명의 대본영이다. 폭력은 우리 혁명의 유일무기이다. 우리는 민중 속에 가서 민중과 휴수(携手)하여 불절(不絶)하는 폭력 ─ 암살, 파괴, 폭동으로써 강도 일본의 통치를 타도하고, 우리 생활에 불합리한 일체 제도를 개조하여 인류로써 인류를 압박하지 못하며 사회로써 사회를 박삭(剝削)하지 못하는 이상적 조선을 건설할지니라."라는 마지막 부분은 바쿠닌, 크로포트킨 등으로 대표되는 아나키즘의 테러리즘에 영향을 받은 것이 확실하다.

즉 조선혁명선언은 민족주의, 아나키즘, 사회주의 등 적어도 세 가지 이상의 이데올로기가 혼재된 작품이란 뜻이다. 이 점이 조선혁명선언의 주관처를 단정하기 어려운 이유이다. 이상 여러 상황을 고려하면 조선혁명선언을 작성한 곳은 북경군사통일회가 가장 근접한 단체로 추정된다. 참고로, 발송일 1923년 11월 01일 일제 극비문서 <北京에서의 鮮人團體의 組織에 관한 狀況>을 보면 "朴容萬(軍事統一會 會長), 李光(副會長), 金元鳳(總務), 趙南舛(幹事長), 徐日步(幹事), 金昌淑, 李成, 鄭寅敎, 金復, 朴亨來, 申完一, 東寬寶, 申憲, 金炳淑, 李耀, 崔明學, 素光"[46]라고 북경군사통일회의의 조직에 대한 기록이 남아 있다. 추가로 사건에 대한 설명부분은 다음과 같다.

"露領 秋風嶺 및 上海 等地에서 同志 糾合 義烈團 成立, 北京에서 朴容萬 發起로 軍事統一會 組織, 北京 在住 鮮人 普合團

組織, 上海 中韓人 提携 中韓互助會 設立, 李世榮 等 教育會 設立, 치타정부의 駐支代表 유린 北京高麗共産黨 組織"

그리고 의열단과 보합단의 조직도 아래와 같이 소개하고 있다.

"金元鳳(義烈團 團長), 孫桂忠(義烈團 副長), 韓永福(義烈團 副長), 金達河(義烈團 總務), 金東喆(義烈團 幹事), 李壁(義烈團 會計), 南東赫, 盧南石, 張順智, 崔石把, 崔一淸, 權君熙, 張國宣, 金一鉉, 金德, 韓馨權, 朴容萬(普合團 團長), 金昌淑(副團長), 申彩浩(總務), 崔石把(幹事), 幹炳一, 趙南玼, 羅壁, 趙昌緒, 韓震山, 韓永福, 金連河, 金昌根, 申蕭, 李世榮"

여기서 우리가 주목할 것은, 김복 즉 범재 김규흥이 북경군사통일회의 구성원이었다는 점, 김원봉이 북경군사통일회의의 총무를 맡았다는 사실, 신채호가 보합단의 총무였다는 것 등인데, 김규흥의 이력과 사상, 그리고 역할을 규명하면, 조선혁명선언의 주체와 사상에 대한 의문이 대부분 풀린다고 본다.

여러 번 지적한 바 있지만, 상기 일제의 문서에도 김규흥은 회장이라든가 부회장, 고문 등 공식적인 직함은 나타나지 않는다. 지금까지 학계에 범재 김규흥이라는 인물이 등장하지 않은 이유이기도 하다. 그러나 범재가 위에 거론한 각 단체의 고문, 혹은 배후의 조정자 역할을 했음은 분명하다고 본다. 왜냐하면 범재라는 키워드를 생략한 채로는 아래에 지적한 사항을 도저히 설명할 수 없기 때문이다.

첫 번째, 아나키즘과 조선혁명선언에 대한 관련

"朝鮮假政府의 首領 金凡濟는 일즉 法國으로 歸來한 中國勞働者首領 夏奇峯과 通謀하고 勞働會의 名義를 利用하야 一般無識한 勞働者를 入會케 하고 近日 또 漳州 陳炯明으로부터 經濟的援助

를 受하야 極端의 無政府主義를 宣傳한다. 其內容은 法律을 廢棄할 事, 政府를 倒壞할 事, 人民은 相互幇助에 依하야 生活하고 一切의 所有物을 社會의 共有로 할 事, 人民 一日의 勞働時間은 二時間으로 하고 其餘時間은 사람 된 바의 思想과 精神을 發展할 事, 男女는 任意로 同居함을 得할 事, 老若及廢疾者는 共公機關에서 保護할 事, 相互幇助主義의 外 何等의 宗教도 無한 等 事로 一般勞働者가 此에 加入하는 者 頗多하다 云云."[47]

상기 인용 내용에 대하여 임시정부는 김 범재와의 관련설에 대하여 부인했지만, 김규흥이 1920년 이전부터 아나키즘에 관련되었음을 간접적으로나마 증명해 주고 있다. 특히 진형명으로부터 경제적 원조를 받았다는 내용은 김규흥과 진형명의 오랜 친교를 고려할 때 사실임에 틀림없다. 상기의 다른 내용도 사실에 가깝다는 것을 증명하는 단초이다.

대표적인 아나키즘의 투쟁은 파리 코뮌, 에스파냐 내전, 그리고 프랑스 학생혁명 등인데 신해혁명 역시 아나키즘의 영향을 많이 받은 점을 고려하면, 김규흥은 신해혁명 이전 광동망명 시절에 이미 아나키즘 세례를 받았던 것으로 추정된다.

많은 학자들은 단재 신채호가 아나키즘에 경도된 시기를 대체로 1926년 이후로 본다. 조선혁명선언을 단재 신채호의 작품으로 규정하고 있는 학자들의 고민이 여기에 있다.

아나키즘 대표적 문서의 하나로 보고 있는 조선혁명선언의 작성시기와 신채호의 아나키즘 세례의 시점과 일치하지 않는다는 점이다. 이러한 논리의 부적합을 해소하기 위해, 신채호를 스승으로 여겼다는 유자명을 등장시키는 무리수를 둔다. 즉 스승이 제자의 이념을 차용하여 조선혁명선언이란 중요한 문서를 작성했다고 하는 무리한 설정을 했다는 뜻이다.

이러한 문제는 범재 김규흥이란 키워드를 등장시키면 아주 쉽게 해결된다. 김규흥이 조선혁명선언을 기초했거나, 적어도 이론을 제공했다고 보면 선언서의 이념 문제는 깔끔하게 정리된다는 것을 알 수 있다.

두 번째, 의열단의 분열 문제

앞에서 유재명, 윤자명 등의 탈퇴 등 의열단의 분열에 대해 언급한 바 있지만 그 외 국민대표회의 해산 이후 청년동맹회, 병인의용회 등 무력항일투쟁 단체의 활약과 의열단과의 관계 등에 일제의 비밀문서는 자세히 언급하고 있다.[48]

공산주의자 윤자명, 아나키스트 유재명 등이 탈퇴했어도 조선혁명선언이 의열단선언으로 계속 존속할 수 있었다는 것은 고려공산당과 아나키즘 제 단체와 선언서가 직접적인 관련이 없음을 나타낸다.

그리고 김원봉의 의열투쟁 일선퇴장과 관계없이 의열투쟁이 지속적으로 이루어졌다는 것은 북경군사통일회 혹은 그 주관 인물이 의열단의 실제 배후였음을 또한 증명한다. 신채호의 역할도 마찬가지이다. 그가 은거 중일 때도 의열단선언은 상해, 만주, 평양, 경성 등에서 계속 등장하곤 했다.

범재 김규흥이 북경군사통일회의 고문, 혹은 배후의 조정자이고 조선혁명선언의 기초자이자 배포 본부라고 보면 위에 거론한 의문은 대부분 해소되리라 본다.

세 번째, 개조파와의 관계

의열단이 개조파와 연대하여 창조파 인사들을 압박한 적이 있다. 이 문제도 범재의 이력과 인맥을 기억하면 의문점은 자연스레 풀리게 된다. 조선혁명선언이 창조파만의 이념을 선전하기 위한 문서라면 의열단의 행위는 정말 이해할 수 없다.

그러나 범재 김규흥은 극단적인 창조파는 아니었던 것으로 짐작된다. 왜냐하면 개조파 및 임정 고수파에는 여운형, 조소앙, 등 동제사 요원들이 포진하고 있었고 백범 김구 등 일부 다른 임정 고수파의 인물들도 신한청년당, 노병회, 흥화실업은행 등의 단체를 통하여 김규흥과 인연의 끈이 닿았던 것으로 보이기 때문이다. 지금까지 거론한 조선혁명선언에 대한 자료를 정리하면 다음과 같이 재구성해 볼 수 있다.

○ 1922년 11월 4일, 북경에서 김규흥, 박용만, 신채호, 이회영, 김창숙 등과 50여 명의 의열단 관련 청년 회원이 모여 흥화실업은행 창립대회를 개최한다.

○ 1922년 연말, 북경군사통일회(회장 박용만, 부회장 이광, 총무 김원봉), 보합단(단장 박용만, 부단장 김창숙, 총무 신채호), 청년회(회장 한진산, 부회장 김원봉, 총무 장자일), 교육회(회장 이성영, 부회장 김성환), 의열단(단장 김원봉) 그 외 노국노농정부, 남원비행학교, 중한호조회, 고려학생회, 知多(치타)政府, 북경고려공산당, 극동공산당 등 북경과 상해, 노령 등에서 뜻을 함께하는 동지를 규합하는 모임이 있었다고 일제의 비밀문서에는 기록되어 있는데, 흥화실업은행 창립대회가 그 모임으로 추측된다.[49]

○ 마침 다음 해(1923년) 1월부터 국민대표회의가 개최될 예정이었으므로 상기 단체의 공통된 이념과 주장을 선포하는 목적으로 김규흥이 주관하여 조선혁명선언을 작성한다. 그러나 상기 단체의 공통된 선언문으로 공포하기엔 제 단체의 이념이 너무 복잡했으므로 개별 선언자는 생략하고, 대신 선언서의 제목을

조선혁명선언, 선언자는 의열단으로 합의한다.

○ 선언문의 내용은 아나키즘의 테러에 대한 합리화 이론을 차용하고, 사회주의 민중 혁명론 등을 참조했으나 기본적으론 민족주의를 배경으로 하되 요체는 일제의 현 체제를 파괴하고 새로운 조선의 체제를 건설하자는 것이다.

○ 특히 대동단결선언부터 시작된 동제사가 주관한 각종 선언문의 최종 완결 선언문으로서 조선혁명선언이 그 역할을 하는 것으로 보인다.

○ 의열단은 선언문이 발표된 후, 다음과 같은 의열단 자금협조서 "우리가 異族專制의 强盜政治下에서 民族的 滅亡의 慘禍를 免하자면 오직 急激히 革命을 進行한 것뿐이라. 祖上의 뼈가 朝鮮의 흙에 묻히고 子孫의 將來를 朝鮮의 前途에 맡기신 者로서 誰가 이 大義를 沒覺하리오. 이에 革命의 進行에 必要한 經濟問題에 對하여 貴下의 뜨거운 誠意의 表示가 있기를 바라오니 이를 稱託拒絶한다면 우리는 斷乎한 手段을 取하겠음."과 함께 의열단의 투쟁방략 및 주요 강령으로 채택하여, 무력항쟁의거 때와 자금모집 시 선언문을 배포하기 시작했다.

정리하면, 조선혁명선언은 북경을 중심으로 하는 제 단체의 공동 선언문으로 국민대표회의에서 조선의 독립과 혁명을 촉구하는 방략으로 작성되었으나, 제 정파 간 이념 문제의 상이 등으로 인하여 의열단선언문으로 축소되었다는 뜻이다. 물론 필자의 추론에 이의를 제기하는 분들도 많을 것으로 본다. 그러나 조선혁명선언은 의열단이라는 일개 폭력단체의 강령으로 한정하기엔 그 내용이 너무 무겁고 범위가 넓다. 조선혁명선언의 작성목적과 이념, 주관처를 정확하게 이해하기 위해선, 북경흥화실업은행, 북경군사통일회, 국민대표회의, 의열단 등의 키워드에 범재 김규흥이란 숨겨진 열쇠를 대입하면 대부분의 난제들이 풀리리라 확신한다. 다시 말하지만 단재 신채호를 조선혁명선언의 기초자로 단정하는 것은 오히려 단재 신채호를 욕되게 하는 것임을 지적한다.

조선혁명선언이 범재 김규흥이 기초했다는 증거는 하나 더 있다.

"그리고도 망국 이후 해외로 나아가는 모모지사들의 사상이 무엇보다도 먼저 '외교'가 그 제1장 제1조가 되며, 국내 인민의 독립운동을 선동하는 방법도 미래의 일미(日美)전쟁, 일로(日露)전쟁 등 기회(機會)가 거의 천편일률의 문장이었었고, 최근 3·1운동에 일반인사의 '평화회의, 국제연맹'에 대한 과신(過信)의 선전이 도리어 이천만 민중의 분용(奮勇)전진의 의기를 타소(打消)하는 매개가 될 뿐이었도다. ……"

선언서에서 외교론을 비판한 부분의 마지막 문장이다. 외교론자들이 투쟁방법론의 근거로 사용했던 일미전쟁, 일로전쟁에 대한 기대를 비판하면서도 일중전쟁에 대한 언급이 없다. 이것은 망명 초기부터 신해혁명 등을 거치는 동안 중국과의 협력을 일관되게 주장한 범재의 독립운동방략과 무관하지 않은 듯싶다.

조선혁명선언은 애초의 목적으로 추정되는 국민대표회의 이념 제공에는 성공하지 못한 것으로 보인다. 그러나 이 선언은 의열단뿐 아니라 의열단 해체 이후 그 이념을 계승한 한인애국단 등 무력항일투쟁단체들에 이론적 배경과 자부심을 제공했음이 분명하다. 조선혁명선언을 의열단이라는 테러단체의 강령쯤으로 치부하는 것은 대단히 큰 과오라고 본다.

이 문서를 보다 정확하게 이해하기 위해서는, 박달학원 설립, 향강·진단·천고 발행 등 언론활동, 각종 독립선언서발표, 파리강화회의, 3·1운동, 임정수립 등을 통하여 평화적인 방법으로 독립운동의 방략을 추구하던 범재 김규흥이 왜 무력투쟁론자로 변신하게 되었나 하는 과정을 알아야 된다. 동제사 시절, 신규식이 범재의 대리인 역할을 했다면, 제2의 동제사라고 할 수 있는 북경흥화실업은행 시기에는 박용만, 신채호 등이 그 역할을 이어받았다는 점을 이해하는 것도 함께 기억했으면 한다.

9) 노병회와 백범 김구의 선택

2009년 6월 23일부로 5만 원권이 시중에 유통되기 시작했다. 2007년 5월 한은이 고액권 발행 계획을 발표할 당시에는 5만 원권, 10만 원권이 함께 거론됐었다. 6개월 뒤 고액권 도안인물을 발표할 때에도 5만 원권 신사임당과 함께 10만 원권 인물로 김구가 선정되는 등 5만 원권과 10만 원권 발행은 함께 움직이고 있었다.

하지만 지난해(2008년) 하반기부터 정부는 10만 원권 도안 문제, 물가 불안 등을 이유로 10만 원권 발행 연기 의사를 나타냈다. 정부의 해명은 뒷면에 넣기로 한 대동여지도의 목판본에 독도가 없어 논란이 일어 연기한다는 것이지만, 실상은 10만 원권에 빨갱이 김구 대신에 이승만 혹은 박정희를 넣으라는 일부 우익세력들의 집요한 압력 때문이라는 의혹이 또 한편에 있다. 이 또한 해프닝이기를 바라지만, 아무래도 정부의 해명을 곧이곧대로 믿을 수가 없다.

우리나라 화폐에 등장하는 인물은 백 원짜리 동전에 이순신, 1천 원권에 퇴계 이황, 5천 원권에 율곡 이이, 1만 원권에 세종대왕, 5만 원권에 신사임당 등 5명이다. 대한민국이 민주공화국인지 봉건 조선의 맥을 이어받은 나라인지 헷갈리기만 한다. 식민 지배를 당했던 국가 중에서 자신의 나라 지폐에 독립투사가 한 명도 없는 나라는 전 세계에서 우리나라가 유일하다고 한다. 이러한 희귀함은 상당기간 지속될 듯싶은데, 지폐가 갖는 역사적 정체성을 생각해 보면 그저 씁쓸하기만 하다.

2007년 6월, 입법전문 정치주간지 <여의도통신>에서 264명의 국회의원을 대상으로 실시한 설문조사와 자료조사 결과, 우리나라 국회의원들이 가장 존경하는 인물은 김구(1순위 79명/1·2·3순위 89명)로 나타났다. 김구의 뒤를 이순신(31명)과 정약용(16명), 세종대왕(10명), 아버지(8명), 링컨(7명), 간디(6명), 안창호·전태일·장준하·루즈벨트(4명), 문익환·박정희·신채호·김대중·정조대왕·만델라·대처(3명) 등이 이었다.

정치인들뿐 아니라 대부분의 국민들도 백범 김구를 존경하고 있다. 그러나 김구, 문익환, 장준하, 김대중, 노무현을 좌익 혹은 빨갱이로 보고 있는 세력들은 겉으로 드러난 여론 조사를 무시하고 대한민국을 움직이는 실질적인 힘을 갖고 있다. 10만 원권 발행 유보가 대표적인 예의 하나이다.

이명박 정권이 들어선 뒤 백범의 수난시대가 계속되고 있다. 현재 강북삼성병원의 일부로 되어 있는 경교장은 해방 뒤 임시정부의 회의실, 백범의 집무실과 숙소로 사용된 역사적인 건물이다. 그러나 지난해(2008년) 4월 서울시가 경교장을 복원하겠다고 의욕적으로 발표했지만 해가 바뀌도록 손도 못 대고 있다. 예산이 잡히었던 묘지 성역화도 결국 무산되었다.

수난과 별개로 아무튼 백범 김구는 독립투쟁과 통일의 상징 인물이자 국회의원들이 가장 존경하는 인물이라는 지위 자체는 변함 없다. 임시정부의 상징으로 백범을 손꼽는 것도 마찬가지이다. 그러면 이쯤에서 질문을 하나 하겠다.

1919년 상해 망명 이후 안창호(安昌浩)를 통하여 임시정부의 문지기를 자원하였으며, 이동녕과 안창호는 물론 초대 임시정부 대통령 이승만(李承晚)과 그를 이은 제2대 대통령 박은식(朴殷植), 연해주에서 부임한 국무총리 이동휘(李東輝), 국치 이래 상해에서 독립운동 기반을 닦은 신규식(申圭植) 등 기라성 같은 독립운동의 지도자들을 모시고 임시정부의 보위임무를 수행하였던 김구가[50] 언제부터 독립투쟁의 전면에 나서기 시작했을까? 부언하자면 백범 김구라는 위대한 독립운동가의 탄생 계기와 그 시작에 대한 의문을 풀어보자는 뜻이다.

大韓民國三年一月一日
臨時政府及臨時議政院新年祝賀式紀念撮影

위 사진은 <대한민국 임시정부 및 임시의정원 신년축하식 기념사진>이다. 빛바랜 사진 속에는 신익희(2열 왼쪽에서 3번째), 신규식(4번째), 이시영(5번째), 이동휘(6번째), 이승만(7번째), 이동녕(9번째), 안창호(11번째) 등 주요 임정요인들의 모습이 담겨 있다. 특히 김구 선생(1열 3번째)이 맨 땅바닥에 앉아 있는 모습은 당시 임정 내에서 그의 위치를 가늠하게 한다.

사실 망명 초기 백범의 위치는 보잘것없었다. 나이는 마흔을 넘겼으나 두 살 아래인 안창호의 부하 역할을 했으며 10년 연하인 몽양 여운형이나 그 또래의 젊은 청년들이 주도권을 잡았던 신한청년당 내에서도 발언권이 거의 없었다. 아마 이것은 투쟁 경력의 미흡함 외 평민 출신이라는 보이지 않는 계급 차별이 존재했기 때문으로 보인다. 더욱이 돈도 없었으니 약점을 상쇄시킬 수 있는 무기 하나 없는 셈이었다.

백범은 1922년 10월 28일, 노병회의 창립 발기인으로 참여하여 이사장으로 추대된다. 이 무렵 임시정부 내무총장에 취임하였으며, 1927년 이후 국무령 등 요직에 등용되다가 결국 1940년 3월 대한민국임시정부 주석이라는 최고위직에 선임되었다. 백범의 부각 이

면엔 임정의 분열과 약화라는 요인이 있었지만. 그래도 왜 김구가 선택되었는가 하는 의문이 남기 마련이다. 정답은 한국노병회라는 단체가 김구의 인생을 완전히 탈바꿈하게 만들었다. 더 정확하게 말하자면 북경흥화실업은행이 되겠다. 돈도 없고, 학벌과 경력마저 부실했던 백범에게 북경흥화실업은행과 한국노병회라는 단체를 통하여 화려한 인맥이 형성되기 시작했다는 뜻이다. 물론 그 배후에는 범재 김규흥이 있었음이 당연하다.

1922년 11월 4일 은행 개막 기념일에 모습을 드러낸 백범 김구의 사진을 한 번 더 인용하였다. 노병회의 창립일이 1922년 10월 28일이었음을 기억하면, 발대식을 끝내자마자 상해에서 북경으로 줄달음치고 있는 백범의 모습이 눈에 보이는 듯하다.

한국노병회는 독립운동사에서 그리 중요하게 취급되지 않고 있다. 그러나 설립취지와 회칙, 주요 구성원 등을 검토하면, 백범의 가장 큰 업적의 하나로 꼽히는 이봉창, 윤봉길 의거와 그 당시 거의 활동을 하지 않던 의열단과의 관계, 그리고 박용만이 추진했던 둔전제 등과의 연결고리를 짐작게 하는 대단히 중요한 단체임을 알 수 있다. 먼저 한국노병회에 참여했던 인사들의 면면을 소개하겠다.

한국노병회 출범식을 마친 직후 상해에서 북경으로 이동한 것으로 짐작되는 백범 김구.
다른 이들과 달리 양복을 입고 있다.

<표 3 - 3 한국노병회 주요인물, 1922년 10월 28일 창립>

이름	나이	동제사	신한 청년당	임시 정부	의열단	흥사단
[발기인]						
김 구	46		●	●		
조상섭	38		●	●		
김인전	46		●	●		●
이유필	37		●	●		●
여운형	36	●	●	●		
손정도	49		●	●		●
양기하	55			●		
박은식(?)	63	●		●		
[통상회원]김구, 김기형, 김두만, 김문희, 김인전, 김정, 김홍서, 나창헌, 남형우, 손정도, 양기하, 여운형, 윤기섭, 이계상, 이시영, 이유필, 조동호, 조상섭 등						
[특별회원]						
강창제	24				●	
김원근					●	
문일민	28					

334

이름	나이	동제사	신한 청년당	임시 정부	의열단	흥사단
나석주	30				●	
이성구	46					
채군선	27					
최천호	24					

한국노병회에 참여한 인물들의 전력을 보면 동제사와 신한청년당 출신들이 주축임을 알 수 있다. 김구, 여운형, 이유필 등 3인은 창립부터 해산까지 노병회의 중심 역할을 했는데, 특히 이유필의 행적을 주목할 필요가 있다. 제1장 은행의 설립자 편에서 설명한 바 있지만, 이유필은 김복과 함께 북경흥화실업은행의 전신인 흥국실업은행(주) 세 사람의 한국인 발기인 중 한 명이었다. 그는 북경흥화실업은행 개막식에 백범과 함께 참여하기도 했다(아래 사진 참조).

게다가 이유필은 한국노병회의 이사 겸 경리부장을 맡고 있다가 김구 이후 이사장 직책까지 담당했으니, 노병회의 자금조달은 북경흥화실업은행을 통하여 조달했다는 것은 자명하다고 할 것이다. 한국노병회와 북경흥화실업은행이 거의 비슷한 시기에 해체되었음도 두 기관이 실제로는 하나의 단체였음을 증명해 준다.

한편, 노병회의 특별회원은 의열단 출신들이 대부분인데 통상회원 중 나창헌이 철혈단 단장을 역임했으며 남형우도 의열단, 다물단 등과 관련이 있음을 기억하면 한국노병회 독립운동 방략의 한 방향을 짐작하게 한다. 실제 노병회는 병인의용대와 한인애국단의 모체이기도 하다.

백범과 함께 노병회의 중추적 역할을 했던 이유필이 북경흥화실업은행 개막식에 참석한 모습

노병회의 회헌 22조에 정의되어 '노병' 개념은 "독립생계를 영위하는 노공적(勞工的) 기술을 겸비한 군인자격자"를 뜻한다. 즉 한 사람이 노동자와 병사라는 두 가지 성격을 모두 갖춘 것을 의미한다. 노병회의 노병 양성 목표와 운동 방략은 취지서에 잘 나타나

있는데 그 내용은 아래와 같다.

한국노병회의 취지서

십수 년간 대한민국의 우리나라 독립정신은 이제 이미 그들로 하여금 실제적 사업에 이르게 되었다.

빈손으로 번쩍이는 칼날을 받으니 즐거움으로 죽음을 대하고 최후에 승리를 하고자 먼저 전진한 국내 동포들의 그 거룩한 일인 3·1만세 운동 이후 천하가 같이하는 사실로 그들의 생활적 요구, 정의적 관념, 자유, 자존, 자신, 자강 등의 모든 경애할 만한 정신은 세계열강으로서 대한독립의 정신적 승리를 얻었다 하니 또한 우연한 일이 아니다.

즉, 우리 해외에 있는 자들도 혹 다른 사람에게 향하여 우리 민족이 요구하는 바를 선전하며, 혹 국내에 대하여 세계가 바라는 바를 알아야 찬바람에 노숙하며 고생하고 열 번 죽어 아홉 번 살면 또한 수년 혹 십 년이라. 비록 나랏일에 보탬은 없었으나 이미 나를 생각 안 한 지가 오래되었으니 신상에 무슨 일이 어느 날 일어나 나라를 걱정하는 시간이 언제 없어지리오.

정신 차려 금과 돌을 가려야 하니 깨어 있는 정신으로 어떤 일을 하고 어떤 업을 닦아야 이롭겠는가. 사업하는 사람은 정신은 정신이요, 사업은 사업이다. 정신만으로는 도저히 사업을 성취하기 어려우니 사업에 성취에는 반드시 그의 상당한 물적 도구를 요구함이 하늘이 정한 이치다.

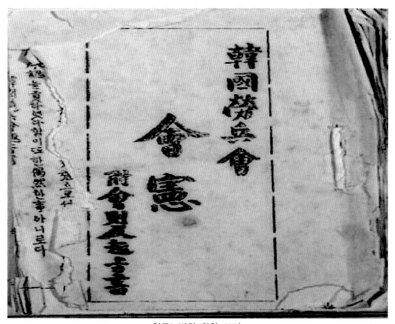

한국노병회 회헌 표지

이에서 1차적 교훈을 맛보리니 한국독립에 대해서는 할 일이 오직 전쟁이요, 전쟁을 하려면 군인과 군비이다. 발기인들이 군인 및 군비를 조성하고 양병 및 자금을 목적으로 하고 본회를 발기하니 대개 힘을 써서 군사를 모으고 자금을 저축하고자 한다. 지금까지 그 진행에 대해서는 회칙에 있으니 만 명의 병사가 비록 부족하나 모두 힘쓸 것이오. 백만 원의 돈이 비록 적으나 힘써 모을 것이다. 10년간이 비록 더디다 하나 또한 기한이 없는지라 요컨대 이로써 한 모양을 삼으리라.

우리들의 기치는 삼엄하나 고명하고 우리들의 정신은 맑고 크며 우리들의 목적은 바쁘나 열심히 하고 우리들의 사업은 거대하나 단순하니 모든 사람들이 회칙만을 엄격히 지키며 그 소유의 한계에 일체를 불문하고 오직 두 손으로 받들겠다! 우리의 모든 동포는 모여라!

대한민국 4년(1922년 10월 28일)

노병회의 1만 명 노병 양성과 백만 원 군자금 확보 목표는 1920년 7월 9일, 범재 김규흥이 도산 안창호의 회담 시 밝혔던 약 6개 사단 규모의 군대를 양성하고자 했던 사실과 맥을 같이한다. 지금까지 거론한 여러 사항을 고려해 보면 다음과 같이 재구성해 볼 수 있다.

- ○ 1919년 11월경, 둔전제에 입각한 항일무력투쟁 방략의 군자금 확보를 위해 김규흥, 이유필, 진형명, 손문, 호한민 등이 뜻을 같이하여 흥국실업은행(주)을 발기한다.
- ○ 1920년 7월 9일 이전, 범재 김규흥은 몽양 여운형을 대동하고 진형명, 포타프 등과 회담을 하여 약 6개 사단 규모의 군대를 양성하고 광복군의 군영지를 확보하고자 한다.
- ○ 1920년 7월 9일, 김규흥은 도산 안창호와 둔전제에 입각한 독립군 양성 방략에 대한 회담을 한다. 이 회담은 박은식이 주선하였다.
- ○ 도산과의 회담이 실패한 후, 1921년 4월 21일 북경군사통일회를 개최한다.
- ○ 박용만, 이회영, 신채호, 김창숙 등이 중심인 북경에서의 무력항쟁 모임과 별도로 상해에선 김구, 이유필, 여운형을 축으로 1922년 10월 28일, 한국노병회를 창립한다.
- ○ 1922년 11월 4일, 북경과 상해의 무력항일투쟁의 군자금을 지원하기 위해 북경흥화실업은행 개막 기념식을 갖는다. 이 모임에는 김규흥, 박용만, 김구, 신채호, 김창숙, 이회영, 이유

필 외 수십 명의 열혈 청년 단원들이 참석하였다.

○ 1923년 1월부터 개최된 국민대표회의에서 임정고수파, 창조파, 개조파 등으로 독립운동지사들의 분열이 발생했지만, 범재 김규홍의 뜻을 따르는 이들은 항일무력투쟁을 다음과 같이 계승했다.

○ 즉 의열단을 중심으로 한 의열투쟁, 박용만이 추진한 둔전제, 그리고 김구는 한국노병회와 1931년 10월, 한인애국단을 조직하여 무력투쟁을 독립운동 방략의 중심축으로 삼았다.

백범의 자서전에 "3월 1일은 연로한 우리의 지도자와 따르는 굳세고 힘센 청년들이 있었다."라는 구절이 있다. 그리고 "1919년에서 1929년까지는 진기한 일이 많았지만 지금은 쓸 수 없고 독립이 된 후에 쓰겠다."고 한 바 있다.

해방이 된 후 백범은 자신이 말한 진기한 일에 대하여 언급을 하지 않았지만, 노병회와 북경홍화실업은행을 통한 범재와의 인연이 그 진기한 일 중 하나가 아니었을까 미루어 짐작해 본다. 백범이 언급한 지도자도 이 책을 읽고 있는 독자라면 김규홍이라는 것을 추측할 수 있을 것이다.

한국노병회 회칙을 보면 다음과 같은 내용이 있다.

제17조: 총재는 본회의 두령이며 회무의 발전을 지도하고 특별한 경우에는 본회를 대표한다.

제18조: 이사장은 회무를 통리하며 이사회에는 총회장이 되고 본회를 대표한다.

이것은 무엇을 뜻하는가? 사가들은 발기인이었으며 초대 이사장을 역임한 백범 김구를 한국노병회 창립의 주도 인물로 평가하고 있다. 그러나 인용한 회칙 17, 18조를 보면 이사장은 단순히 관리인이며 총재가 실질적인 노병회의 대표자임이 확인된다.

하지만 이상하게도 창립부터 해산때까지 총재를 선출한 기록이 전혀 없다. 10년 정도 유지한 단체에 대표가 없었다는 것은 무엇을 뜻하는가? 이러한 의문도 결국 범재 김규흥이라는 키워드를 대입하면 자연스레 해소된다. 몇 번이나 지적했지만 범재는 양지에 나올 수 없는 처지였다. 기록에는 없지만 범재 김규흥이 한국노병회의 총재 역할을 했다는 뜻이다. 범재가 노병회의 총재가 아니라면, 노병회의 설립과정과 배경, 회원의 구성, 회의 취지 등이 도저히 설명이 되지 않는다.

결국 백범 김구는 범재 김규흥이라는 중국 관내 독립운동의 상징적인 인물을 한국노병회라는 단체를 통하여 인연을 맺게 됨으로써 외교론에 치중했던 임정의 명망가들과 차별화되기 시작하고, 향후 독립운동운동의 대표적 인물이자 임시정부의 상징이 되었다고 보아야 할 것이다.

10) 김규흥의 마지막 선택, 박용만의 비극적인 죽음

범재 김규흥이 평생을 바쳐 독립운동을 할 동안 고락을 함께한 동지 중 가장 중요한 두 사람을 꼽는다면 신규식과 박용만이라고 할 수 있다.

박용만은 김규흥이 1911년 3월 7일 샌프란시스코 대한국민회에 보낸 편지 이후 인연이 지속되었으며 대동단결선언, 대한독립선언서 등에 서명을 하였고, 특히 1919년 중국으로 망명한 이후는 범재가 계획한 둔전제를 바탕으로 한 항일무력투쟁에 나머지 일생을 바쳐 헌신하였다.

1926년(大正 15) 3월에 작성된 일제의 비밀문서 "北美와 하와이 지방 不逞조선인의 상황"에 의하면 박용만은 다음과 같이 기록되어 있다.

"…… 또 박용만(朴容萬)은 '하와이'에 가자마자 동지 조선인을 소집하여 말하기를, '이번에 나는 큰 각오로 민족적 단결을 굳히고 경제적 발전으로 시도하게 되었다.' 하면서 중국 북부지역에서의 농업경영이 유리한 점을 설득했다. 그곳에 조선인을 이민시켜 한편으로는 사교육을 실시하며 대조선독립의 第一步를 걸어 나갈 것이라고 하면서 금융기관으로서 우선 貯蓄會社를 설립할 필요성을 권장하며 大朝鮮 獨立團 團綱 및 團員 誓約書를 제시하였고, 동지의 손에 의해 일반 조선인에게도 배포되어 농업자금으로 出金을 승낙받은 것이 30,000여 불에 달했다고 한다.

원래 박용만(朴容萬)은 오랫동안 '하와이'에 살고 있어 독립단을 조직하여 그 단장이 되고 다른 영수인 이승만(李承晩)·안창호(安昌浩) 등에 대항, 상당한 세력을 갖고 있어 1919년(大正 8) 4월 상해 임시정부 조직에서 外交總長으로 물망에 올랐었으나 취임하지 않을 정도의 인물이었는데, 북경으로 移住한 후 점차로 생활이 궁핍해져 세력과 명망이 실추된 상태였고 최근에는 궁색한 나머지 여러 사업을 계획하였으나 자금이 없어 하는 것마다 늘 실패로 돌아가고 진퇴양난인 상태이다.

위에서 말한 저축회사 설립은 왕년의 세력과 명명을 이용하여 생활

의 비용을 얻으려는 것이 아닌가도 생각되어 특별히 주시 중이다."⁵¹⁾

박용만이 북경흥화실업은행에 관여했다는 것, 그리고 둔전제에 입각한 독립운동방략을 추진했다는 것 모두 맞다. 문제는 범재 김규흥이라는 인물을 배제하고 글을 작성하다 보니 여러 가지 무리한 설정이 연출되곤 한다는 점이다. 앞서 의열단과 북경흥화실업은행을 설명할 때 김규흥이 박용만의 부하로 둔갑하는 것 등이 한 예이다. 다른 예를 하나 더 들자면, 박용만과 북경 군벌과의 관계이다.

"…… 박용만은 둔병제에 입각하여 독립군을 양성하기 위하여 김복, 정안립 등과 제휴하고 또한 중국 군벌인 오패부, 풍옥상, 장작림 등과도 연락을 취하였다. 당시 중국 군벌들은 자신들을 보호해 줄 군대를 갖고 있었으며, 또한 자신들이 통치하는 영역을 확대하고자 하였다. 그러나 군벌의 군대는 유지하는 데 많은 비용이 들 뿐 아니라 충성심이 의심스럽기까지 한 일면이 있었다.

그래서 군벌들은 둔전제에 바탕을 두고 군대를 양성하고자 하는 박용만의 계획에 찬동하였던 것이다. 사회주의자 김복과 입헌군주론자 정안립은 정치적 견해의 차이에도 불구하고 한국의 독립과 자유를 갈망하는 데 있어서는 일치하였다. 그러므로 그들은 상호 협력하였던 것이다.

박용만은 오패부 군벌의 고문으로 있는 동안 농업과 군사, 그리고 산업에 이르기까지 모든 분야에 대하여 그에게 제안을 하였다. 그중 하나가 한국농민들을 중심으로 둔전제를 실시하여 미국 스타일로 군사훈련을 시키는 것이었다. 그리고 이러한 계획을 수행하기 위하여 북경에 흥업은행을 설치하였으며 만주에는 대본공사를 설치하기도 하였다. 그러나 이러한 계획은 흥업은행의 파산으로 실패로 돌아가고 말았다. ……"52)

박용만이 북양군벌과 우호적인 관계를 맺었음은 분명하다. 하지만 어떠한 과정을 통해 그들과 접촉할 수 있었는가에 대한 의문을 해소시켜 주는 자료는 전혀 없다. 그리고 박용만이 오패부 군벌의 고문이었다는 것에 대한 자료도 거의 없다. 그러면 왜 이러한 오해가 발생하게 되었을까? 다음의 자료를 검토하면 그 답이 나온다.

경력 및 활동

1908년 3월 중국으로 건너가 북평에서 박용만(朴容萬) 등과 흥화(興華)실업은행을 설립.

1921년 여름 귀향. 재차 도항한 후 흥화(興華)실업은행에 실패함.

1926년 중국동란 발발과 함께 풍옥상(馮玉祥)의 군사고문이 됨.

1929년 장학량(張學良)으로부터 재만한인입적(在滿韓人入籍)조사회 조직위원장에 임명.53)

김규흥이 풍옥상의 군사고문을 역임했음은 일제의 비밀문서에도 등장한다. 장학량 등 군벌과의 관계도 기록이 있다. 이러한 범재의 기록을 무시하거나 제외하고 전기, 논문, 공훈서 등을 작성하다 보니 김규흥의 이력과 업적이 타인의 것으로 차용되곤 했는데, 이것이 현재 우리나라 독립사의 현실이다.

이러한 증거 외에도 박용만이 오패부, 풍옥상, 장작림 등 중국 군벌과 직접 연대를 맺었다는 것은 정황증거로도 무리가 따른다. 박용만의 주 근거지는 하와이, 샌프란시스코 등 미국이었다. 중국인 인맥을 형성하기엔 언어문제를 비롯하여 여러 가지 극복해야 할 난제가 많았다는 뜻이다. 그러나 범재 김규흥이란 키워드를 대입하면 모든 문제가 자연스레 설명이 된다.

즉 1908년 망명 이후 오랜 기간 중국을 경험했던 범재의 이력을 기억하면, 박용만의 군벌접촉 매개인은 김규흥이었음에 틀림없다. 박용만은 음지에서 활동할 수밖에 없는 김규흥이란 인물의 대리인 역할을 했다는 뜻이다. 이러한 예는 신규식, 박은식, 신채호, 조소앙, 여운형, 이회영, 김창숙 등 무수한 독립투사들에게서 발견되는 공통사항이다. 향후 역사가들이 풀어야 할 과제임을 다시 지적한다. 참고로 심산 김창숙의 경우를 살펴보자.

"…… 한편 심산은 그의 유학적 지식을 바탕으로 중화국민당(中華國民黨)의 손문(孫文)을 비롯하여 오산(吳山)·서겸(徐謙)·장병린(章炳麟) 등과 교통하여 한·중 공동 항일운동을 추진토록 하였다. 임시정부를 후원하는 한국독립후원회(韓國獨立後援會)의 조직이 바로 그것이다. 광동의 중국공교회원(中國孔敎會員)인 임복성(林福成)과 교유하면서 그곳 중의원(衆議院)에 나가 연설한 바도 있었다. 따라서 그곳 광동에는 한국독립운동 후원회가 조직되었다. 1920년에는 상해에서 임복성과 함께 한국독립운동을 위한 사민일보(四民日報)를 창간하였으며, 천진(天津)에서는 신채호(申采浩)와 함께 독립운동기관지 천고(天鼓)를 간행하였다.

1923년 1월 민족의 단합을 위하고 임시정부의 새로운 방향을 모색하기 위해 국민대표자대회(國民代表者大會)가 개최되었다. 그러나 참석자들이 창조파(創造派)와 개조파(改造派)로 양분되었고 이때 심산은 창조파의 국민의회대의원으로 추대되었다. 구국항쟁의 일념에 있던 그는 이때 민족운동의 분열을 우려하여 참가하지 않았던 것이다.

1925년 이승만(李承晩) 임시대통령의 위임통치(委任統治) 주장이 문제 되자 그는 박은식(朴殷植)·신채호(申采浩) 등과 이를 성토·탄핵하여 이승만을 대통령직에서 파면시켰다. 한편 국내외적 변화에 따른 임시정부의 광복운동이 침체하자 심산은 1924년부터 북경에서 이회영(李會榮)과 상의하여 새로운 독립운동기지로서 동삼성(東三省) 일대에 한인교포들을 모아 집단거주지를 마련하고 이곳에서 산업의 추진, 청장년을 훈련시켜 독립군(獨立軍)을 양성하여 국내로 진입하는 독립전쟁을 목표로 하였다.

이에 중국국민당과의 교섭으로 만몽(滿蒙) 접경지에 황무지 3만 정보(町步)를 무상 조차하였고 이의 개간자금 모집을 위해 1925년 8월 그는 김화식(金華植)과 함께 국내로 잠입하였다. 경기·충청·경상지역에서 유림과 부호를 대상으로 모금활동을 전개했으나 계획대로의 성과는 거두지 못하였다.

다시 상해로 돌아온 그는 국내에서의 잔학한 일제 식민지통치 아래 점차 상실되는 민족의식을 깨우치는 방법으로 결사대(決死隊)를 파견, 각종 식민지기관을 파괴하기로 하였다. 1926년 이동녕·김구·김원봉(金元鳳) 등과 상의, 1차로 의열단(義烈團)의 나석주(羅錫疇)를 파견하여 1926년 12월 동양척식회사(東洋拓殖會社)를 폭파케 하였다. 국내의 유림들도 그를 도와 모금운동을 하였고 이에 600여 명의 유림이 투옥하는 제2차 유림단 사건이 발생하였다.

1927년 5월 심산은 병으로 상해 공동조계(共同租界)에 있던 영국인 병원 공제의원(公濟醫院)에 입원 중인 일본 밀정에 발각 피체되어 국내로 압송 대구형무소에 수감되었다. 14년 형을 언도받은 그는 변호도 공소도 거절한 후 대전형무소에서 옥고를 치렀으며 이때

심한 고문으로 앉은뱅이가 되었다. ……"⁵⁴⁾

조금 길게 인용했는데 범재 김규흥을 생략함으로써 오해가 발생한 사실은 다음과 같다.

① '이 땅의 마지막 선비'로 불리는 김창숙은 하늘을 우러러 한 점 부끄럼 없는 항일지사임에는 틀림없다. 한편 그는 보황주의자이기도 했다. 그 증거의 하나로 1922년 8월 8일, 일제의 비밀문서 고경(高警) 제2475호에 의하면 "在北京 不逞鮮人의 保皇黨 組織說에 관한 件"으로 김창숙이 관련되어 있다는 기록이 있다. 그러한 그가 손문과 직접 교통했다고 하는 것은 아무래도 무리한 설정이다. 설사 그러한 사실이 있었다고 하더라도 신해혁명에 직접 참가했던 범재가 중간 역할을 했음에 틀림없다.

② 신채호와 함께 천고를 발행했다고 주장하는 것도 마찬가지이다. 다음 장에서 자세히 다루겠지만 천고는 진단을 폐간한 후, 같은 인쇄소에서 같은 활자로 범재 김규흥이 주관하여 발행한 잡지이다. 물론 심산이나 단재가 천고에 글을 투고하거나 알정부분 역할을 했음은 사실로 보인다. 그러나 심산이나 단재가 천고 발행의 주체가 되기에는 너무나 무리한 설정이다.

③ 중국국민당과의 교섭으로 만몽(滿蒙) 접경지에 황무지 3만 정보(町步)를 무상 조차하였다는 것도 사실을 증명할 수 없다. 만몽 접경지 혹은 노령에 둔전제를 위한 조차지를 계획하였던 것은 범재 김규흥이었으나 실행되지 못하였다. 더욱이 그 당시 중국국민당은 만몽 접경지에 세력이 전혀 없었고 심산이 둔전제에 대한 계획과 꿈이 있었다는 이전의 기록은 전혀 없다.

④ 김창숙이 보합단 부단장을 역임했고 의열단에 관여했음은 사

실이다. 그러나 그 배후에 김규홍과 보합단 단장이었던 박용만이 있었음을 생략해서는 안 된다.

일단 이 정도로 하겠다. 그동안 우리나라의 독립운동사 특히 중국을 무대로 활동했던 독립운동사는 범재 김규홍이란 핵심 키워드를 생략하거나 무시해 왔음이 사실이다. 이 책의 발간을 계기로 전면적인 독립운동사의 재검토가 이루어지길 희망한다.

안타까운 것은 박용만이 일제의 밀정으로 오해를 받아 이해명에 의해 암살을 당한 것이다. 오해의 원인도 따져 보면 둔전제 때문이라 할 수 있는데, 범재의 충격이 어느 정도였을지 짐작이 간다. 박용만의 죽음은 일제하 우리나라 독립운동사에 대단히 중요한 사건이다. 그러나 그의 죽음을 바라보는 시선은 너무나 다양하며 암살의 배후, 암살동기 등이 아직 제대로 규명되지 않고 있다.

1928년 10월 17일(혹은 16일) 박용만은 북경 자택에서 살해되었다. 범인은 의열단원 이해명이라고 알려졌다. 중국 관헌에게 체포된 이해명은 애국자라 하여 징역 5년 1개월 형을 선고받고 만기 전에 출옥하였다. 그런데 이해가 되지 않는 것이 있다.

대한민국정부는 박용만을 암살한 이해명을 독립유공자라 하여 1980년 건국훈장 독립장을 포상한 데 이어, 1995년에는 박용만도 건국훈장 대통령장을 추서하였다. 묘하게도 암살자와 피살자가 모두 건국에 공로가 있는 독립지사가 된 셈이다. 어떻게 이런 기막힌 일이 가능한 것일까?

먼저, 이해명의 행위에 정당성을 부여하고 있는 자료 중 가장 많이 인용되고 있는 소설가 박태원의 글을 인용하겠다.

"박용만은 상해임시정부의 초대 외무부장과 다음에 군무부장을 차례로 지냈고 북경에서 군사통일회를 소집한 일도 있어 소위 독립운동의 열렬한 지사로 당시 명성이 가히 혁혁한 바가 있던 사람이다. 그러나 그의 뜻은 굳지 못하였다. 그의 절개는 결코 송죽에다 비길 것이 아니었다. 어느 틈엔가 그가 왜적들과 비밀히 왕래가 있다는 정보를 받고, 이래, 의열단은 은근히 그의 동정을 감시하여 왔다. 그리고 마침내, 그와 북경 외무성 촉탁 기후지란 자와 사이에 은밀한 교섭이 있음을 적확히 알았다. 얼마 있다 이 변절한 자는 국내로 들어가 조선총독 사이토 마코토와 만났다. 우리는 그들 사이에 있은 밀담의 내용을 알지 못한다. 그러나 전일의 소위 애국지사가 오늘날에는 강도 일본의 주구가 되어 옛 동지들을 왜적에게 팔려는 의논이었음은 다시 의심할 여지가 없는 일이다. 사이토와 밀담을 마친 그는 곧 서울을 떠나 잠깐 해삼위를 들러서 북경으로 돌아왔다. 그리고 개척사업을 하겠노라 하여 대륙농간공사라는 것을 만들어 놓았다. 의열단은 이 추악한 변절자를 그대로 둘 수 없었다. 그들은 이자에게 마침내 사형을 선고하기에 이르렀다. 이리하여 1928년 10월 16일 밤에 원산출신의 단원 이해명은 이자의 집으로 찾아가 단총으로 그 목숨을 빼앗았다. 그리고 그는 그 자리에서 중국경찰의 손에 검거되었다. 그러나 중국법정은 그를 애국자라 하여 경하게 4년 형을 언도하였다. 형기가 차서 옥문을 나서자 그는 황포군관학교에 입학, 그리고 북벌에 참가, 다음에 조선의용대에서 공작, 뒤에 조선의용대의 일부가 광복군과 합판하자 이번에는 광복군 제1지대에서 공작, 그리고 그는 해방 후 고국으로 돌아왔다."[55]

앞서 조선혁명선언 신채호 기초설의 진원지로서 박태원의 약산과 의열단을 지적한 바 있지만, 이 책은 역사적 고증이 미흡한 하나의 평전이다. 박용만과 이해명에 관한 글도 마찬가지이다. 상기 인용한 글 중 역사적 사실과 어긋난 점만 해도 아래와 같다.

박용만은 상해임시정부의 초대 외무부장과 다음에 군무부장을 차례로 지냈다고 했다. 그러나 박용만은 임정의 외무총장에 임명된 적은 있으나 취임하지 않았으며, 더욱이 군무부장은 거론된 적조차 없었다. 강원도 통천 출신인 이해명을 원산출신이라고 한 것도 오류이다. 그 외 이해명이 황포군관학교에 입학했다는 것, 그리고 1928년 이전에 이해명이 의열단 단원이었다는 주장 등도 사실이 아니다.

이렇게 오류투성이의 책자에 서술된 내용을 검증도 하지 않은 채 역사적 사실로 인정하고 있는 게 우리 역사학계의 현실이다. 물론 박태원 외 김창숙이 해방 후 쓴 자서전이나 의열단원 이종암의 회고, 백범 김구가 1928년 11월 20일 이승만에게 보낸 편지, 중국인 마의가 1942년에 쓴 <조선혁염사화(마의편지)> 등을 보면 박용만이 적의 스파이이자 중국인 첩을 두며 호화생활을 했다는 내용이 기록되어 있어 박태원의 주장과 맥을 같이하고 있는 자료도 많다.

그리고 1929년 4월 30일, 한국독립당(韓國獨立黨) 남경(南京) 촉성회(促成會)가 '중국동포에게 삼가 알리는 글'은 박용만을 궁지에 몰아넣기에 충분한 내용임에는 틀림없다.

"●●●●● 하북(河北) 교우부(交友部)가 보내온 편지에서 저희 나라 사람 이해명(李海鳴) 군이 박용만(朴容萬)을 총살한 사건이 해당 지역 법정(法庭)의 일심(一審)과 재심(再審) 심판처를 거치면서 5년 2개월의 도형(徒刑)에 처해졌으나 북평(北平, 北京) 고등법원 검찰관 석병주(石秉鑄) 군이 승복하지 않고 장차 수도(首都) 대리원(大理院)의 제3심 최고법정에 항소를 제기할 것이라는 내용을 접했습니다.

박용만(朴容萬)이란 자는 십수 년간 혁명이라는 이름으로 혁명은 하지 않고 반혁명을 하는 데 이르렀고, 적국에 붙어 적국의 주구(犬)가 되었습니다. 이 마우(馬牛)나 노예와 다름없는 자의 남은 여생에 대해서는 장차 죽여 버린다 해도 애석할 것이 없습니다. 근근이 생명을 유지하고 있는 조국 인민들의 반 가닥도 안 되는 삶의 희망을 일방적으로 내던진 것은 마치 살무사나 도마뱀 같은 마음으로 승냥이나 여우 같은 행동을 한 것과 같습니다. 무릇 혈기(血氣) 있는 자라면 누구나 그 살코기를 먹고 쉬려고 할 것인데, 하물며 조선 사람이고, 더군다나 조선혁명당 사람임에랴 더 무엇을 바라겠습니까!

이해명(李海鳴) 군은 2천4백만 민중의 뜻을 대표하여, 전 인류 공동의 적을 토벌한 것이니, 그 기개와 행동은 찬양할 만하고 한편 애도할 만하며, 사람들에게 널리 알리고 사당에도 모셔 뜻을 기릴 만합니다."

<경고 중국동포서, 한국독립당 남경촉성회>

이 글에 의하면 박용만은 마소나 다름없으며, 적국의 주구이자 살무사나 도마뱀, 승냥이, 여우와도 같은 자로서 전 인류 공동의 적이 되어 버린 셈이다. 박태원도 상기 내용을 참조하여 글을 쓴 것으로 보인다.

그러면 밀정 박용만에 대하여 당사자인 일제는 그를 어떻게 평가했을까? 일제의 정보문서는 박용만이 1919년 중국으로 망명한 이후인 1920년 12월 17일 <不逞鮮人의 赤化와 中心地 移動에 관한 件> 외 1926년까지 300건이 넘는 자료를 남겼다.

이렇게 수많은 문서 중 박용만이 일제의 밀정이나 협력자라는 내용이 기록된 것은 단 한 건도 없다. 오히려 일제는 박용만을 '배일선인의 영수', '불령선인' 등으로 대단히 위험한 인물로 파악하고 있음을 확인할 수 있다.

결국 이해명이 박용만을 암살함으로써 일제의 큰 골칫덩이 하나를 제거해 준 셈이 되었는데, 그러면 한인 독립지사 중 일부나마 박용만을 변절자로 낙인찍은 이유는 무엇일까 하는 의문이 들게 마련이다. 이 문제를 풀기 전에 박용만 사살 사건을 보도한 당시 언론의 보도 방향부터 짚어 보기로 하자.

이상하게도 박용만 암살 건은 사건의 중요성에 비추어 그 당시 언론들은 거의 보도를 하지 않았다. 한때 박용만이 주필로 있었던 미주의 『신한민보』가 그의 죽음에 깊은 애도를 표명했고, 뉴욕의 유학생들이 발행하는 『삼일신보』에서 박용만의 죽음은 암살이라는 글을 실었다.

그 외 1928년 10월 21일 중국신문 『세계일보』는 박용만을 변절자로 칭하며 많은 한인들이 잘했다고 보도하였다. 한편 국내신문으로는 동아일보가 다음과 같이 전한 바 있다.

"지난 16일 밤, 중국 북경 숭문외 2조에 있는 대륙간공사 안에서 박용만 씨가 조선인 청년 두 사람의 권총에 무참히도 참살당하였다는데 내용은 전기(前記) 시간에 가해자가 나타나서 독립운동의 자금으로 쓰겠으니 대양(大洋) 1천 원만 내어놓으라고 간청하므로 객청으로 데리고 가서 언성이 점점 높아지고 거절을 당하자 가해자는 즉시 박용만 씨를 향하여 권총을 발사하여 세 군데 중상을 입힌 결과 마침내 절명하였는바 가해자의 한 사람은 자칭 박인식으로 의열단에 가담한 사람이라 한다. 씨는 기미년 초에 상해 가정부 군무총장의 지위에 있다가 취임하기를 거절하고 바로 북경으로 가서 모종의 운동을 하다가 최근에는 개척사업을 하기 위하여 공사를 만들어 활동하던 중 그와 같이 참살되었는바, 씨는 일찍이 하와이로 건너가서 여러 사람과 연락을 취하여 독립운동에 종사하기 20여 년이었고 금년 48세를 일기로 세상을 떠났다 한다."[56]

동아일보 역시 '상해 가정부 군무총장의 지위에 있다가 취임하기를 거절하고……' 운운 등 부정확한 정보를 인용하였지만 그 내용은 박용만의 암살설에 무게를 주고 있다. 박태원은 이 기사에 대하여 "사건의 진상을 전하고 있지 않다."고 <약산과 의열단>에서 지적하고 있음은 참고 사항이다.

아무튼 언론의 보도 태도도 여러 갈래임을 확인할 수 있는데, 그러면 진실은 과연 무엇인가? 박용만의 비극적인 죽음과 진실에 대해서는 여전히 미해결로 남아 있는데, 이 문제를 해결하기 위한 시도조차 드물기만 하다. 다만 방선주가 <박용만 평전>을 통하여 '박용만 피살의 의문점'이란 소제목으로 언급하고 있으며, 배정식이 역사문제연구 제18호에서 '임시정부 초대 사무총장 박용만 암살사건'이란 제목의 논문을 기고한 정도이다.

박용만의 죽음에 얽힌 비밀을 풀기 위해선 몇 가지 키워드가 있다. 즉 범재 김규흥과 둔전제, 창조파와 개조파, 그리고 임정고수파, 그 외 중국 군벌과 국민당 등이다. 지금까지 우리나라의 학자들은 일본과 한국의 관계라는 지극히 단순한 구조하에서 문제를 풀어 나가다 보니 '박용만은 변절자'라는 주장과 '아니다, 모든 것은 오해에서 빚어진 비극적인 사건이다.'라는 견해만을 표명할 뿐, 진실한 해명을 못 하고 있는 듯하다.

박용만을 비난하는 부류의 공통점을 보면, 상해 임시정부와 중국 국민당이라는 연결고리를 발견할 수 있다. 이 사건을 정확하게 파악하기 위해선 1926~1928년 중국 국민혁명군이 장제스(蔣介石)의 지도 아래 북양군벌(北洋軍閥) 타도를 목표로 출병하여 벌인 전쟁인 북벌전쟁을 연계하여 이해해야만 된다는 뜻이다.

박용만이 암살당한 1928년 10월은 장학량 등이 국민당 정부에 항복을 타전해 옴으로써 북벌전쟁이 완료되는 시점이었다. 이해명이 재판에서 관대한 처분을 받았던 것도 군벌정권이 아닌 국민당 정권하였다. 이것은 무엇을 뜻하는가?

박용만이 오패부, 풍옥상, 장작림 등 중국 군벌과 관계가 있었다는 것을 기억하는 독자라면 대부분의 의문이 해소되리라 본다. 원래 박용만은 상해 임시정부에 적대적인 입장을 견지한 처지였다. 임정 외무총장이란 요직을 거절하고 난 뒤 박용만은 북경군사통일회의를 통하여 항일무력항쟁을 주도하였으며 이 모임은 그 뒤 국민대표회의를 개최하는 단초가 되었다. 그리고 박용만은 창조파의 거두로서 임정 무용론을 펼치기도 했다.

임시정부를 고수하고자 하는 편에서 보면, 박용만이야말로 용서할 수 없는 적 중의 적이었다는 뜻이다. '중국동포에게 삼가 알리는 글'이란 성토문을 작성한 한국독립당의 주축이 임정출신 요인들이었다는 점을 고려하면, 박용만을 적대시하는 이들이 어떠한 부류인가가 더욱 자명해진다.

이해명이 속한 그룹도 마찬가지이다. 그의 출옥 후 행적인 한국혁명당 및 민족혁명당에의 가입, 조선의용대(朝鮮義勇隊) 창설에 참여, 대한민국임시정부 강원도 의원에 선출 등을 보면 그는 의열단 단장 출신이었던 김원봉과 노선을 거의 같이하였다. 이것은 무엇을 말하는가? 알다시피 김원봉은 1925년을 기점으로 암살, 파괴 등 의열투쟁을 포기하고 대중운동을 위한 정당활동으로 노선을 바꾸었다. 그리고 그는 황포군관학교를 졸업하고 난 후 북벌전쟁에 참여하기도 했다. 즉 박용만은 김원봉과 한때 뜻을 같이하여 의열투쟁을 한 경력이 있었지만 1928년 당시에는 김원봉의 정적이었다는 의미이다.

이해명이 의열단원이라는 오해를 불러일으킨 것은 이러한 김원봉과의 관계 때문인 것으로 보이는데, 아무튼 박용만이 암살을 당한 이유는 일제의 스파이라는 세간의 오해 이전에 군벌과의 관계 때문이라는 것이 필자의 견해이다.

이해명의 배후가 김원봉 쪽인지 임시정부인가는 확실하지 않다. 분명한 것은 양쪽 계열 모두 당시는 중국국민당의 노선과 함께했다는 사실이다. 한 가지 안타까운 것은 중국국민당 쪽의 반응이야 이해한다고 쳐도 우리 독립지사들의 박용만 혹은 둔전제에 대한 몰이해이다.

북경흥화실업은행이 손문의 죽음과 진형명의 몰락 이후 거의 파산 지경이 되었지만, 박용만이 하와이를 방문하여 30,000여 불의 군자금을 모집하는 등 재차 도약의 기회를 잡은 시기에 노선의 차이로 인해 박용만을 살해하고, 더욱이 죽음 이후에도 부관참시에 가까울 정도로 그를 매도한 것은 어떻게 생각해도 안타깝기만 하다.

박용만의 밀정설에 대해선 아래 박영석의 글을 참조하기 바란다.

"풍옥상은 미리 일본의 방해와 의심을 제거하기 위하여 일본 지도자를 만나기 위해 조선과 관동군에 3사람의 대표를 파견하였다.

이때 박용만도 그중의 한 사람이었다. 중국 상인으로 변장한 박용만은 자주 비밀리에 한국에 입국하였으며, 주요 일본 해군기지 등을 정찰하였다. 그러던 중 그는 하와이에 거주하였으며 일본 미국에서 공부한 밀정 이주현을 그가 투숙하고 있던 조선호텔에서 만나게 되어 정체가 탄로 나고 말았다. 이에 중국 상인의 도움으로 급히 중국으로 돌아왔다. 그 후 박용만은 중국 한인사회와 독립운동계에 일본의 밀정으로 잘못 알려져 1928년 의열단원인 이해명에게 사살되고 말았다."[57]

그리고 당시 일제가 오패부 등 군벌에 대한 입장을 정리한 문서도 참고사항이다.

"…… 연지(聯支)문제로서, 독립파가 동삼성(東三省)에 집합하여 조선에 돌입하려는 목적으로 우선 직예파(直隷派)인 오패부(吳佩孚), 풍국상(馮國祥)과 은밀하게 연락한 것은 사실이며, 오(吳)는 조선을 경과하여 일본에 진공해야 한다고 호언장담할 정도이다. 김홍서(金弘敍) 등은 오(吳)의 병영 내에 모여서 상의하며 조선인(鮮人)에게 군대교육을 시행하는 것도 목적이지만, 근래 이 계획은 쉽게 수행할 수 있는가를 확인하는 것 등의 여러 가지 계획이 모두 실패함에 따라 조선인(鮮人)의 의기는 점점 소침해진다. ……(원본판독불가)……"[58]

이상의 자료를 참고로 박용만 암살사건을 다음과 같이 재구성해 보았다.

○ 북경흥화실업은행의 후원자였던 손문의 죽음(1925. 3. 12)과 진형명의 몰락 이후, 둔전제를 관철하기 위한 방편으로 범재 김규흥과 우성 박용만은 중국의 군벌, 특히 오패부, 풍옥상

등 직예파 쪽과 밀접한 관계를 맺는다. 단기서를 대표로 하는 안휘파가 친일적 행태를 보였다면 직예파는 일제와 적대적 입장이었다는 사실은 참고사항이다.

○ 1926년부터 시작된 국민당의 북벌전쟁 시, 군벌과 협력관계였던 박용만은 국민당 및 상해 임시정부, 그리고 북벌에 참여했던 의열단 출신 김원봉 계열로부터 압박을 받는 입장이 된다.

○ 박용만은 풍옥상의 주선으로 여러 차례 비밀리에 한국을 방문한다. 이때 하와이 시절 동료이자 일본의 밀정이던 이주현에게 그의 정체가 탄로 나고 만다.

○ 그 후 박용만은 일제의 밀정에 의해 변절자로 소문이 나기 시작했으며 더욱이 군벌과의 관련으로 인해 일부 한인들에게 제거 대상으로 떠오르기 시작한다.

○ 이러한 시대적 상황하에, 이해명은 박용만을 방문하여 독립운동 방략 및 군자금 문제 등에 관하여 논란을 하였으나 의견이 일치하지 않자, 박용만을 사살한다.

○ 평소 박용만과 노선이 달랐던 개조파 및 임정고수파 출신들이 이해명 구명운동을 하면서 박용만의 비난에 동참한다.

1908년 망명 이후 20년이 넘는 세월 동안 조국의 독립을 위해 헌신을 했지만, 음지에 머물 수밖에 없던 범재는 어쩔 수 없이 대리인이 필요했다. 동제사 시절엔 신규식이 그 역할을 했으며 북경 흥화실업은행 창립 이후에는 박용만이었다. 둔전제는 범재 김규흥의 마지막 선택이었다. 결국 박용만의 죽음은 범재의 마지막 선택이 실패로 끝났음을 의미한다.

1928년은 박용만의 죽음이란 충격 외에도 김규흥에겐 수많은 비보를 접한 시기였는데, 20년 이상 생이별 상태였던 부인과도 그해 사별했으며 범재의 또 다른 분신이었던 단재 신채호가 일경에게 피체된 해이기도 했다. 이로써 범재 김규흥과 고락을 함께하던 이들은 대부분 인연을 접게 되었다.

한편, 범재 김규흥의 절대적 후원자이자 동지였던 진형명이 1922년 6월, 반란을 일으킨 뒤 손문과 결별하고 그 이후 몰락하기 시작했는데, 범재와 인연이 깊었던 이들도 이해를 기점으로 하나, 둘 그의 곁을 떠나기 시작했다. 1922년 9월에는 신규식이 자결했으며, 25년 3월에 손문, 26년 1월에 박은식이 작고했다. 그리고 1926년도 9월에 모친상을 당하기도 했다.

박용만이 유명을 달리함으로써, 범재의 이상과 꿈을 받들어 범재의 분신 역할을 할 수 있는 사람은 더 이상 존재하지 않게 되었다. 김규흥은 1929년 봉천파 출신인 장학량과 접촉하여 재만한인입적(在滿韓人入籍)조사회 조직위원장에 취임하여 둔전제에 바탕을 둔 항일무력투쟁을 마지막으로 시도해 보지만, 역사는 그를 외면하고 지병으로 인해 1936년 8월 16일 65세를 일기로 천진에서 작고하고 만다. 물론 역사에선 가정이 없다.

하지만 박용만이 암살당하지 않고, 내몽고 혹은 시베리아 지역을 조차하여 100만 명의 조선인들이 이주하여, 둔전제를 바탕으로 조국의 광복을 위해 일본과 독립전쟁을 하겠다는 범재 김규흥과 우성 박용만의 꿈이 이루어졌다면, 우리의 역사는 어떤 방향으로 변경되었을까 하는 안타까운 심정을 다시 토로해 본다.

大韓民國二年一月一日
臨時政府新年祝賀式記念

제 4 부

역사 바로 세우기

제1장
범재 김규흥은 누구인가

1) 고종의 비자금과 상해 무관학교 설립의 좌절

1905년 을사년은 일제에겐 축복의 한 해였다. 그해 9월 5일, 일본은 러일전쟁을 승리로 마무리했고 11월 17일에는 을사늑약을 체결함으로써 조선왕조의 운명을 결정지었으며 만주진출을 확정 지은 한 해였다.

러시아와 일본이 전쟁을 치르는 와중인 1905년 1월 9일 일요일, 상트페테르부르크의 노동자들 14만 명이 궐기한 소위 '피의 일요일' 사건을 계기로 제1혁명이 시작되는데, 니콜라이 2세가 국민의 기본권과 시민적 자유 및 선거에 의한 전국적 제헌의회의 창설을 약속하는 등 10월 선언을 발표하게 된 것은 러일전쟁의 패배가 결정적인 요인이었다.

러일전쟁은 러시아, 일본, 조선이란 세 국가의 운명을 결정지은 엄청난 결과를 초래하기도 했지만, '아청은행'이란 러시아와 청나라 합작은행이 파산하게 된 원인이기도 했다. 역사의 전면에 드러나지 않은 이 은행은 고종의 비자금을 은닉한 은행이라고 한다. 숨겨진 비사를 보도한 언론은 하와이 교민들이 발행한 국민보란 신문인데 그 내용은 다음과 같다.

"…… 김규홍은 아청은행과 민영철에게서 돈을 받으라는 조칙을 얻어 가지고 자기의 원하는 일이 잘되었거니 생각하였었다.

…… 그러나 그렇게 알게 된 친구가 일자리에 들어서서 돕겠다고 한 것은 김규홍, 강홍대 양인의 참으로 서로 온 후에 김규홍은 별임 시 액정, 세가들을 추축하여 추선한 것은 제실 재산 재정이라고 상해(상하이), 아청은행에 가져다가 맡기었던 돈과 서경 풍경궁을 짓는 통에 제실 재산돈 험축낸 것을 민영철에게 반을 가량으로 그것을 다수 합하며 약 九천만 원가량이 되었다고 한다.

…… 우리나라에서 한동안 얼마나 떠들었던지 어린아이들까지라도 다 알게 되었던 것은 왜채 이천 오백만 즉 변리를 병하여 삼천만 원이 있던 것이다. 삼천만 원 왜채에 그렇게 쪼들리던 광무가 무슨 돈이 있어서 그의 이 배 혹 삼 배 되는 돈을 상해(상하이) 아청은행에 임치하였던가 하는 것이 물을 만한 말이다.

…… 광무의 제일 좋아하는 것은 금전과 미색인데 그때에 벌써 엄상궁의 세도가 한물 올랐던 때이므로 이용익은 광무에게 새악시를 소개한 일은 있다는 말이 없었으나 광무가 좋아한 돈을 거두어들이는 데에 능하였다.

…… 이렇게 거두어들이는 돈을 국고에나 은행에 넣지 않고 지전으로 모았던 것을 상해(상하이) 아청은행으로 보내었는데 여러 천만 원어치 금은을 가지고 광무의 특병을 발취서간 이는 이 상궁이라 하는 이였는데 이 상궁 그전에 하와이에 왔던 이항우(본명은 종운)의 고모 혹 이모가 되는 이였다고 한다. …… 광무가 부탁하

고 이 상궁이 신실히 전달한 것은 즉 그 돈을 어느 때든지 광무 자기나 혹 그의 왕자들이 친히 가거나 혹 광무의 조축을 가지고 가는 사람 이외에는 누구에게든지 주지 말라고 한 것이다. 저 때에 김규흥이 만일 조칙을 가지고 가려는 길을 갔다면, 또한 그 돈이 어떻게 모였던 것인지를 불구하고 교육 대사업에 주게 되었다면 오죽이나 좋았으랴만은 호사다마가 그 돈을 왜통감, 그 후에는 왜 총독들이 찾으려고 누누이 시험하였으니 실패하고 그 후에 필경은 아라사(러시아) 혁명 후에 그 은행이 파산되고 본즉 그저 다 잃은 모양이다. ……"[1]

조선 말기, 고종은 당시 우리나라 외채 3천만 원의 3배 정도 되는 9천만 원이란 엄청난 금액을 비자금으로 조성하여 상해 소재 '아청은행'에 입금해 둔 모양인데, 이를 주도한 인물은 이용익으로 서술하고 있다.

고종은 이 비자금의 일부를 그가 총애하는 이 상궁에게 권한을 주고 일부는 김규흥 등에게 조칙을 주어 상해에 무관학교를 설립케 했다고 한다. 하지만 김규흥 일행이 일제 헌병대에 체포됨으로써 그 돈의 향방이 일본통감부 또는 조선총독에게로 이관될 뻔했지만, 러일전쟁의 여파로 은행이 파산하게 되자 모든 것이 만사휴의가 되었던 사정을 이 신문은 이야기하고 있다.

사가들에게 전혀 알려지지 않은 이 에피소드는 그저 야사의 하나로 치부될 수도 있겠지만, 범재 김규흥이란 한 개인에겐 그의 일생을 바뀌게 한 엄청난 사건이었다. 김규흥이 일본 헌병에게 잡히어 조칙을 빼앗기지 않았더라면, 혹은 아청은행이 파산하지 않았더라면 좀 더 다른 방향으로 역사가 진행되었을 터이지만, 상해무관학교 설립이란 계획은 범재에게 진형명이란 평생의 동지와 교분을 갖게 된 계기가 되었다. 진형명은 김규흥, 손문, 당소의와 함께 신해혁명을 함께한 동지이자 먼 후일 홍국실업은행(주)의 발기인으로도 참여한 평생의 지기였다.

"김규흥이 상해(상하이)에 가서 있는 동안에 그 무관 양성의 계획을 말하니까 중국인 중에는 진형명, 당소의 등 얼마 친구들이 찬성하고 영국 장관급 덕국(독일) 장관 몇 사람은 그 계획을 찬성하여 자기들이 무료로 그 학교의 치리와 교수를 하여 주마고 하였다."[1]

일단 이 사건이 진실이라면 범재 김규흥은 고종에게 대단히 특별한 존재였을 것으로 짐작된다. 하지만 불행하게도 대한민국 역사에 범재 김규흥이란 인물은 전혀 등장하지 않는다. 도대체 김규흥은 누구일까?

2) 성장과 교육

김규흥은 청풍김씨 23세손으로 자는 기현(起賢)이며 호는 범재(凡齋)이다. 1972년(고종 9년) 6월 13일, 충북 옥천읍 문정리 6번지에서 조선시대의 세가집 자손으로 태어났다. 김규흥의 증조부와 조부는 조선 말기 세도정치의 폐해를 피해, 서울 집을 버리고 시골로 낙향하였는데 곧 충청북도 옥천군 교동이다. 낙향하던 당시에는 거부의 소리를 들었고 한동안 그 부는 지속되었지만 대원군과의 악연으로 인해 경복궁 중건 시 무리한 과세로 인해 가산이 몰락되었다고 전한다.

김규흥은 조부의 기대를 한 몸에 받으며 향리에서 학문을 익혔는데, 어느 하루 "나는 너에게 줄 것을 다 주었지만 네 그릇에는 미치지 못할 것이다. 그 미치지 못할 것을 가득 채워서 쓸모 있는 큰 그릇이 되기를 바란다."라고 말하는 스승의 뜻에 따라 상경하였다. 거처를 재동에 마련하고 당대의 명사와 교유하였고 특히 충정공 민영환과 대단히 가깝게 지냈다고 한다.

김규흥이 15세 되던 1886년에 집안의 기둥이었던 조부가 별세하고 평소 병약하던 부친마저 1891년 40세를 일기로 작고하자 김규흥은 어린 나이에 불구하고 졸지에 집안의 가장이 되어 버렸다. 하지만 김규흥은 평생을 통하여 장남의 역할을 다하지 못한다. 집안은 그의 모친 정부인과 동생에게 맡기고, 가세가 기운 상태였지만 경성에 계속 머물면서 동지들을 사귀는 데 더욱 힘썼다.

그는 당시 선진화되고 있는 일본을 방문하여 정치·경제·문화·군사 등 여러 방면의 문물을 살피기도 했다. 특히 국민교육의 필요성을 절감하여 고향인 옥천에 사재를 출연하여 진명(창명)학교를 설립하는 데 힘을 쏟았다.2)

이 무렵 김규흥은 윤치호가 회장으로 있는 대한자강회 회원으로 활동하며 나라를 개화하는 데 많은 관심을 표명했다. 대한자강회는 장지연, 박은식, 양기탁 등 개화파 인사들과의 교분을 맺는 통로이기도 했다.3)

김규흥은 참봉이란 보잘것없는 벼슬에 머물렀지만, 시(詩)의 황현(黃玹)과 문(文)의 이건창(李建昌)과 더불어 한문학사의 마지막을 장식하는 대가로 불렸으며, 역사서술에도 힘을 기울였던 창강 김택영이 인정한 재야 역사가로 문명을 날렸다. 창강은 이때의 인연을 기억하여 1913년, 범재 김규흥이 홍콩에서 향강이란 한중합작 잡지를 발간할 때 창간호에 "遙祭黃梅泉文"이란 황현을 추모하는 글을 기고하기도 했다.

"…… 그리되어 우리나라의 이조 말년에 특별히 문장가의 이름을 들어 광무가 갑오경장 이후에 그전 대제학의 직위를 부활시키어 홍문관당상이라는 자리(그것이 처음이요, 마지막)를 만들어 출용하였던 송도선배 창강 김택이, 김규흥의 사혼에 반하였었다고 한다.

그러나 김규흥은 가산으로나 사환으로나 자기의 소원을 풀지 못할 일개의 불편한 선배였다. 더구나 一九〇五년 五조약을 치르거나 다른 것 할 것이 없으니까 심심하면 읽는 것으로 여러 날을 읽었는지 그 책 한 질을 능통하여 외다시피 하였다.

이 역사(물론 그것이 중국 역사이니, 전국 때로 시작하여 당조 말년까지 혹 송조 이전까지를 포함한 것)의 지식으로 인하여 그 전, 그 후와 그 외의 다른 역사 서류들을 많이 섭렵하였다. 그 결과로 김규흥은 큰 문사도 아니요, 큰 연설가도 아니었으나 좌담으로 역사의 사론을 하는 대는 덮을 사람 없는 참으로 재주 있는 사람이요, 능한 사람이라고 하였다. ……"[4]

3) 3·1운동의 대부 범재 김규흥

김규흥이 고종의 비자금 관리와 회수를 위한 조칙을 받았다는 것은 고종이 가장 신뢰했던 신하의 한 명이었음을 증명한다. 김규흥이 이러한 위치에 서게 된 것은 민영환과의 교우가 상당한 영향력을 끼친 것으로 짐작되는데 그의 성품은 평소 벗들과 사귀기를 즐겨하였다고 한다.

김규흥은 조칙사건으로 옥고를 치르고 난 뒤에도 상당기간 일제에 의해 거주 제한을 당하다가 1908년 초 중국으로 망명한다. 이때 본명 김규흥을 김복으로 변경하고 그 외 또 다른 변성명을 사용함으로써 신분을 철저히 은폐한다.

아쉬운 점은 김복 외의 별명에 대한 정보 부재로 인해 김규흥에 대한 기록을 거의 찾아볼 수 없다는 점이다. 이 점은 범재 김규흥의 재조명을 위해 향후 학계는 필히 이 숙제를 풀어야 할 것이다.

당시 대부분의 우국지사들이 만주나 연해주를 망명지로 선택했지만 김규흥은 망명지로 광동을 선택한다. 이것은 상해 무관학교 설립 건으로 인해 형성된 진형명, 당소의 등과의 인연 때문으로 보인다. 이렇게 형성되기 시작된 김규흥의 중국인 인맥은 구봉갑, 추노 등 신해혁명의 주요 인사들로 확대되며, 1910년의 광동 나부산 방문 등을 고려하면 혁명 이전부터 상당히 주요한 역할을 했던 것으로 추측된다. 김규흥의 망명은 독립운동사에 3가지 큰 영향을 주었다고 볼 수 있는데,

첫째, 공화주의의 정착을 들 수 있다.

1911년 무창봉기부터 시작된 3차례의 혁명과정은 보황주의자 김규흥을 공화주의자로 거듭나게 한다. 김규흥 자신이 신해혁명에 참여하면서 경험한 공화주의에 대한 신뢰와 확신은 몇 년 후 중국 관내에 망명한 신규식, 박은식, 신채호, 조성환, 조소앙 등에게 영향을 주어, 보황주의가 중심인 만주, 연해주 방면의 독립지사와 차별화되는 계기가 된다. 이것은 훗날 공화주의가 임시정부 정강, 정책

의 기본 이데올로기가 되는 결정적 역할을 범재 김규흥이 했다고 볼 수 있다.

둘째, 중국혁명지사들과의 유대관계이다.

진형명, 손문, 당소의, 추노 등 당시 중국의 역사를 주도했던 혁명인사들과 누구보다 먼저 교분을 맺음으로써 항일전선을 한중 협력하에 투쟁할 수 있는 분위기로 형성하는 데 범재 김규흥이 선구적 역할을 했음이 분명하지만, 이 부분에 대한 역사적 평가와 재조명이 이루어지면 독립운동사의 많은 부분이 바뀔 것이라고 본다.

셋째, 상해가 독립운동의 중심지 역할이 되게 한 점이다.

1910년대 초기, 상해·북경·광동 등 중국 관내에 거주하는 한국인들은 거의 없었다. 하지만 김규흥이 터를 잡고 신해혁명동지를 통한 인맥을 형성하며, 사재를 털어 가면서 망명 초기의 독립지사들에게 도움을 줌으로써, 박은식, 신규식 등 독립운동 명망가들이 망명지로 중국 관내를 선택할 수 있는 동기와 분위기를 조성했다.

이러한 결과, 수많은 인재들이 상해, 남경 등 중국 관내에 집결함으로써 3·1운동의 기획, 파리강화회의 참여, 임시정부 수립 등 훗날 상해가 독립운동본부의 역할을 하게 된 것으로 판단된다.

범재 김규흥은 역사의 전면에 드러나지 않는 그림자 인생을 살았다. 그러나 박은식이 안창호에게 보낸 편지, 도산일기, 지산외유일지, 일제의 기밀문서 등 여러 상황자료를 종합하면, 김규흥은 우리나라 독립운동사를 주도한 인물 중 대단히 중요한 역할을 했음에 틀림없다.

김규흥의 업적 중 가장 먼저 꼽을 수 있는 것은 동제사라는 비밀단체의 조직을 들 수 있다. 동제사는 '동제(同濟)'의 의미가 말하듯이 동포들이 다 같이 한마음 한뜻으로 같은 배를 타고 피안(彼岸)에 도달하자는 것이다. 동제사는 상해를 중심으로 한 중국 관내 지역에 있는 우리 동포들의 상부상조의 기관 역할과 함께 독립운동지사를 양성했으며 독립운동총본부이기도 했다.

김규흥은 동제사를 기반으로 하여, 프랑스 조계지역 내에 박달학원을 설립하여 교육을 통한 독립지사들을 양성했으며, 중국인과 유대관계를 위하여 <신아동제사>를 결성하고 신한혁명당을 결성하기도 했다. 한편 홍콩에서 향강이란 한중합작잡지를 발간하여 언론의 중요함을 일찍이 인식하기도 했는데 이는 3·1운동 이후에 발간된 진단, 천고의 발간으로 이어진다.

또한 동제사 인맥을 중심으로 중국 관내, 만주, 연해주뿐 아니라 일본, 미주와 조선본국을 아우르는 주요 독립지사들에게 대동단결선언, 2·8동경선언(留日本東京學生界獨立國之宣言書), 대한독립선언(國外韓人代表團獨立宣言書), 3·1독립선언(國內韓人獨立宣言書) 등 각종 독립선언서를 지역별로 선언하게 함으로써 동제사가 3·1운동의 진원지 역할을 하게 했으며, 김규식을 파리강화회의에 우선적으로 참여할 수 있도록 신한청년당을 조직하기도 하였다.

이러한 운동과 동시에 상해에 임시정부를 수립하는 기초 작업도 시행했는데, 독립선언서의 발표와 시위·임시정부수립·파리강화회담 참여 등은 제각기 별도의 운동이 아니고 동제사가 치밀하게 기획한 하나의 작품으로 보아야 한다. 즉 1917년 대동단결선언을 통하여 한민족의 대동단결을 호소함과 동시에 임시정부 수립의 필요성을 주장하며, 그다음 순서로 조선인이 거주하는 모든 지역에서 독립선언을 함으로써 한민족의 독립에 대한 갈망과 의지를 보여 주고, 임시정부를 수립하여 우리의 수권능력을 인지시킴으로써 일본으로부터 독립을 쟁취하고자 했던 것이 범재 김규흥을 정점으로 하는 동제사의 독립운동방략이었던 것이다.

4) 최후의 선택, 결사항쟁

범재 김규흥의 독립운동방략은 그가 관여한 5개의 선언서를 검토해 보면 그 흐름을 짐작할 수 있다. 1919년 이전에 발표한 대동단결선언 ,대한독립선언 등에서 무력항쟁을 부분적으로 주장하기도 했지만 기본적으론 외교론에 입각한 평화적 독립운동이었다. 하지만 기대했던 파리회의가 승전국의 잔치로 끝나고 평화적 시위였던 3·1운동의 결과가 7,000여 명을 죽이는 무차별 학살로 이어지자, 그의 투쟁노선도 완전히 바뀌게 된다.

일명 의열단 선언서로 칭하는 조선혁명선언이 범재가 선택한 마지막 독립운동방략이었다. 이 선언은 1923년 국민대표회의 개최를 전후하여 발표되었지만, 그 배경은 외교론, 준비론, 무장투쟁론 등으로 분열된 독립운동방략과 밀접한 관계가 있다. 그동안 독립운동 총본부의 역할을 하던 동제사의 실질적인 지휘자였던 김규흥이 무장투쟁론을 선택함으로써 김규흥의 대리인 역할을 했던 신규식 등 많은 동제사 요원들과 노선상의 갈등을 빚기도 했다.

3·1운동 이후 김규흥이 추진했던 독립운동의 방략은 의열단 등을 통한 항일무력투쟁과 둔전제를 바탕으로 6개 사단 규모의 정규군을 양성하는 것이었다. 범재 김규흥과 운동노선을 함께하는 주요

인물들도 이 무렵 상당히 바뀌게 되는데, 동제사 요원이었던 신채호 이외 박용만, 이회영, 김창숙, 이유필, 김구 등 1922년 11월 4일 북경흥화실업은행 개막 기념식에 참석했던 이들이 바로 그들이다. 특히 박용만은 동제사 시절 신규식의 역할을 했던 것으로 보인다.

김구, 이유필의 경우 박용만, 신채호 등과 노선을 달리했지만 북경흥화실업은행을 통하여 한국노병회의 자금을 조달했으며, 김원봉 등 의열단의 주요 행동대원들이 의열투쟁 노선을 포기했을 시기에는 한인애국단을 조직하여 이봉창, 윤봉길 의거 등 의열단의 의열투쟁을 계승하기도 했다.

동제사 시절과 달리 이 무렵 김규흥의 신분은 일제에 상당히 노출된다. 이것은 의열투쟁, 군자금 모집 등의 활동으로 인해 수많은 독립지사들이 검거됨으로써 나타난 어쩔 수 없는 결과이기도 하다.

한편, 김규흥은 1920년 10월에는 주간신문 진단을 발행했으며 1921년 1월에는 월간잡지 천고를 발간하여 언론독립운동을 전개했는데, 이는 1913년에 발간한 향강 이후 언론활동 중요성에 대한 신념의 표출이기도 하다.

김규흥의 독립운동 방략 중 마지막까지 집념을 보인 것은 둔전제에 대한 신념이었다. 1911년 샌프란시스코 대한국민회에 보낸 편지에서 둔전제에 대한 야망을 표시한 이후 1920년 도산 안창호의 회담에선 한국, 중국, 러시사와의 3국 합작을 통한 시베리아조차를 피력하였으며, 그 이후에도 내몽고 등을 근거지로 하는 방안을 추진하였다.

이를 위해 이념과 노선이 다른 만주 군벌 풍옥상의 군사고문, 장학량 군벌하의 재만한인입적(在滿韓人入籍)조사회 조직위원장에 취임하기도 하였다. 그러나 김규흥의 대리인 역할을 했던 박용만이

1928년 암살당하고, 군벌의 몰락, 그리고 만주가 일제의 화북분리정책에 의한 중국공산당, 국민당, 일제의 암투지가 됨으로써 끝내 실패하고 만다.

김규홍은 1908년 망명 이후 1936년 작고할 때까지 단 한 번도 일본경찰에 체포되지 않았다. 30년 가까이 독립운동을 하면서 더욱이 3·1운동, 의열투쟁, 은행설립, 언론사 설립, 둔전제 실행 등 독립운동의 획을 긋는 주요한 투쟁의 배후 역할을 하면서도 일경의 수배망을 벗어날 수 있었다는 것은 역사적으로도 의미 있는 일임에 틀림없다.

물론 김규홍 본인도 조심스레 처신했겠지만, 김규홍의 정체를 알고 있는 주위 독립지사들이 그를 보호하기 위해 얼마나 노력했는가를 알려 주는 반증이기도 하다.

김규홍은 한국독립운동사에 공식적인 직함을 가지고 활동한 적은 없다. 하지만 독립신문에 조선가정부(朝鮮假政府)의 수령(首領) 김범제(金凡濟)로 보도되기도 했으며, 도산 안창호는 임시정부의 총리를 맡아 달라고 요청하기도 했다. 이러한 사례는 그가 비록 음지에서 활동했지만 독립운동사에 얼마나 주요한 역할을 했는가를 웅변해 주고 있다.

대한민국 독립운동사는 다시 쓰여야 한다. 범재 김규홍이란 핵심 키워드를 제외한 지금까지의 근대사는 수많은 의문을 낳을 수밖에 없는 기형적인 역사였다. 주요 독립선언서의 작성경위와 기초자, 파리강화회담 파견의 주체, 3·1독립운동의 기획과 전개과정, 의열투쟁의 주관처 등을 검토할 때마다 제기되는 수많은 의문부호는 김규홍이란 음지의 독립운동지도자를 대입하면 대부분 해소됨을 다시 지적한다.

5) 음지에서 양지를 지향한 독립운동의 대부, 범재 김규흥 연보

연도	주요 내역과 활동
1872년 6월 13일	충북 옥천에서 출생 향리에서 조부와 사당에서 수학 옥천에 진명(창명)학교 설립
1906년	대한자강회 회원으로 활동 민영환, 창강 김택영 등과 교분 고종의 비자금 조칙사건으로 일제에 체포, 옥고를 치름
1908년	중국으로 망명(3월), 진형명, 당소의, 추노 등 무창봉기 주요인물과 교분
1911년	신해혁명 참여(10월) 혁명정부의 도독부총참의 겸 육군소장 역임
1912년	신아동제사 설립 동제사 설립(7월)
1913년	최초의 한중 월간잡지 향강 발간(12월)
1914년	박달학원 설립(1월)
1916년	이철(유동열)과 함께 조선인과 독일인과의 음모 사건을 주동함
1917년	대동단결선언 발표(7월)로 공화정을 추구하는 임시정부 수립의 필요성 제기
1918년	신한청년당 설립(8월)
1919년	파리강화회담에 신한청년당 소속으로 김규식 파견(1월) 留日本東京學生界獨立國之宣言書(2월) 國外韓人代表團獨立宣言書(2월) 國內韓人獨立宣言書(3월) 海蔘威韓人國民議會之宣言書(3월) 등 독립선언서 발표 주관 상해 임시정부 수립을 배후에서 후원함 한중합작 주간신문 진단 창간(10월) 한중합작 흥국실업은행 발기(11월) 의열단 창립(11월) 도산 안창호, 임정의 총리대리직을 교섭하나 거절함
1920년	제2보합단 창설(4월), 철혈단 조직 도산 안창호와 회담(7월)
1921년	한중합작 월간잡지 천고 발간(1월) 북경군사통일회 조직(4월)
1922년	한국노병회 조직(10월) 북경흥화실업은행개막식(11월 4일)
1923년	조선혁명선언(1월) 발표 주관
1924년	판의단(1월) 결성 - 만주
1925년	다물단(4월) 결성 - 북경
1926년	베이징에 대본공사를 설립 풍옥상의 군사고문 역임
1929년	장학량 군벌하의 재만한인적조사위원회 위원장 역임
1931년	한인애국단 조직(12월)
1936년 8월 16일	천진에서 작고

제2장
하늘의 통곡소리

1) 천고의 발행인은 누구인가

일제는 3·1운동 이후 이른바 '문화통치'로 전환하기로 했다. 조선 총독부는 문화통치정책에 따라 한국인이 발행하는 민간신문을 허용하기도 하였는데 동아일보, 조선일보, 시대신문 등이다. 그러나 국내에서 발간된 대부분의 언론들은 조선일보, 동아일보의 친일논쟁이 최근에 이르기까지 논란이 될 정도로 일정부분 한계가 있을 수밖에 없었다.

일제는 오히려 3·1운동을 전후로 하여 해외에서 발행된 우리말 신문과 국내의 지하신문들이 보여 준 항일언론투쟁에 주목할 필요가 있었을 것이다. 이 점 중국 관내에서 발간한 신문, 잡지 등은 특히 주목된다.

중국 관내 지역 독립운동 관련 신문 잡지는 지금까지 대략 70여종이 발굴되었는데, 이 중에서도 주목할 것은, 범재 김규흥이 관련된 3개의 언론지이다. 대부분의 신문, 잡지들이 국한문 혼용이었으나 향강, 진단, 천고 등은 한문으로만 된 한중합작 언론지이다. 향강, 진단, 천고 등은 이 당시 독립운동의 상황, 국내외의 정세 등에 대해 구체적인 자료를 남기고 있어 독립운동사 연구에 중요한 자료가 된다.

천고를 통하여 일제가 중국 마적(馬賊)과 결탁하여 동북지방의 조선인을 학살한 훈춘사건을 비롯하여, 일본군의 조선인 학살 사례를 자세히 소개하고 있으므로, 당시 동북지방에서 수많은 조선인들이 희생되었다는 사실을 알 수 있다.

또한 청산리, 이도구, 봉오동, 노두구 등에서의 전투를 비롯하여 크고 작은 무장투쟁의 전개과정, 희생자 수 등을 꼼꼼히 기록하고 승전을 독려하고 있어, 이를 통해 "독립이란 주어지는 것이 아니라 쟁취하는 것이다."라는 무장독립투쟁에 대한 인식도 드러나고 있다.

그 밖에도 동경 유학생 서상한이 일본에 볼모로 가 있던 황태자 이은(영친왕)의 살해를 모의했다가 실패했다는 사실과 그에 대한 옹호(「전 황태자 살해 모의에 대한 놀라운 소식」), 아나키즘의 이해(「크로포트킨의 죽음에 대한 감상」), 조선독립에 대한 절개를 지키다가 희생된 사람들에 대한 애도(「강우규 선생을 애도하며」), 같은 식민지인으로서 폴란드 독립에 대한 평가(「폴란드 광복의 약사」) 등도 주요한 내용이다.

문제는, 지금까지의 독립운동사에 있어서 범재 김규흥이란 인물에 대한 연구나 조사가 전혀 이루어지지 않다 보니, 김규흥의 대리인 역할을 했던 인물이 발행주체나 저자로 둔갑하고 있다는 점이다. '제2부 제2장 1913년 발행한 향강 잡지에 대한 진실'에서 향강의 발행주체가 박은식이 아니고 김규흥이라는 사실을 증명했지만, 천고의 경우도 마찬가지이다.

천고 창간호 표지

국가보훈처가 발간한 『大韓民國 獨立有功者 功勳錄』 신채호 편을 보면 "…… 1921년 1월에는 김창숙(金昌淑) 등의 지원을 받아 『천고(天鼓)』 잡지를 창간하여 격렬한 필치의 언론독립운동을 전개했으며, ……"5)라는 내용이 나온다. 이 기록에 의하면 단재 신채호가 천고의 발행주체가 되며, 대부분의 학자, 언론인들은 이 주장을 정설로 인정하고 있다. 심산 김창숙 공훈록의 내용도 대동소이하다.

"1920년에는 상해에서 임복성과 함께 한국독립운동을 위한 사민일보(四民日報)를 창간하였으며, 천진(天津)에서는 신채호(申采浩)와 함께 독립운동기관지 천고(天鼓)를 간행하였다."6)

신채호, 김창숙 외의 인물로는 원세훈, 김정묵 등도 천고의 발간자로 등장한다.

"1925년 1월 김창숙(金昌淑)이 서로군정서(西路軍政署) 군사위원장에 추대되고 주만참의부(駐滿參議府)의 군사고문이 되자 배천택(裵天澤) 등 여러 명의 동지들과 함께 '천고(天鼓)'지와 같은 잡지를 발간하고 4년간에 걸쳐 독립사상의 고취와 선전에 주력하였다."7)

"그리고 김창숙(金昌淑), 박순병(朴純秉), 신채호(申采浩) 등과 한문으로 된 월간지 천고(天鼓)를 발행하여 중국인들에게 한국의 민족정신을 알리고 조국광복을 위한 독립정신을 고취하였다."8)

몇 가지 이설이 있으나 신채호가 천고의 발행주체라는 점에 대해선 대부분 동의를 한다. 다만 당시 신채호의 경제적 사정이 대단히 곤궁하였으므로, 김창숙이 도움을 주었다든가 혹은 박숭병의 지원이 있었다는 것을 추가하는 정도이다.

하지만 김창숙의 경제사정도 어렵기는 마찬가지였으며, 당시 30대 초반(1890년생)인 박숭병 지원설은 더욱 근거가 희박한 설정이다. 2004년 "단재 신채호의 천고"라는 책을 발간한 최광식 고려대 교수의 글에는 아래와 같이 소개하고 있다.

"천고(天鼓)는 단재 신채호가 1921년 북경에서 발행한 한문체 잡지로 제1권에서 제7권까지 발간되었다. …… 천고(天鼓)는 신채호가 북경에서 김창숙의 도움으로 간행한 것으로 알고 있었으나 유자명은 박숭병의 도움으로 박숭병의 집에서 만든 것이라고 주장하였다. ……"[9]

그러면 진실은 과연 무엇일까? 정설로 통하고 있는 현 학계의 주장이 얼마나 무리한가를 몇 가지 예를 들어 검토해 보기로 하자.

첫째, 천고의 발간 장소 문제

1921년 초, 그 당시 신채호와 김창숙의 주 근거지는 북경이었다. 그러다 보니 천고의 발행지도 자연스레 북경이 되어 버렸다. 그러나 천고의 마지막 페이지를 보면 "상해법조계 천고사 발행, 상해법조계 천고 인쇄소인쇄"라고 상해가 발행지임을 분명히 밝히고 있다. 한편 일제의 비밀문서 <고경 제18637호, 국외정보>의 "상해에서 발견된 배일잡지"란 제목의 서류에는 "천고가 상해에서 발행되었으며 조선에도 배포되었다."고 기록되어 있다. 이와 같이 분명한 사실도 지금까지 왜곡되어 왔던 게 우리 역사학계의 현실이다.

天고의 발행과 배포에 관한 일제 비밀문서

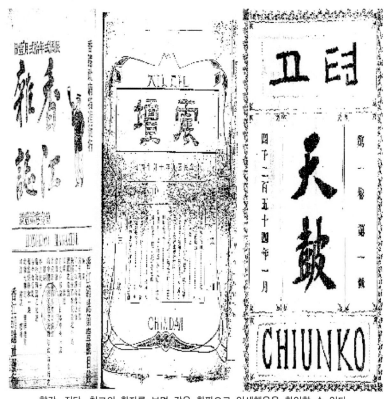

향강, 진단, 천고의 활자를 보면 같은 활판으로 인쇄했음을 확인할 수 있다.

둘째, 활자와 편집관계

천고는 당시로는 상당한 경비가 소요되는 활판 인쇄물이었다. 만일 천고가 신채호가 발행 주체였다면, 그가 관여했던 신대한(新大韓)의 활판을 이용했어야 이치에 맞는다. 천고가 발간될 무렵 폐간된 신대한은 국한문 혼용 활자를 사용한 주간신문이다. 하지만 천고에 사용된 활자는 오히려 진단과 유사하며 편집방식도 거의 동일하다.

이것은 무엇을 말하는가? 더욱이 진단과 천고의 발행 장소가 같다는 것은 진단의 활판을 천고에 사용하였다는 것을 증명한다. 범재 김규흥이 최초로 발간한 향강의 활자와 편집 등을 비교해 보면, 이 세 개의 언론지가 동일한 주체에서 발간되었음이 더욱 분명하게 확인된다. 물론 그 주체는 범재 김규흥임에 틀림없다.

셋째, 한중합작 관계

천고의 창간사에는 일본이 우리만이 아닌 동양의 구적(仇敵)으로 중국과 한국은 입술과 이의 관계임을 일깨워 주는 내용이 있다. 천고 자체가 한중합작 잡지이며 한국과 중국의 협력에 의한 항일운동은 범재 김규흥의 일관된 소신이었다. 그러나 신채호의 경우, 오히려 국수주의에 가까운 민족주의자였지, 그의 이력에 한중합작에 대한 소신은 거의 찾아볼 수 없다. 창간사에 나타난 잡지의 발간 의의를 보더라도 신채호가 천고의 발간주체가 될 수 없음은 더욱 분명해진다.

이상 몇 가지 사례를 보면, 천고의 발행 주체를 신채호로 인정하기에는 많은 무리가 따름을 알 수 있다. 우리의 근세사에 범재 김규흥이 등장하지 않다 보니 향강은 박은식, 진단은 신규식, 천고는 신채호로 단정할 수밖에 없었는지도 모른다. 그러나 이제 김규흥이란 코드를 기억하면 의문부호로 남았던 한국독립사의 맥락이 제대로 자리 잡으리라 확신한다.

2) 천고에 실린 글의 저자는 누구인가

천고는 제7권까지 발행된 것으로 알려져 있지만 현재까지 발굴된 것은 창간호와 제2, 3권뿐이다. 최광식은 이 중 창간호와 제2권을 역주하여 '단재 신채호와 천고'라는 제목으로 2004년 출간하였는데, 천고에 수록된 작품들의 저자는 대개 필명으로 되어 있어 아쉽게도 정확한 필자를 알 수 없다.

하지만 최광식은 『천고』에 실린 글들이 대부분 신채호가 집필한 것으로 단정하고 있다. 편집인, 대궁, 진공, 지신, 남명, 진생, 신지 등이 최광식이 주장하고 있는 『천고』에 등장하는 단재의 필명들이다. 과연 그러한가?

삼단논법이란 두 개의 전제와 하나의 결론으로 이루어진 논증이다. 그러나 우리는 흔히 정언적 삼단논법의 오류를 범하곤 한다. 더욱이 천고에 등장하는 진공이란 인물이 단재 신채호라는 전제 자체가 오류라면 문제는 더욱 심각해진다.

2007년 6월 14일 경향신문에 의하면, 경북대 김주현 교수는 신채호가 독립신문에 진공이란 필명으로 논설 3편, 시조 1수를 기고했다고 보도했다. 김 교수는 단재는 자신이 1921년 창간한 잡지 '천고'에 진공을 비롯해 여러 필명을 사용했으며 당시 다른 사람의 필명에서 진공이란 호가 발견되지 않았기 때문에 단재가 필자일 가능성이 높다고 주장했다.

그러나 단재가 천고를 창간했다고 하는 것, 그리고 천고에 실린 진공이 단재라는 전제가 참이 아니라면 김주현의 주장은 어떻게 될까?

범재 김규홍과 단재 신채호의 인연을 기억하면 천고에 실린 글

중 일부는 단재의 작품이라고 볼 수 있다. 그러나 대부분의 작품이 단재의 작품이라는 것은 너무나 무리한 주장이라고 아니 할 수 없다. 편집인이 쓴 천고신년창간사가 범재의 작품임은 앞에서 말한 바 있다. 진공이 쓴 글 "조선독립 및 동양평화" 역시 향강 창간호에 실린 "민기", "민덕" 등 김규흥의 평소 독립운동 방략, 즉 한국과 중국의 협력에 의한 항일투쟁과 조선독립이란 주장을 비교하면, 진공은 범재 김규흥의 또 다른 필명이 틀림없다고 본다.

특히 범재 김규흥의 조카 김자중이 말하는 아래의 일화는 진공이 범재임을 더욱 확신하게 한다. 어느 출판물에 『동양론』이라는 논설을 기고하였는데 이것이 계기가 되어 일본 당국에서 김규흥을 초청하여 회담을 하였다고 한다.

그 내용 중 범재의 말은 "일본이 힘으로 팽창 동양의 제왕으로 군림하여 모든 나라를 지배하려는 야심을 버려야 한다. 지배보다는 상호 협력으로 힘을 키워서 서세(西勢)가 동점(東漸)하는 것을 막으므로 동서양 피차에 힘이 균등하여질 때 비로소 차별 없는 평화가 유지될 것이다."라고 말하자 일본 측에서는 "이미 대세는 기울어졌으며 진행 중인 팽창사업은 중단할 수 없다. 그러니 귀하가 우리(일본)에 협조하면 최상의 대우를 하여 주겠다."고 유혹하였으나 일언지하에 거절하고 결국 일본은 패망할 것이라고 당당히 말하여 회담은 결렬되었으나 일본 측은 범재를 정중히 모셔 드렸다고 하는 에피소드이다. 이 일화가 『천고』란 잡지의 내용을 전혀 모른 상황에서 전해진 것임을 생각해 보면 진공이 범재임을 밝히는 단서의 하나라고 볼 수 있다.

그 외의 사실로서, 독립신문에 진공이 기고한 1923년 9월에서

12월, 이 기간은 창조파와 개조파의 분열로 인해 국민대표회가 상처투성이로 해산된 직후이다. 창조파의 핵심이었던 단재는 국민회의 산회 후 은거를 택하며, 북경 근처 석등암(石燈庵)에서 수도승 생활을 하며 한국고대사 연구에 전념했던 때이다. 더욱이 단재는 1919년 대한민국임시정부 수립 이후 이승만이 수반을 맡는 데 반대해 척결운동을 주장하고 임정에서 탈퇴한 뒤 '독립신문'에 맞서 주간지 '신대한(新大韓)'을 창간하는 등 임정과 노선을 달리한 것으로 알려져 있었다.

이러한 점을 고려하면, 임시정부의 기관지로 알려진 독립신문에 단재가 기고했다는 발상 자체가 얼마나 무리한가를 알게 한다.

천고 제2권에 수록된 "크로포트킨의 죽음에 대한 감상"이란 글을 보면 신채호 저작설의 무리함이 더욱 드러난다. 이 글은 다른 글과 달리 글 말미에 "단기 4254년 1월 29일(양력 1921. 3. 8 밤 등불 아래에서"라고 글을 쓴 시기와 장소가 기록되어 있다. 크로포트킨이 작고한 날이 1921년 2월 8일이므로 소식을 접하자마자 쓴 것임을 알 수 있다. 일반적으로 단재가 아나키즘을 자신의 사상으로 수용한 시기를 대개 1925년 이후로 보고 있다. 반면 1921년 초기에 아나키즘과 관련된 인사로 거론된 한국인은 범재 김규홍이 유일하다. 아무래도 글의 저자는 단재보다는 범재라는 것이 보다 설득력 있다고 보인다. 한편, 천고에는 범재가 기고한 향가의 축사와 매우 흡사한 글이 실려 있다.

천고와 새해(新人)

천고가 나오고 새해가 시작되니 하늘에 한 번 울리니 (미상) 다

편해진다. 많은 악이 하늘에 창일하여 성대하고 높은 과거 역사가 장차 (미상)을 바랄 수 있는가? 정의 인도(人道)가 눈부시게 빛나는 새로운 세계가 바야흐로 출연할 것이다.

천고의 탄생은 이보다 앞서지 않으며 이보다 뒤처지지도 않는다. 고고한 소리는 온 세상에 이르러 장차 장엄하고 화려한 새로운 세계가 창조될 것인가? 장차 너(천고)를 빌려서 장래의 문명을 대대로 울릴 것인가?

해와 달이 동쪽에서 뜨면 많은 사람이 그것을 우러러 본다. 그 광채가 눈부셔서 큰 덕이 된다. 격려한 천둥이 내리치니 많은 마귀가 도망치지 않는 것이 없었다. 천둥이 울리고 폭발이 센 것은 큰 힘이 된다.

너(천고)의 행동은 해와 달인가? 격렬한 천둥인가? 치우침도 없고 기대지도 않으니 이것이 천성이고 재앙을 모아서 소탕하는 것이 이것이 천직이다.

밝게 비추어 정(正)을 크게 하니 이것이 태도이고 마음을 열고 펴서 드러내니 이것은 진실한 정성이다. 공론(公論)을 지키고 보존하니 이것이 해요, 백 번 겪어도 굴하지 않는 것이 이것이 용맹이다.

너(천고)의 귀한 임무는 진실로 무겁고 너의 앞길은 장차 멀다. 옛날 주(周)왕실이 쇠퇴하자 춘추가 지어졌고 지금 세상이 크게 어지러우니 천고(너)가 나왔다. 춘추는 왕도의 전쟁을 위한 것이고 명분의 전쟁을 위한 것이고 당시의 전쟁을 위한 것이다.

그러나 천고는 인도(人道)의 전쟁을 위한 것이고 자유의 전쟁을 위한 것이고 장래의 전쟁을 위한 것이니 즉 비교할 만한 것이 이전에도 없고 이후에도 없는 큰 분투, 큰 영광이니 누구를 위해 천고를 버리겠는가?

1921년 천고의 기원(紀元)이 아니다. 천고는 장차 매년 계속해서 억만 년의 새해를 함께 기쁨과 슬픔을 누릴 것이다.

이 글과 아래에 인용한 글을 비교해 보길 권유한다.

祝詞(凡齋)

중화민국 2년(1913년) 12월 20일에 법인 향강 잡지사가 주강유역에서 탄생하고 원노선배님들이 모여서 양고기와 술로 축하하고 이날을 경축일로 정하였도다.

너(향강)의 출생지는 중국과 서양의 문물이 모여서 교류하는 지역(향항)으로 민국의 공화제가 성립한 시기이니 하늘이 너(향강)를 낳은 것이 진실로 우연이 아니로다.

문명국화시대에 근본 정기를 잉태하고 자유 민주사상에 사물의 본체와 그 작용에 통달한 덕을 갖추고 슬기로운 안목으로 온 세계를 밝게 비추어 신령스러운 지혜가 만물에 오묘하게 나타나게 할지니라.

여론은 중도로 그 핵심을 잡고 공공의 정당한 도리를 밝혀내며 학계의 참신한 빛을 떨쳐서 대중(大衆)의 지혜(智慧) 있는 의식을 개척할지니라.

도덕의 원천을 근거로 할진대 법률을 지키고 따라서 그대로 하면 만물이 무성하여 새봄을 맞이하느니 이때에 천지가 떠들썩하고 천둥 벼락 치듯 하며 생기가 넘치기는 철철 넘쳐흐르는 강하(江河)와 같고 찬란한 것은 밤하늘의 별자리처럼 웅장(雄壯)하고 화려(華麗)함 같은 것이다.

우리 민족의 기운을 북돋아 양성하고 우리나라 운명의 진취를 독촉진대 쉼 없는 정성으로 더욱더 채찍질하여 철철 넘치는 복으로 베풀지니라.

이 모두가 너의 책임이다. 향항(香港) 잡지사(雜誌社)여!! 네 몸은 비록 작으나 네 원담(員擔)은 심히 크도다. 나는 너에게 재화(災禍)가 없고 편안한 장수(長壽)를 축원하노니 네가 그 천직을 알고 그것을 하려거든 모름지기 그 자격을 완벽하게 갖추어야 할 것으로 너의 타고난 지혜를 더욱 연마하여 넓혀 나가 고루한 습속에 묻혀 있지 말고 너의 시야를 멀리까지 환하게 하여 왜곡된 견해에 사로잡히지 말고 화평(和平)한 기상(氣象)을 견지하여서 한때의 분(憤)함과 미워하는 시샘으로 인간의 참다운 용기를 상(傷)하지 말고 입 밖에 내는 말은 바르게 곧게 함으로써 어느 한쪽이 치우치어 공사에 어긋남이 없게 하라.

반드시 공경하며 하는 일에 착오가 없도록 하며 오직 신의로써 오직 성실함으로써 행여 과시하거나 방종하지 말지니 이는 모두 네가 일상생활에서 시시각각(時時刻刻) 명심하고 받들지니라.

당초에 네가 태어날 때부터 자립은 보디 성임(性質)이요 자립심은 원동력으로 하는 것이니 자립의 뜻은 이같이 넓고도 큰 것이다.

사람으로서 자립함이 없으면 소나 말이 될 수밖에 없으며 나라가 자립함이 없으면 남의 나라 노예일 수밖에 없다.

사회의 목탁(木鐸)으로서 초연한 지위에 우뚝이 서서 너의 자립정신을 갈고닦아 모든 동포(同胞)에게 자립의 능력이 생겨나도록 도울지어다.

크도다!! 너의 책임이여!! 따라서 그 자립정신을 깊이 명심하지 않겠는가? 이상 용렬(庸劣)한 사람이 자립의 뜻을 말하며 신신당부하는도다.

번역의 문제가 좀 있을지도 모른다. 그러나 문외한의 눈으로 보아도 문체나 필자의 사상 등이 거의 대동소이함이 확인된다. 한문을 전공한 분이 글의 원문을 비교, 검토해 주었으면 하는 바람을 전한다. 최광식, 김주현 두 교수도 편견을 버리고 범재 김규홍이란 코드를 집어넣고 자신의 글들을 재검토해 주었으면 한다.

3) 진단과 천고의 역사적 의미

1920년 10월 10일 창간되어 1921년 4월 24일 제22호로 종간된 주간신문 진단은 우리나라 독립사에 대단히 중요한 신문이다. 이 신문은 첫째, 최초의 한중합작신문이며, 둘째, 임정에 치우친 독립신문이나 임정을 공격하는 신대한에 비해 중립적이며 객관적인 입장을 견지한 거의 유일한 언론이었으며, 셋째, 이데올로기에 치우치지 않는 편집 방향을 가졌다.

진단에는 창간호부터 중국의 혁명지도자와 한국의 독립지사 및 주요단체의 축하 휘호 및 축사가 지속적으로 게재되었다. 창간호에는 혁명정부 초대 총리를 역임한 당소의를 필두로 사회주의자 진독수 등과 신아동제사, 중화민국 학생연합회 등의 축화휘호가 실렸으며, 제2호엔 구국일보, 이동휘, 이시영, 장개석 등의 축하휘호가 게재되었다.

신문의 내용은 한국독립운동근세사 및 한국·중국·세계소식 등이 고정적으로 구성되어 있는데, 이러한 편집 구성은 천고와 거의 흡사하다. 그리고 신규식의 작품으로 알려진 『한국혼』이 산려와 임수산려라는 필명으로 매호 연재되었으며 한국명인전기로 박은식의 『이순신전』이 제8호부터 연재되기 시작하였다.

극히 일부이기는 하나 광고도 게재되었는데, 특히 『한국통사』가 제10호부터 마지막 호까지 광고를 하고 있음은 주목할 부분이다. 한국통사의 발간처가 동제사 편찬부이며 태백광노가 주필이었다는 사실도 이 광고를 통해 확인할 수 있다.

당소의 축하휘호

진단에는 편집 및 발행자에 대한 정보가 누락되어 있다. 이것은 천고도 마찬가지인데, 항일투쟁이 주목적인 편집 방침 때문에 어쩔 수 없는 선택으로 보인다. 한 가지 분명한 것은 진단의 발행 주체는 동제사라는 것이다. 한편 진단의 창간호에 실린 창간사는 "향후 우리의 책임"(吾人今後的責任)이란 제목으로 게재되었는데, 아쉽게도 1~3페이지 부분이 발굴이 되지 않아 정확한 필자를 알 수 없다. 김희곤 등 많은 학자들이 향후 우리의 책임의 필자를 신규식으로 단정하고 있지만, 이 문제도 범재 김규흥이란 인물을 대입해 보고 난 뒤 결론을 내려야만 할 것이다.

이렇게 중요한 자료가 지금까지 번역이 전혀 되어 있지 않고 논문 한 편 나오지 않았다는 것은 우리 후손의 직무유기라 하지 아니할 수 없다. 진단의 내용이 제대로 알려진다면 1919년 3·1운동을 전후한 우리나라의 독립운동사를 정립하는 데 획기적으로 기여하리라 확신한다. 정부 차원의 보다 적극적인 대응을 요청한다.

제3장
친일파가 다스리는
아! 대한민국

1) 이근안, 문귀동, 박처원과 노덕술 그리고 일제 파시즘의 고문

친일잔재나 친일파 청산을 이야기할 때면 늘 제기되는 질문 중 하나가 해방된 지 60년이 지났으며 지구촌 글로벌 시대에 아직도 친일파 타령이냐는 것이다. 그러나 친일잔재와 친일파의 문제는 결코 과거의 문제가 아니다. 60여 년이라는 세월이 지났지만 친일파, 그리고 일본군국파시즘의 잔재는 아직도 우리 곁에 남아 있다. 대표적인 사례의 하나가 바로 고문이다.

한국은 헌법 제12조 2항에 "모든 국민은 고문을 받지 아니하며, 형사상 자기에게 불리한 진술을 강요당하지 아니한다."고 규정하여 고문이 금지되고 있을 뿐만 아니라, 형법상 범죄를 구성한다. 즉 재판·검찰·경찰, 기타 인신구속에 관한 직무를 행하는 자 또는 이를 보조하는 자가 그 직무를 행하는 데 있어서 형사 피의자 또는 기타 사람에 대하여 폭행 또는 가혹한 행위를 하면 폭행·가혹행위죄로 5년 이하의 징역과 10년 이하의 자격정지에 처한다(125조로 규정되어 있다.).

그러나 이러한 법률과 헌법을 무시하는 이들이 분명히 있었고 지금도 일부 존재하는 것으로 믿는다. 우리는 분명히 기억하고 있다. "탁 치니 억하고 죽었다."는 1987년도 박종철 고문치사사건, 1986년에 발생한 부천서의 성고문 사건, 그리고 공개수배 후 1999년 10월 28일 자수할 때까지 10년 10개월 동안 도피가 가능했던 이근안의 예까지.

박종철 군의 고문치사 및 은폐조작사건의 박처원 치안감, 유정방 경정, 권인숙을 고문한 문귀동, 고문기술자 이근안 등이 늦게나마 처벌을 받은 것은 역사적으로 의미 있는 사건임에는 틀림없다.

하지만 그들뿐이었을까?

노덕술은 이들 고문 경찰의 원조 격이다. 1899년 울산 장생포에서 출생한 노덕술은 일제 치하에서 경시까지 오른 몇 명 안 되는 인물들 중의 한 명이다. 일본인 상점의 급사로 출발, 경남 순사 견습소를 나와 말단 경찰 생활을 시작한 노덕술, 보통학교도 졸업하지 못한 학력에 집안도 그리 좋지 못했던 그가 출세할 수 있는 길은 무엇이었을까.

노덕술은 일제시대, 동래고보 독립 시위 사건, 흑조회 김규직 고문치사 사건, 통영 M.L당 김재학 고문 사건 등에서 독립운동가를 3명이나 고문해서 죽였다. 그러나 그는 해방 이후, 경험자가 필요하다는 미군정에 의해 '수사 기술자'로, 수도청 수사과장으로 중용되었고 이후 반민특위 제3조(독립운동가나 그 가족을 살상, 박해한 자)에 해당되어 검거되었지만 1949년 6월 6일 반민특위 습격 사건 이후, 노덕술은 보석으로 출감했고 그 이후 이승만 정권의 비호 속에서 헌병대로 피신했다. 그에 대한 반민 재판은 종결되지 못했으며, 어떠한 처벌도 내려지지 않았다.

현재까지 알려졌던 노덕술의 행적은 1955년 서울 CID(육군범죄 수사단) 대장으로서의 경력이 마지막이다. 이후 잠적 및 사망으로 추정되던 노덕술의 행적은 어떻게 되었을까? 그가 1955년 헌병대를 그만둔 후 자취를 감추었다. 다시 나타난 것은 1960년 7·29선거였다.

친일·고문경찰로서 악명 높았던 그가 4·19 직후 민주화에 대한 열망이 가득했던 5대 국회의원 선거에 당당히 입후보한 것이다. 이렇게 노덕술이 국회의원 선거에 아무 거리낌 없이 출마할 수 있었듯이, 이후 친일경찰들은 이승만 정권하에서, 그리고 이후에도 권력의 중심부에 살아남을 수 있었다.

이처럼 그들에게는 '자숙'이란 애초에 존재하지 않았다. 독립운동가 이광우를 고문, 반민특위 법정에 섰던 고문경찰 하판락, <친일 반민족 행위자> 708명 중 극히 드문 생존자 중의 한 사람인 그는 지금도 자신의 과오를 인정하지 않았다. 이러한 친일경찰들이 대한민국 경찰로 옷만 갈아입는 과정에서, 미군정에서의 친일경찰 출신에 항의했던 민족주의 경찰 최능진과 같은 사람들은 파면당했으며, 이후 최능진에게 돌아온 것은 '내란음모죄' 혐의와 사형집행뿐이었다.

남영동 대공분실에서 행해졌던 물고문, 부천경찰서의 성고문 등 경찰의 고문사례를 말할 적에 우리는 흔히 노덕술을 한국경찰의 원죄라들 한다. 하지만 이 말은 한편으론 맞지만 또 한편으론 틀리다. 일본제국주의 경찰이야말로 우리나라 경찰의 원죄라고 해야만 보다 정확한 지적이다.

동제사가 편찬한 한국독립운동지혈사에는 일제가 감옥에서 통상적으로 행한 고문 사례가 25가지 예를 들어 기록되어 있다. 이 중

성고문에 대한 사례를 예로 들어 보자.10)

16. 부인들을 날마다 한 차례씩 감옥 마당에 나체로 세워 놓고 헌병들이 한 시간씩 혹독한 매질을 한다.

19. 한인 여자가 수감되면 반드시 발가벗기고 심문을 하는데, 여학생이 판결을 받을 때는 틀림없이 이미 강간·폭행을 당한 이후이다.

20. 경찰서에 잡혀 온 여학생에게는 일본 순사가 먼저 강간을 하고 나서 "네가 처녀냐? 정녀냐?"라고 묻고, 대답이 없으면 갑자기 주먹으로 여자의 배를 때린다.

24. 여자를 알몸으로 두세 시간 거울 앞에 세워 놓고 조금이라도 몸을 굽히면 심하게 때린다.

25. 여자의 옷을 다 벗겨 반듯이 눕히고 겨드랑이 털과 음모를 뽑기도 하고 고약을 녹여 여자 음부에 붙였다가 식어 굳어지면 이를 갑자기 잡아떼어 그 음모가 빠지도록 한다.

남자에 대한 성고문은 다음과 같다.

13. 몇 치 길이의 기름종이를 음경 요도 속에 집어넣어 불을 붙인다.

14. 쇠몽둥이를 불에 달궈 남자의 음경이나 젖꼭지를 지진다.

15. 헌병 등이 4면으로 둘러앉아 담배를 피우다가 담뱃불로 얼굴이나 음경을 지진다.

23. 심문받는 사람의 음경을 손으로 주물러 발기시킨 후에 가느다란 대나무 회초리로 때린다.

日帝が行った主要拷問の事例

箱による拷問

　책의 저자는 이러한 고문 사례가 석방된 사람의 증언을 기초로 작성했음을 밝히고 있다. 이 책에 물고문뿐 아니라 우리가 익히 알고 있는 고문 방법 대부분이 실려 있음은 참고 사항이다. 이러한 고문의 결과로 많은 독립지사들이 변절하며 비밀 정보를 누설하곤 했다. 설산 장덕수가 한 예이다. 철저히 베일에 감춰졌던 범재 김규흥의 흔적이 1919년 이후 여기저기 드러난 것도 마찬가지이다. 일제가 독립지사들에게 행한 고문이 우리의 경찰이 민주투사에게 행한 고문으로 되풀이되었음에 분명하다.

　청산하지 못한 과거는 되풀이될 수밖에 없다. 과거청산은 과거의 문제가 아니라 현재와 미래를 위해 현실로 이어진 과거사를 직시하고 그것과 싸우는 것이다. 우리는 분명히 친일잔재의 청산에 실패했으며, 군부독재권력에 의해 우리 사회에서 재생산되었다. 친일 잔재의 청산은 단순히 친일파의 행적을 추적하는 데 그쳐서는 안 된다. 이에 앞서 일제가 어떠한 일을 했으며 우리 독립지사들이 어떠한 고통을 받았는가에 대한 검토부터 이루어져야 한다고 믿는다. 이 문제가 해결되지 않는 한 친일문제는 언제까지나 우리의 발목을 잡을 것임에 틀림없다.

2) 일본천황에게 고함

이명박 대통령은 2009년 9월 15일 <연합뉴스> 및 <교도통신>과 한 인터뷰에서 2010년 한일 강제합병 100주년을 맞아 아키히토(明仁) 일왕 방한을 추진한다고 밝힌 바 있다. 일왕의 방한이 제대로 실현만 된다면 과거사와 전후처리 문제에 종지부를 찍는 장면이 연출될 수 있을 것 같다.

노태우 전 대통령 이래 역대 대통령은 일본을 방문할 때 마다 천황의 방한을 제안했다. 김대중 전 대통령도 적극적이어서 세 차례나 천황의 방한을 모색했다. 그러나 전제가 따라 줘야 한다. 일왕이 어떤 형태로 방한하느냐가 중요하다.

분명한 사죄와 반성 표명이 있어야 한다. 일본의 어느 진보학자가 한일합방 100년을 맞아 일왕이 방한해 명성황후 묘 앞에 엎드려 마음에 닿는 사죄를 하고 한국 민족에 대한 화해 제스처를 보여주면 어떻겠느냐는 소망을 얘기한 적이 있다. 일왕이 오려면 그런 형태가 되어야 한다. 그렇지 않으면 역효과가 난다.

지금까지 아키히토(明仁) 일왕은 한일과거사에 대하여 아래와 같이 몇 차례 입장을 표명하긴 했다. 그는 1990년 5월 노태우 대통령 방일 당시 만찬사에서 "우리나라에 의해 초래된 이 불행했던 시기에 귀국 국민들이 겪었던 고통을 생각하고 본인은 통석(痛惜)의 염(念)을 금할 수 없습니다." 그리고 1998년 10월 8일 김대중 대통령이 일본을 방문했을 때 "우리나라가 한반도의 사람들에게 큰 괴로움을 주었던 시대 …… 깊은 슬픔" 운운한 바 있다.

과연 이 정도 유감의 표현이 일본제국주의가 우리 민족에게 행한 과거에 대한 면죄부가 될 수 있을까? 1910년 한일강제합병 시의 일왕은 메이지였고 3·1운동 당시는 다이쇼가 일왕이었다. 그리고 2천만 아시아인, 3백만 일본인이 사망한 전쟁을 일으킨 장본인은 히로히토 일왕이었다. 히틀러, 무솔리니 등 서구의 전범들이 비참한 최후를 맞은 것과 달리, 천황(일왕)은 종전 후 단 한마디 사과도 하지 않고 천수를 누렸다. 그는 전범재판소에조차 회부되지 않았다.

종전 후, 미 해군복 차림의 맥아더 원수와 함께한 턱시도 차림의 히로히토

　　'일본적 마조히즘'이라는 말이 있다. 어떤 사태가 불리하게 전개
되고 따라서 머지않아 조직의 붕괴나 심각한 죄의식의 상태가 예
고될 경우 미리 '참회'하고 '자숙'하는, 심지어는 '자결'하는 방식
으로 실질적인 책임의 면제를 노리는 일본인 특유의 심리적 방어
기제를 말한다. 물론 그렇다고 일왕의 자결을 요구한다는 말은 아
니다. 아키히토(明仁) 일왕은 그의 선조들인 메이지(明治), 다이쇼
(大正), 히로히토(裕仁) 등이 한민족에게 행했던 역사적 사실에 대
하여 분명히 입장을 밝혀야 한다. 독일의 예를 들어 보자.

무릎을 꿇고 사죄하고 있는 브란트 독일 총리

　1970년 겨울, 폴란드를 방문한 독일의 빌리 브란트 총리는 겨울
비가 추적추적 내리는 가운데 바르샤바 케토 희생자 추모비에 헌
화를 하기 위해 차디찬 콘크리트 맨바닥에 무릎을 꿇었다. 나치에
의해 40여만 명이 희생된 유대인 게토지구에 세워진 추모비에 진
심 어린 용서를 구한 것이고 이 빌리 브란트의 헌화는 종전 후 25
년이 지나서야 비로소 독일에 유럽인들이 마음을 열게 된 계기가
되었다. 빌리 그란트의 진심이 유럽인들의 마음을 움직였기 때문이
다. 독일의 과거사 반성은 이에 그치지 않았다.
　제2차 세계대전 종결 40주년이었던 1985년, 독일의 대통령 바이

체커는 "독일은 과거에 저지른 범죄행위를 솔직하게 인정하고 반성해야 하며 이러한 과거사를 계속 기억해야 한다."며 과거사에 대한 반성을 다시 되새겼고 독일의 이러한 과거사 반성의 거의 연례행사처럼 이어졌다.

물론 독일이 지속적으로 과거사를 반성한다고 독일이 자행한 1·2차 세계대전의 만행이 면죄부를 받는 것은 아니다. 특히 아우슈비츠에서 자행된 유대인 대학살은 그 어떤 사과와 반성으로도 덮어질 문제가 아니다. 하지만, 지금의 독일이 세계로부터 인정을 받는 것은 과거사에 대한 진심 어린 반성을 지속적으로 보여 주고 그 잘못을 후대에까지 알려 다시는 그런 만행이 재발하지 않도록 노력하는 모습을 보여 주기 때문이다.

제2차 세계대전을 일으킨 당사국은 독일과 일본이다. 그런데 같은 전쟁을 저지른 두 당사국의 행위는 종전 후 60여 년이 지난 지금 너무나 다르다. 독일은 전쟁 발발과 유대인 학살을 여전히 반성 중이고 일본은 제2차 세계대전의 패배를 여전히 아쉬워하는 듯하다.

만약 일왕이 한국을 방문한다면 그는 구체적 사례에 대하여 반성을 표명해야 한다. 일제가 한국에 행한 만행은 독일이 폴란드 및 유대민족에게 자행한 과거보다 부족하지 않다. 정신대 문제, 히로히토 천황의 칙령으로 설립한 유일한 부대이며, 천황의 막내 동생이 그 부대의 장교로 복무하였던 731부대의 생체해부 만행, 제암리 학살을 비롯하여 3·1운동을 전후한 일제의 가혹한 탄압 등에 대하여 분명한 입장을 표명해야만 한다. 물론 독립지사들에게 행했던 탄압과 고문도 마찬가지이다.

한편, 고문 행위의 전승과 남북분단의 고착화 문제도 간과해서는 안 된다. 일제는 1912년 12월 30일 '조선 태형령'이라는 조선 사람에게만 적용되는 악법을 만들어 세계에서 가장 악랄한 고문을 할 기틀을 마련하였고, 일제의 고문방식은 친일 경찰에 의해 계승되어 해방 이후에도 민주투사 등에게 고통을 주는 등 고문공화국이라는 악명을 듣게 만들었다. 우리민족이 남북으로 분단되어 있는 현실도 절반 이상의 책임은 일본에 있다.

아울러 독립투사의 후손들에게도 사과를 해야만 한다. 친일하면 3대가 풍요롭고 독립투사는 3대가 알거지라는 말이 있다. 물론 친일파 후손이 현재 사회·경제적으로 '잘 나간다'고 해서 무턱대고 조상의 친일 '덕분'으로 돌리는 것은 무리일 것이다. 하지만 같은 시기 일제의 악랄한 탄압에 가산을 탕진하고 온갖 고초를 겪었던 독립운동가와 그 가족에 비해 친일파 후손은 선대가 만들어 준 '요람'에서 근대적 교육 기회를 충분히 누리거나 유산 상속 등으로 출발부터 남달랐다. 아직도 조상이 친일 대가로 조성해 둔 재산을 상속받기 위해 국가기관을 상대로 법정 다툼을 벌이는 경우도 많다. 오직 독립을 위해 만주에서, 연해주에서, 중국 관내에서 억울하게 혹은 외롭게 죽어 간 독립지사들과 그들의 후손들에게 일왕은 진심으로 사죄를 해야만 한다.

지금까지도 일본은 진정으로 자신들의 만행을 사죄하고 반성했다는 의지를 보여 준 적이 없다. 오히려 반성은커녕 자신들이 자행한 과거사를 왜곡 축소하기에 급급하고 있다. 진정 일본이 선진국이 되려면 독일처럼 먼저 반성하는 태도를 보여야 할 것이다. 일본 천황이 직접 무릎을 꿇고 사죄하는 자세를 보일 때 일본은 비로소 야만국이라는 굴레를 벗을 수 있을 것이다.

3) 한일협정 문서 공개는 한일 과거사 문제의 시작

2009년 9월 16일, 자민당 정권이 물러나고 전후 최초로 일본 민주당의 하토야마 유키오(鳩山由紀夫) 내각이 출범했다.

54년 만의 정권교체에 따라 과연 새로 출범한 민주당 정권이 과거 정권과 어떻게 다른지 세계인의 이목은 이제 민주당으로 향하고 있다.

한·일관계의 기본 틀은 1965년 6월 22일 조인되고 12월 18일 발효된 한일기본조약이다. 일본의 신정부는 이 조약이 남긴 법률상의 여러 뜨거운 현안을 다시 분석, 검토하여 그 문제점을 규명하여 그 대안을 모색하는 일이 무엇보다 중요함을 인식하여야 할 것이다.

한일 간의 과거사 문제는 전후 64년이 지나도록 아직 미해결 상태에 있다. 지금까지 일본정부를 상대로 한 약 20여 년간의 과거사 소송은 '한일협정'을 빌미로 모두 패소 판결되었는데, 무엇보다 궁금한 것은 한일협정 당시 거론된 문서의 내용이다.

한일합방이 적법인지 불법인지, 일본군 위안부 문제를 비롯한 중대한 인권침해 문제가 한일협정에 의해 해결이 된 것인지 등은 우선적으로 검토해야 될 사안이다.

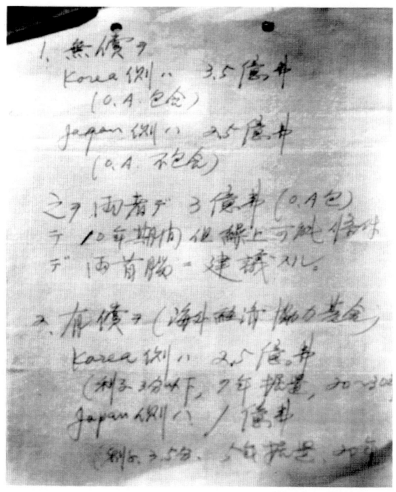

1962년 11월 12일 김종필 중앙정보부장과 오히라 일본 외무장관이 대일청구권 문제를 타결 지을 당시 작성된 김－오히라 메모의 원본

일제강점기하 강제동원 피해자 문제, 원폭 피해자 문제, 사할린 피해자 문제, 독도 문제, 약탈 문화재 반환 문제, 일제강점기 동안 항일 지사들의 피해에 대한 언급이 그 문서에 포함되어 있는지 알고 싶다.

특히 평화적인 시위자들을 고문, 학살 등으로 7,000명 이상의 인명 피해를 야기한 3·1운동 관련 피해자에 대한 사과와 피해보상 문제에 대하여 언급은 했는지 정말 궁금하다.

2002년 10월 11일, 한국에서 일제강제동원피해자 100명이 한일협정문서 공개를 요구하며 외교통상부에 대하여 제소한 이후 지금까지도 왜 문서를 공개하지 않는지 도저히 이해가 되지 않는다. 만약 1965년 한일협정으로 과거사 문제가 모두 끝났다고 하면 당시 외교문서를 공개하지 못할 이유가 없다.

새로 출범하게 된 민주당이 과거 정권과 다르다면, 어떻게 다른지를 보여 주어야 할 것이다. 한일 과거사 문제 해결의 시발점은 1965년 한일회담 문서의 전면 공개만이 해답이다.

한일회담은 일본 정부만의 문제가 아니고 우리 정부에도 책임이 있음을 알아야 한다. 아는 바와 같이 '한일협정'은 냉전 시인 1965년, 일제 침략에 대해 일체의 반성조차 없는 일본 지배세력과, 쿠데타로 정권을 잡은 한국의 군부 독재 권력이, 미국의 냉전 전략에 의해 맺은 것이다. 그러다 보니 한일협정은 일제의 식민지배에 대한 역사인식의 일치조차 보지 못한 채, 지금까지 서로 편리한 대로 각각 해석해 온 것이다.

일본의 민주당 신정부의 출범에 따라 냉전공조 시대의 한일관계 기본 틀인 한일협정을 늦었지만 재검토, 수정해야 할 시기임을 다시 지적한다.

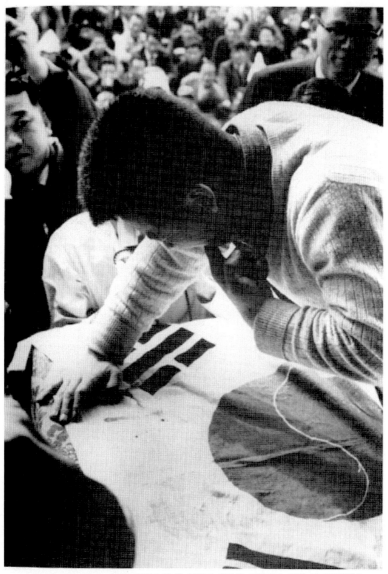

1964년 3월 26일 대일굴욕회담 반대 의사를 강력히 표현하기 위해 탑골공원에서
손가락을 깨물고 혈서를 쓰고 있는 한 대학생

4) 뉴라이트의 실체와 건국절

해방 이후 기득권층은 해방 이전의 기득권층과 크게 다르지 않다. 즉, 이승만이 정부 수립을 하는 과정에서 국민들의 지지를 받고 있는 민족주의자들과 남한 내 좌파세력을 견제하기 위하여 당시 부와 지식을 겸비했던 친일반역자들과 손을 잡게 된다. 그리고 그 후로 박정희, 전두환, 노태우, 김영삼 정권을 거치며 친일반역자들과 그 후손들은 더욱 그들의 기반을 튼튼히 하게 된다.

친일반역자들은 자신들이 살아남기 위하여 일제에 동조했었고, 또 해방 이후 반민족행위특별조사위원회(반민특위)가 결성됨으로 인해 처단될 위기에 처했으나 이승만이 이들을 끌어안음으로써 오늘까지 대한민국의 기득권층으로 남아 있게 된 계기가 되었다.

위와 같은 역사적 사실로 알 수 있듯이 우리나라의 우익(수구보수)은 친일 매국노들과 그 후손들이 대부분이며 그들의 정체를 숨기기 위하여 언제나 북한과 대립을 하였고, 항상 위급할 때마다 색깔론을 퍼뜨려서 대국민의 지지를 얻어 왔다. 지금도 색깔론이 나오는 것을 보면 참고가 되리라 본다.

그러나 80년대 들어서 5 · 18광주항쟁과 6 · 10항쟁을 거치면서 국민들이 민주주의에 대한 자각을 시작하였고 그 우익(수구보수)들이 나라를 망하게(IMF - 국가 부도) 한 후 10년 동안 진보 세력이 대권을 잡게 됨으로써 그동안 억눌리고 복종해야만 했던 국민들이 민주주의의 또 다른 모습을 보게 되었다.

여기서 '잃어버린 10년'이라는 말이 나오게 되었고, 더 이상 반공이라는 이념은 그들을 지켜 주고 숨겨 줄 수 없다고 판단하기에 이르렀으며, 그 결과 새로운 이념을 준비하고 그것을 받아들이게 된 것이 뉴라이트라는 이념이다.

자신들의 최대 약점인 과거의(현재도) '친일'과 '독재'라는 모습을 감춰 줄 수 있는 것이 뉴라이트이기에 친일반역자들과 그 후손들, 대한민국 근현대사에서 온갖 악행을 저지른 독재자의 후손들이 쌍수를 들어 환영할 수밖에 없었을 터이다.

최근 문제가 되고 있는 광복절을 건국절로 바꾸자는 움직임을 보면 그 주체에는 뉴라이트 학자들이 있다. 건국절이 언론에 처음 나온 때는 2003년 MBC100분 토론에서 서울대학교 이영훈 교수가 건국절이라는 말을 꺼냈다. 그 후, 한나라당에서 건국절로 개명하자는 의원들도 나왔었고, 최근 뉴라이트의 이념적인 지원을 받은 이명박 정권이 들어서면서 또 한 번 큰 파장을 일으키게 된 것이다.

대표적인 인사로서 뉴라이트전국연합 상임의장을 지낸 김진홍 목사의 주장을 들어 보자. 2009년 8월 17일 뉴데일리 보도에 의하면, 김 목사는 "건국절은 대한민국 국민 된 우리들에게는 감격스런 날이요, 기념할 날이지만, 공산주의자들이나 북한 노선을 따르는 사람들에게는 오히려 원망스런 날일 수밖에 없다."며 "그런 뜻에서 건국절은 자유민주주의를 국시(國是)로 하는 대한민국을 사랑하는 우리들에게는 너무나 소중한 날"이라고 말했다. 그는 "이 나라의 건국이 없었더라면 우리가 어떤 체제, 어떤 지도자 밑에서 살아가고 있을까 생각할수록 건국절의 소중함을 실감하게 된다."고 덧붙였다.

느닷없이 건국절을 지켜야 한다고 주장하는 집단들의 배경에는 대한민국 헌법을 무시하고자 하는 의도가 숨겨져 있다. 대한민국 헌법 전문은 "유구한 역사와 전통에 빛나는 우리 대한국민은 3·1

운동으로 건립된 대한민국임시정부의 법통과 불의에 항거한 4·19 민주이념을 계승하고…….”라고 시작된다. 꼭 건국절을 주장해야 한다면 상해에 처음 임시정부가 수립된 4월 11일이나 혹은 통합하여 발족한 9월 11일을 기념일로 해야만 헌법 정신에도 부합된다.

뉴라이트는 민족은 없고 정부와 국가만 강조하고 있다. 민족을 생각한다면 오히려 10월 3일 개천절을 우리 민족의 건국절로 해야만 할 것이다. 1948년 8월 15일은 남한만의 반쪽 정부인 제1공화국이 출범한 날일 따름이다.

한편 그들은 이른바 이승만 국부론, 식민지 근대화론, ‘위안부’ 자발성론, 박정희 예찬론 등을 퍼뜨리며 여론을 조작하기도 한다. 박정희의 친일 문제를 거론한 최근의 예를 하나 들겠다. 2005년 10월 아트컴에서 발간한 『김동석 이 사람』이라는 책에 대한 언론의 보도를 먼저 소개하겠다.

“김 씨는 ‘박정희와 정일권이 일본군으로 만주에 근무하다 무장해제당한 다음 귀국을 서두르다(1945년 10월) 일본 육사 교육을 받은 ‘친일 조선인’이라는 이유로 소련군에 체포됐다.’며 박 전 대통령과 얽힌 비화를 소개했다. 이송 도중 두 사람은 화물기차에서 뛰어내려 인근 산속으로 도주했고 당시 조선애국의용대 대장으로서 동포들의 귀국활동을 돕던 김 씨를 만나 안전하게 국경선을 넘어 남한으로 가도록 도와줬다는 것이다. 김 씨는 ‘한 사람은 용모가 준수하고 사교적이었고 다른 한 사람은 얼굴이 까무잡잡한데 지독하게 담배를 피우고 목소리가 카랑카랑하고 눈동자가 살아 있더라.’고 당시의 박·정 일행을 회상했다.”[12]

박정희의 친일 이력이 실린 『김동석 이 사람』의 표지

　연합뉴스의 보도에 의하면, 박정희의 친일 이력이 분명히 드러난
다. 대부분 다른 신문들도 그 내용은 대동소이하다. 하지만 한국인
이 가장 많이 보고 있는 조선일보의 경우는 같은 내용이라도 문맥
이 전혀 다르게 작성되었으며, 박정희 친일 전력은 전혀 드러나지
않게 작성되었다.

　"회고록엔 일본 패전 후 만주군이던 박정희와 정일권이 1945년 10
월 소련군에 체포돼 이송 도중 기차에서 뛰어내려 도주한 얘기도 나

온다. 두 사람은 김 씨를 만나 안전하게 귀국할 수 있었다는 것이다. 김 씨는 '한 사람(정일권)은 용모가 준수하고 사교적이었으며, 다른 한 사람(박정희)은 얼굴이 까무잡잡한데 지독하게 담배를 피우고 목소리가 카랑카랑하고 눈동자가 살아 있었다.'고 회고했다. 그러나 이에 대해선, 박 전 대통령이 소련군에 체포된 일이 없다는 반론도 있다."[13]

이 신문에 의하면, 빨갱이 소련군에 체포되었다가 극적으로 탈출하는 박정희와 정일권의 무용담 소개가 되어 버린다. 이것은 하나의 예에 불과하다. 일제강점기 시대를 거쳐 해방 이후 60여 년에 걸쳐, 수구언론들은 왜곡된 정보를 우리 국민들에게 강요해 왔던 것이다. 건국절 혹은 뉴라이트에 관한 정보도 마찬가지이다. 신문과 방송에 보도된 내용이 모두 진실이 아니라는 것을 모든 국민이 깨우쳤으면 한다.

1904년에 친일단체 일진회(一進會, 1904~1910)가 있었다. 그들은 왕실 존중, 인민의 생명과 재산 보호, 시정 개선 등을 내세워 명목상으로는 그럴 듯했지만 결국은 나라를 팔아먹은 어용 중의 어용단체로 기록되었다. 그들은 한일합병청원서를 내기도 했다. 그리고 일진회 회원들은 대부분 식민지 사회에서 영달했다.

일진회는 1910년 조선을 강점한 일제가 '집회결사엄금령'을 내림으로써 한일합병에 커다란 공을 세웠던 그해 9월 12일 10여 개 단체와 함께 강제 해산되었지만, 그 후 대정친목회(1916년), 각파유지연맹(1924년), 대동동지회(1920년) 등을 통하여 부활하여 일제의 주구노릇을 광복 때까지 지속하였다.

뉴라이트가 일진회 등 친일매국단체라고 단순히 정의하기에는 다소 무리일지도 모른다. 하지만 분명한 것은, 1912년에 창립된 동제사를 비롯하여 임시정부, 의열단, 한인애국단 등 항일애국단체들의 고통과 업적을 무시하거나 은폐하고자 하는 시도를 하고 있다는 점이 많은 보수우익단체들의 공통점임을 지적한다. 이 시점에서 뉴라이트 등 수구 보수 세력들이 왜 건국절을 들고 나왔는가에 대한 의문을 모든 국민이 가졌으면 하는 바람을 전한다.

5) 항일인명사전 제작을 요망함

2003년 12월 29일 국회 예결위의 예산조정소위는 예산조정과정에서 2002년도부터 2006년까지 5개년 계획으로 추진되고 있던 '친일인명사전' 편찬을 위한 기초자료 조사에 책정된 예산 5억 원 전부를 삭감하였다. 분노한 국민들은 국회가 삭감한 5억 원을 우리의 힘으로 모아서 국민의 힘으로 새로운 역사를 쓰자고 단결했다. 그리고 친일 반민족 행위의 진상을 규명하자는 국민의 열망은 3일 만인 1월 19일 5억 원을 단숨에 모금했다. 곧 뒤이어 7억이 모금되었고 친일인명사전의 편찬작업은 이제는 국민의 힘으로 시작되었다.

친일인명사전을 흔히들 제2의 반민특위라고 한다. 친일인명사전 이전에 반민특위가 있었다.

정부 수립 직후인 48년 9월 7일 제헌국회는 전문과 3장 32개조로 된 '반민족행위처벌법'을 통과시켰다. 이 법에 따라 출범한 반민특위(반민족행위특별조사위원회)는 49년 1월 8일 반민족행위자 1호로 화신백화점을 운영했던 친일기업인 박흥식을 체포하며 본격적인 활동에 들어갔다.

우여곡절 끝에 간행된 친일인명사전

반민특위는 박흥식에 이어 이광수, 최린을 체포하여 역사적 과제를 이루어 나가는 듯했지만 곧 친일파들의 반격이 시작됐다. 친일파들과 그들에게 의지하던 이승만은 반민특위를 눈엣가시처럼 여긴 것이다.

국내기반이 취약했던 이승만은 자신의 정권유지를 위해서는 친일파들과 손잡을 수밖에 없었다. 때문에 그는 반민특위의 권한을 약화시키는 수정안을 국회에 제출하기도 했고, 국무회의에서 체포된 친일파의 석방을 언급하기도 했다. 또한 반민특위 위원장인 김상덕 관사를 방문해 직접적인 압력을 가했다.

곧이어 색깔 공세도 이어졌다. 친일세력은 반공투사로 변신했고 반공투사인 자신들을 잡아넣는 반민특위는 공산당이라는 논리로 반민특위를 공격하기 시작했다. 결국 국회 프락치 사건이 터지며 친일청산에 적극적이던 소장파 국회의원들이 체포되는 상황이 발생했다.

특히, 악질 친일파 경찰 노덕술의 체포는 당시 친일 경찰이 다수였던 경찰의 반발을 불러일으켰다. 일제강점기 독립운동가를 체포하고 고문에 앞장섰던 친일경찰은 미군정을 등에 업고 기득권을 그대로 유지하고 있었다. 노덕술의 체포는 경찰 전체에 위기로 다가왔으며 경찰은 대대적인 반격에 나섰다.

49년 6월 6일 경찰은 반민특위 사무실을 습격해 특위소속 특경대원을 체포했다. 이 사건을 기점으로 반민특위는 힘을 잃기 시작했고 반민특위 위원장 김상덕은 계속되는 압력과 탄압에 민족적 과제였던 친일청산을 이루지 못하고 사퇴하고 말았다.

반민특위가 취급한 682건의 사건 중 실형판결이 내려진 것은 12건에 불과했다. 그중 5건은 집행유예가 선고되었고 그나마 복역 중이던 사람들도 6·25전쟁기간 동안 모두 석방되었다. 이러한 결과는 반민특위가 친일파를 청산했다기보다는 친일파에 의해 반민특위가 청산됐음을 말해 주는 것이다.

민족이 나라를 빼앗기고, 식민수탈을 받고, 제국주의 침략전쟁에 강제 동원되던 시기에 구국의 길에 섰느냐, 부일협력의 길에 섰느냐를 가려서 상을 줄 사람은 상을 주고, 죄를 줄 사람은 단죄를 하는 것은 민족국가 건설에 반드시 필요한 일이었다.

그러나 지금 이 시점, 친일청산을 하자고 하는 것은 '탈리오법칙(lex talionis)'을 적용하자는 주장은 아니다. 이 법칙은 피해자가 입은 피해와 같은 정도의 손해를 가해자에게 가한다는 보복의 법칙인데, 탈리오라고도 하며, '반좌법(反坐法)·동해보복법(同害報復法)'이라고도 번역된다. 탈리오법칙은 함무라비법전(法典)에 규정되어 있고, 성서에도 이와 유사한 것이 있는데, "생명에는 생명으로써, 눈에는 눈으로써, 이에는 이로써"라고 표현되어 있는 것이 그것이다.

그렇다고 '디케의 칼'을 적용하자는 것도 아니다. 해방된 민족국가는 당연히 독립민족국가의 건설과 동시에 과거 식민지체제의 청산이라는 과제를 수행할 수밖에 없다. 이는 프랑스의 나치 부역자 청산이나 중국에서의 한간 청산작업을 통해 확인할 수 있다. 신생 민족국가는 민족구성원의 사회적 통합 실현을 위해 가장 먼저 '역사정의의 실현'이라는 정당성 확보로부터 비롯하지 않을 수 없는 사회적 조건에서 출발하며, 이들 사회의 사회적 정의에는 역사적 정의 실현이 그 밑바탕에 놓이지 않을 수 없다

아직 그릇된 역사에 대한 심판은커녕 그 심판을 위한 진실조차 알지 못하고 지금, 친일인명사전은 그렇기 때문에 더욱 돋보인다.

이완용, 송병준은 그렇다 쳐도 서정주나 이광수 등이 어떤 행위를 했는지 모르는 이들은, 그들의 문학적 업적이 결코 작지 않으니 과실은 묻어 둘 필요가 있지 않느냐 반문하기도 한다. 또 다른 형태의 '조폭'으로까지 불리는 친일 언론들은 지금까지도 이성보다는 감정으로 한국 사회의 여론을 좌지우지하고 있지만, 적잖은 이들은 이들을 민족 언론으로 생각하고 있는 실정이다.

그러나 이미 오랜 시간이 흘렀다는 이유로, 과실 못지않게 업적

도 있으므로 아예 면죄부를 주자는 주장은 기만행위에 불과하다. 친일인명사전을 만들려는 이유는 단순히 그 후손들에게 벌을 주려는 것이 아니라, 무엇보다 기록을 남김으로써 친일 역사 청산의 기틀을 잡겠다는 데 있다. 기록은 기억을 지배하기 때문이다.

제2의 반민특위라고 불리는 친일인명사전이 2009년 11월 8일 우여곡절 끝에 간행되었지만 지금도 친일청산을 반대하는 집단은 넓고도 깊다. 그들은 고립이 두려워 떳떳하게 정면으로 나서지 않고, 국민 모두가, 그때 살았던 우리 조상 누구나 다 친일행위를 했다고 물귀신 작전을 편다. 이어 낡은 이데올로기의 무딘 칼로, 친일 청산을 요구하는 이들을 빨갱이라고 으름장을 놓기도 한다.

일제 침략자들과 합세한 친일파들이 독립운동가들을 불령선인(不逞鮮人: 불온하고 불량한 조선인)이라고 지목했던 수법 그대로다.

한편 친일인명사전에 수록된 명단을 놓고 지금도 논란이 끊이지 않고 있다. 실제 몇몇 인물들이 명단에서 제외되어 당초 4,776명에서 약 350명 줄어든 4,430명 내외로 결정됐다고 민족문제연구소와 친일인명사전편찬위원회는 밝힌 바 있다.

수록 대상 인사들의 유족이 제기한 이의신청 처리, 발행금지가처분 소송 대응 등이 모두 그르다는 것은 아니다. 어쩌면 이러한 과정을 거쳐야만 친일인명사전의 역사적 의의가 더욱 확실하게 정립될지도 모르겠다. 그러나 두려운 것은, 권력과 금력 혹은 이데올로기, 인과관계 등에 의해 작용될지도 모르는 힘의 논리이다. 이것은 좌파로 분류되는 인물들의 친일 행위도 예외 없이 철저하게 분석, 검토해야 한다는 뜻을 포함한다.

필자 개인의 견해로 친일행위와 독립운동 전력을 구분하자고 건

의하고 싶다. 이광수의 예를 들면 그가 상해 임시정부를 떠나 일제
강점기 후반에 친일행위를 한 사실은 분명하다. 반면 그가 2·8독
립선언서에 서명한 도쿄 유학생 대표 11인 중 한 명이었으며, 동제
사의 하부 기관이었던 신한청년당의 당원이었고 독립신문의 초대
사장으로 독립운동에 기여했음도 사실이다.

여기서 항일인명사전의 필요성이 제기된다. 항일인명사전에는 후일
친일파로 변절했다고 하더라도 그가 항일운동에 참여했다면 그것은
그것대로 정확한 기록을 남기자는 것이다. 항일인명사전에 기록된 내
용과 친일인명사전의 내용을 비교하여 그가 왜 훼절했는가 하는 이유
를 우리 후손이 정확하게 판단할 근거를 마련하자는 것이다.

정말 이해가 되지 않는 사실이 하나 있다. 친일인명사전에 수록
된 내용에 대해선 법정투쟁을 비롯하여 온갖 시비가 끊이질 않는
데, 정작 우리 후손들에게 귀감이 되는 독립운동지사의 행적에 대
해선 관심이 없는 현실이다. 그러다 보니 교과서를 비롯하여 수많
은 논문, 책자에 실린 내용이 과장, 왜곡되어도 어느 누구 이의를
제기하는 사람이 없다. 항일인명사전이 필요한 두 번째 이유이다.

한 가지 예를 들어 보자. 독자 여러분은 3·1운동의 주인공을 누
구라고 생각하는가? 독립선언서에 서명한 소위 민족대표 33인? 33
인의 대표자로 알려진 손병희? 아니면 유관순 누나?

대부분 우리들은 오해하고 있거나 모르고 있다. 이 책의 전반부
에서 밝힌 바 있지만, 3·1운동은 치밀하게 기획된 동제사의 작품
이며 그 동제사의 배후에는 범재 김규흥이 있었다.

이러한 역사적 사실을 정확하게 고증하여 항일인명사전에 수록
하자는 뜻이다. 우리가 상식으로 알고 있는 내용이 진실인가 오류

인가를 밝혀내고, 숨겨졌거나 잊힌 사실은 그늘에서 양지로 이동해야만 한다.

혹자는 건국훈장이 그 역할을 하고 있지 않는가 하고 필자의 주장을 평가 절하하는 이들도 있을 터이다. 건국훈장(建國勳章)은 대한민국의 건국에 공로가 뚜렷하거나, 국기를 공고히 함에 기여한 공적이 뚜렷한 자에게 정부가 수여하는 훈장이다. 건국훈장은 대한민국장, 대통령장, 독립장, 애국장, 애족장과 대통령 표창으로 나뉘어 포장하고 있는데, 국가보훈처 홈페이지를 방문하면 확인할 수 있다. 2009년 10월 현재 총 10,126명의 독립지사들이 수록되어 있다.

문제는, 6등급으로 분류된 훈격의 공훈 기준이 너무나 모호하고 작위적인 데 있다. 또 같은 사안이라도 사람에 따라 천차만별의 내용으로 기록되어 있는 것이 현실이다. 제1부에서 지적했지만, 현재 건국훈장 특히 1등급은 다시 조정되어야 한다. 그리고 친일파로 밝혀진 이들의 상훈은 당연히 취소되어야만 한다. 대신 친일인사들의 과거 공훈은 항일인명사전에 수록할 것을 건의한다.

항일인명사전이 발간되면 친일인명사전과 짝을 이루어 "민족의 영웅과 반민족행위자 인명사전" 정도로 명칭을 정해 합본으로 출간하는 것도 생각해 봄직하다. 책의 전반부에는 민족의 영웅에 관한 자료를, 다른 한쪽에는 반민족행위자들의 내용으로 편찬하여 민족정신을 되새기고 개인의 삶을 희생한 애국지사들의 일대기를 같이 보며 다음페이지의 친일부역자들의 행위를 함께 비교하여 읽을 수 있다면, 이 인명사전은 여러 면에서 우리 후손들의 역사교육과 민족정신함양에 큰 기여를 하지 않을까 생각해 본다. 항일인명사전의 발간에 정부를 비롯한 국민 모두의 힘이 모아지길 기대한다.

맺음말

돌아온 임정요인들. 왼쪽에서 세 번째가 법무위원이었던 이시영, 다음이 주석 김구, 부주석 김규식, 외무부장 조소앙, 내무부장 신익희 순이다. 대부분 동제사 및 김규흥과 관련이 있는 인물들이다.

근·현대사의 탁월한 사상가요, 지조인으로 알려진 함석헌 옹은 『뜻으로 본 한국사』에서 "종이 될 때 별로 반항도 못 하고 되었던 것같이 놓일 때도 아무 힘 쓴 것 없이 갑자기 뜻밖에 놓였다."고 말하고 있다. 준비 없이 국권을 침탈당하고, 준비 없이 되찾은 해방을 받은 부끄러운 역사를 지적한 함석헌 선생의 질타는 대부분 맞다.

하지만 외세에 의해 국권을 침탈당하고 외세에 의해 해방이 되었다는 주장은 한편으론 오해임을 지적한다. 1905년 을사늑약과

1910년 경술국치 등을 성사시켜 국가의 권리를 포기한 자들은 소위 위정자들이었으며, 1945년 해방 당시 미국이라는 외세의 등을 없고 남한에 이승만 독재정권을 그리고 소련의 힘을 얻어 김일성 독재정권을 수립한 이들 역시 정치인들이었다.

우리는 분명히 기억해야만 한다. 한민족 차원에서 국권 침탈을 승인한 적은 전혀 없었으며 분단 역시 우리 민족이 결코 원하지 않았던 강대국의 횡포였다. 도대체 우리에게 8·15란 무엇인가?

제국주의 일본의 식민통치에서 해방된 것은 틀림없었으나 해방의 날이라고 하는 바로 8월 15일을 계기로 국토가 분단되어 남에는 미국이, 북에는 소련군이 진주하여 국토와 민족의 분열이 시작되었고 이 분열로 말미암아 6·25라는 민족사상 일찍이 볼 수 없었던 동족상잔을 빚고 그 후 60여 년간 남·북 간의 대립은 날로 심화되어 엄청난 파괴력을 가진 막강한 군사력으로 언제 또 6·25보다 더 파괴적인 동족상잔이 빚어질지 모르는 불안하고 긴장된 상태가 지속되고 있다. 이 통에 민주주의는 시련을 겪고 민족의 에너지는 그 대부분이 동족상잔을 위한 새로운 군사력을 위해 소모되고 있는 가운데 지루하고 암담한 하루하루를 보내고 있는 것이 이른바 '해방된' 우리 민족의 현실이다.

위정자들이 민족에게 고통과 한을 안겨 준 반면, 민중들은 결코 좌절하지 않았다. 일제강점기하에선 세계사적으로 유래가 없는 3·1운동을 성사시켰으며 그 후에도 의열단, 독립군 등을 통한 항일무력투쟁을 끊임없이 지속하였다.

게다가 공화주의에 입각한 임시정부를 수립함으로써 왕당파와 공화파의 권력투쟁을 원천적으로 봉쇄한 것도 독립지사들의 지대한 공로이다. 독립투사들의 이러한 민족혼은 훗날 4·19혁명, 6·10항쟁, 촛불시위 등으로 면면히 이어져 오고 있다.

정치인을 비롯한 기득권층들이 친일, 친소, 친미 등 외세를 업고 민족에게 고통을 강요하고 있을 때, 민초들은 한국혼을 지키는 데 서슴지 않았다는 뜻이다.

흔히들 민주투사가 정치인으로 변신하고 난 후의 변절을 지적하곤 한다. 이것은 독립투사도 예외가 아닌 듯싶다. 이 점 범재 김규흥의 일생은 큰 귀감이 된다.

그는 대한자강회의 활동에 참가함으로써 국민계몽활동에 눈을 뜨기 시작했다. 고향 옥천에 학교를 세우고, 고종의 비자금으로 무관학교를 세우고자 했으며, 동제사를 통하여 박달학원을 설립했다. 그리고 향강, 진단, 천고 등의 잡지, 신문 등을 발간했다. 이러한 교육, 언론 활동은 대한자강회의 설립 이념과 무관하지 않다.

그는 신아동제사, 동제사, 신한청년당, 의열단, 북경군사통일회, 북경흥화실업은행, 노병회 등을 직접 설립하거나 배후에서 지원함으로써 중국 관내의 실질적인 독립운동에 지대한 영향을 끼쳤다.

또한 3·1운동의 기획자로서 대동단결선언을 비롯한 각종 독립선언서의 발표와 김규식의 파리강화회의 참가, 임시정부수립의 기반확립 등을 지휘했음도 분명하다. 특히 3·1운동 이후 일제의 조선군참모부(朝鮮軍參謀部)가 작성한

上海方面 排日鮮人의 行動(발송일 1919/08/14)

鮮內外 一般狀況(8月 1日~8月 31日, 발송일 1919/09/06)

上海方面의 情況(발송일 1919/09/30)

鮮內外 一般 情況(1919/11/1~11/30, 발송일 1919/12/03),

등의 문서를 확인하면 주요인물에 김복이 빠짐없이 등장하며 관련 장소로 상해, 북만주, 샌프란시스코, 하와이 등이 기록되어 있다는 것을 알 수 있다.

이것은 3·1운동이 조선 국내만의 사건이 아니라 범세계적인 사건으로서 범재 김규흥이 깊숙이 관련되어 있다고 일제가 파악했었다는 것을 보여 준다.

한편 범재 김규흥은 중국의 신해혁명 이전부터 대만의 부통령을 역임했던 구봉갑, 신해혁명의 주역 진형명, 추노 등과 인연을 맺었는데, 범재의 이러한 인맥은 그 후 중국에 망명한 신규식, 박은식 등 한인애국지사들이 중국혁명지사들과 교류하는 데 결정적 역할을 한 것으로 보인다.

이러한 활동 내역을 보면, 한민족의 독립투쟁 역사에서 범재 김규흥만큼 오랜 기간, 그리고 절대적인 영향을 끼친 독립운동가는 단연코 없다고 해도 과언이 아니다.

그러나 그는 1911년 샌프란시스코 대한국민회에 보낸 편지에서 밝힌 바와 같이 결코 전면에 나서지 않고 신규식, 박은식, 김규식, 신채호, 박용만, 김구 등의 대리인을 내세워 민족의 독립을 위해 끝까지 헌신하기만 했다.

김규흥이 최소한의 명예욕도 없었다는 증거의 하나로 도산 안창호가 범재 김규흥에게 임시정부총리대리직을 권유했을 때 일언지하로 거절했던 일화가 참고가 될 듯하다.

1945년 11월 23일, '중경 임시정부'의 주석 김구, 부주석 김규식 등 15명이 먼저 돌아오고, 12월 2일, 외무부장 조소앙, 의정원장 홍진 등이 귀국했다. '임시정부'는 귀환을 위해 중국과 미국의 협상을 하는 과정에서 미군정이 개인자격으로 입국을 요구했기 때문에 더욱 늦어졌다. 그러나 비록 개인자격만 가졌다 하더라도 이들의 귀국으로, '중경 임시정부'는 정치세력의 통일운동의 중심에 놓이게 되었다.

김구, 이시영, 김규식, 조소앙, 신익희 등 앞에 소개한 사진에 등장하는 대부분의 임정요인들은 동제사 혹은 신한청년당 출신으로서 범재 김규흥과 각별한 인연을 맺은 사람들이다. 하지만 이들은 김규흥이란 영웅을 우리 민족에게 알릴 기회를 놓쳐 버렸다.

신규식, 박용만 등 김규흥의 대리인 역할을 했던 이들이 해방 공간에 생존했더라면 좀 더 일찍 범재 김규흥의 공과가 드러났을 것으로 믿는다. 좌·우 이념 대립이 없었더라면 조소앙, 여운형, 김원봉 등이 김규흥의 업적에 대한 규명에 앞장섰을지도 모르겠다.

많은 세월이 흘렀다. 범재 김규흥 본인이 원했든 원하지 않았든 이제 우리 후손들은 그를 양지로 나오게 해야 한다. 더 늦기 전에, 향후의 민족 역사와 민족혼의 올바른 정립을 위해 범재 김규흥에 대한 역사적 평가가 이루어져야 한다고 믿는다. 이 책이 그 계기가 되었으면 하는 바람이다.

[주석]

제1부

1) 제헌의회 제2독회 속기록 341쪽
2) 제헌의회 제2독회 속기록 650쪽
3) 한국독립선언서연구, 김소진, 국학자료원, p.67
4) 연합뉴스 2009년 2월 26일자 보도
5) 중학교 국사 교과서 p.235
6) 같은 교과서 p.270
7) 고등학교 한국근·현대사, 금성출판사, p.170
8) 같은 교과서 p.171
9) 한국 기독교의 영웅신화 만들기 속뜻은? 종교법인법제정추진시민연대 홈페이지 이
   드칼럼에서 발췌
10) 조선일보 2005년 2월 28일자 A4면

제2부 제1장

1) 두산백과사전, 신규식 인물 요약
2) 독립운동가열전, 재발견한국독립운동사 Ⅳ, 한국일보사편(신승하), 52~58쪽
3) 대종교의 인물소개, 임시정부의 아버지 '한국혼'의 저자 - 예관 신규식 선생
4) 부산일보 2004 - 12 - 08
5) 한국의 얼, 1955, 민석린 편저, 공보실 발행, p.147~151 참조
6) 신규식 시문집, 한국문화사, p.78, 79 참조
7) 실록 대한민국임시정부, 조선일보 2005. 03. 01 참조
8) 도야공에게, 신규식 시문집, 한국문화사, p.84~85 참조
9) 새로난 손녀, 범재 공이 모친에게 보낸 친필 편지
10) 진원은 자녀 삼남매 낳다, 범재 공이 모친에게 보낸 친필 편지
11) 청풍김씨 가승(家乘) 행장(行狀)
12) 1911년 샌프란시스코 대한국민회에 보낸 범재 공의 편지
13) 축사, 범재, 향강 창간호 1쪽

제2부 제2장

14) 동아일보 2006 - 02 - 02
15) 백암선생 홍콩에서 민족잡지 발간, YTN, 2006 - 03 - 04

16) 백암이 도산에게 보낸 친필 편지

17) 民德, 향강 창간호, 31쪽

18) 民氣, 향강 창간호, 26쪽

제2부 제3장

19) 이기형, 여운형평전, 실천문학사, p.83~85

20) 국회도서관편, 한국민족운동사료 중국편 20 - 21페이지 참조

21) 이현희, 조동호항일투쟁사, 1992, 청아출판사, p.98~99에서 재인용, 원전은 장덕
   수회고록 p.102

22) 국회도서관편, 한국민족운동사료 중국편 20 - 21페이지 참조

23) 정원택, 지산외유일지 1919년 1월 21일

24) 도올이 본 독립운동사, '데일리 서프라이즈' 2005 - 08 - 21 참조 인용

제2부 제4장

25) 韓國民族運動史料(國會圖書館)(中國篇) 188, 192面 確認, 歐洲의 우리 事業(파리통
   신국편찬 1920년) 17, 18面 독립운동사료(국가보훈처) 미국편 ⑦ 240, 241面>確認

26) 항일독립투쟁과 좌우합작, 우사연구회, 2000, 도서출판 한울, p.61

27) [高等警察要史(慶北警察部) 130面 確認]
   [國民代表會에 關한 報告文書(조선총독부 경무국, 1926, 3月) 도산 안창호 자료
   집(국회도서관, 1997년) 136쪽

28) 임시정부파리위원회, 「구주에서의 우리 활동」, '신동아' 1967년 6월호

29) 여운형노트, 학민사, 1994, 몽양연구소, p.137~138 재인용

30) 항일독립투쟁과 좌우합작, 우사연구회, 2000, 도서출판 한울, p.52

31) 몽양 여운형 선생의 독립 투쟁, 신용하, 여운형노트, 학민사, 1994, 몽양연구소, p.205

제2부 제5장

32) 이상 조선일보, 2009년 2월 14일자 기사 참조

33) 한국민족운동과 민족문제, 한국민족운동사연구회, 국학자료원, p.116~117

34) 조소앙, 「자전」(1943. 4)『소앙선생문집』하, 157쪽

35) 조항래, 「무오대한독립선언서의 발표 경위와 그 의의에 관한 검토」『무오대한독립선언
   서 선포 제72주년 기념식 및 학술심포지움』, 1991. 1. 30. 삼균학회, 19쪽에서 재인용

36) 조소앙, 「3·1운동과 나」(1946. 2)『소앙선생문집』하, 67~68쪽

37) 무오독립선언서의 역사적 의의, 김동환, 『국학연구 2집』국학연구소, 1988.

38) 홍선표, 해제 미주한인 민족운동자료 15~16쪽 참조

39) 이상 한국민족운동과 민족문제, 국학자료원, 131쪽 참조

40) 이상 한국민족운동과 민족문제, 국학자료원, 121쪽 참조

제2부 제6장

41) 한시준, 단국대, '중국 관내 독립운동과 신문잡지' 논문 참조; 이하의 글도 동일하게 참조함

42) 이상 브리태니커 및 네이버 백과사전에서 발췌

43) 1914년 1월 7일, 박은식이 안창호에게 보낸 편지 참조

44) 국회도서관, 독립운동사편찬위원회, <독립운동사자료집>(3 · 1운동편 基一), p.952

45) 범재와 독립운동, 김한영, 도서출판 서울정판, 2002, p.30

46) 소정, 장개석, 김구 그리고 나(월간조선) 1985년 1월호, p.419

47) 재발견 한국독립운동사 제2편 중국본토에서의 투쟁, 한국일보사, 1988, 중국의 임정지원(이현희)

48) 이상 중국관내 한국독립운동단체연구, 김희곤, 지식산업사, 1995, p.56 참조

49) 상기 인용 책 p.56 참조

50) 진형명, 추노, 두 중국의 기원(서해역사책방 16), 서해문집, 전동현, p.367 참조

51) 극강(황흥)을 애도하며, 신규식 시문집, 한국문화사, p.151

제3부 제1장

1) 흥국은행 창립, 독립신문 1919년 11월 15일

2) 박용만, 『大韓民國 獨立有功者 功勳錄』第12卷, 國家報勳處, 1996年, pp.633~638.

3) 김규홍, 국가보훈처 독립유공자 공훈록, 1998

4) 범재 공이 샌프란시스코 대한국민회에 보낸 편지 중 일부 발췌

5) '청풍김씨가승'

6) 도산안창호전집 제4권 일기, 도산안창호선생기념사업회, p.953~954 참조

7) 이상 고등경찰요사(경북경찰부) 224面에서 일부 발췌

8) 오의선, 大韓民國 獨立有功者 功勳錄』第5卷, 國家報勳處, 1988年, pp.670~671

9) 독립신문, 盛히 流布되는 韓中俄關係의 種種說, 1920 - 05 - 22에서 일부 발췌

10) 독립신문, 金復氏의 曖昧, 1922 - 10 - 30

11) 김창숙, 出典:『大韓民國 獨立有功者 功勳錄』第5卷, 國家報勳處, 1988年, pp.533~537

12) 이회영, 이상 브리태니카 백과사전에서 발췌

13) 박용만, 出典:『大韓民國 獨立有功者 功勳錄』第12卷, 國家報勳處, 1996年, pp.633~638

14) 신채호, 出典:『大韓民國 獨立有功者 功勳錄』第1卷, 國家報勳處, 1986年, pp.157~160

15) 김구, 出典:『大韓民國 獨立有功者 功勳錄』第5卷, 國家報勳處, 1988年, pp.544~549

제3부 제2장

16) 도산안창호전집 제4권 일기, 도산안창호선생기념사업회, p.953~954 참조

17) 윤병석, 1993, '1910년대 연해주지방에서의 한국독립운동' 일조각 p.206~211 참조

18) [朝鮮獨立運動(金正明) 第一卷 分冊 65面 確認], 朝鮮內外의 일반상황보고의 건
    (1919. 9. 6)—8月 1日~8月 3日 鮮內外 一般의 狀況—

19) 이상 고등경찰 제19698호, 국외정보, 상해 임시정부와 철혈단(鐵血團)에 관한 건
    (상해 파견원 보고 요지), 6월 25일 고등경찰 제18198호 소보(所報)에서 발췌 인용

20) 독립운동사편찬위원회, 대한민국임시의정원기사록 p.39 참조

21) 신규식 민필호와 한중관계, 나남출판, 2003, 대한민국 임시정부와 신규식, 김희곤 p.59

22) 이상 한국의 얼, 공보실, 1955, p.170~172 참조 인용

23) 日軍 제암리 만행 조작…… 당시 사령관 일기 발견, 동아일보, 2007. 3. 1

24) 이상 성주현, 제암리 학살사건에 대한 재조명 참조 인용

25) 독립신문, 1922 - 03 - 31, 三十一 虐殺과 殘害

26) 한국독립운동지혈사, 박은식, 소명출판, p.394~395

27) 의열단, 네이버 백과사전

28) 의열단, 위키백과

29) 재중국 조선인(在支鮮人)의 행동에 관한 건[高秘 제24668호, 1923. 8. 9](『日本外
    交史料館資料』)

30) 김창수, 경원대 한국사 교수의 논문 <의열단의 결성배경과 활동>

31) 김성동, [현대사 아리랑]의열단 의백 김원봉

32) 고등경찰요사(경북경찰부) 232쪽

33) 이상 고등경찰요사(경북경찰부) 224面에서 일부 발췌

34) 上海方面의 狀況[朝特報 제41호, 1919. 9. 6](『韓國民族運動史料』3・1운동편 2)

35) 鮮內一般의 情況(上海方面)[朝特報 제57호, 1919. 10. 9](『韓國民族運動史料』
    3・1운동편)

36) 도산일기 1920년 7월 9일

37) 독립신문, 盛히 流布되는 韓中俄關係의 種種說, 1920 - 05 - 22에서 일부 발췌

38) 독립신문, 金復氏의 曖昧, 1922 - 10 - 30

39) 조선혁명선언, 네이버백과사전

40) 조선혁명선언, 브리태니커백과

41) 조선혁명선언, 위키백과

42) 臨時政府臨時憲法改正起草姜員會 組織의 件[1923년 7월 12일자로 在上海總領
    事가 外務大臣에 報告한 要旨](『韓國民族運動史料』中國篇)

43) 出典:『大韓民國 獨立有功者 功勳錄』第12卷, 國家報勳處, 1996年, p.572

44) 시일에 우방성대곡 필자는 신채호 아닌 박은식, 연합뉴스, 2007. 01. 29

45) 한국공산주의운동사(韓國共産主義運動史) 1, 402面 참조

46) 이상 문서철명 不逞團關係雜件 - 朝鮮人의 部 - 鮮人과 過激派(5) 문서번호 關機

高收 제16016호 참조

47) 독립신문, 盛히 流布되는 韓中俄關係의 種種説, 1920 – 05 – 22에서 일부 발췌

48) 상해 남경 광동지방 불령(不逞)조선인의 근황, 조선총독부경무국, 대정15년(1926년) 3월 참조

49) 문서철명 不逞團關係雜件—朝鮮人의 部—鮮人과 過激派(5)/문서제목 北京에서의 鮮 人團體의 組織에 관한 狀況/문서번호 關機高收 제16016호/발송자 關東廳 警務局/발 송일 1923년 11월 01일/수신자 拓殖事務局長 등/수신일 1923년 11월 07일 참조

50) 이상 백범 기념 사업회 자료 참조 인용

51) 출처, 北美와 하와이지방 不逞조선인의 상황[1926. 3](『島山安昌浩資料集』)

52) 박영석, 국사편찬위원회위원장, 우성 박용만, 독립운동가열전, 한국일보사, 1989, p.196

53) 국외용의조선인명부(조선총독부), 63面

54) 出典:『大韓民國 獨立有功者 功勳錄』第5卷, 國家報勳處, 1988年, pp.533～537

55) 박태원, 약산과 의열단, 백양당, 1947, 180～182쪽

56) 동아일보, 1928년 19월 26일

57) 박영석, 국사편찬위원회위원장, 우성 박용만, 독립운동가열전, 한국일보사, 1989, p.196

58) 在支朝鮮人ノ行動ニ關スル件[高秘 제24668호, 1923. 8. 9](『日本外交史料館資料』)

제4부

1) 김규흥사건, 국민보, 1951 – 05 – 23

2) 역대인물편, 옥천지, 고향문화사 및 황성신문, 1901년 11월 23일자 3면 참조

3) 대한자강회월보 제2호(1906년 08월 25일) 회원명부 참조

4) 김규흥사건, 국민보, 1951 – 05 – 23

5) 신채호, 出典:『大韓民國 獨立有功者 功勳錄』第1卷, 國家報勳處, 1986年, pp.157～160

6) 김창숙, 出典:『大韓民國 獨立有功者 功勳錄』第5卷, 國家報勳處, 1988年, pp.533～537

7) 원세훈, 出典:『大韓民國 獨立有功者 功勳錄』第8卷, 國家報勳處, 1990年, pp.439～441

8) 김정묵, 出典:『大韓民國 獨立有功者 功勳錄』第5卷, 國家報勳處, 1988年, pp.527～529

9) 단재 신채호의 천고, 최광식 역주, 2004, 아연출판부, p.23

10) 이하 한국독립운동지혈사, 소명출판, 2008, p.260～262 참조

12) 연합뉴스, 2005. 10. 24

13) 조선일보, 2005. 10. 23

김상철 ─────

　지은이 김상철은 1950년 충북 옥천에서 출생하여 현재 뉴욕에서 거주하고 있다. 수년 전부터 증조할아버지인 범재 김규흥 공의 업적에 관심을 갖고 숨겨진 혹은 잊혀진 자료발굴에 힘을 쓰던 중, 범재 공을 조명하는 것이 한국독립운동사를 재정립하는 것이라는 확신을 갖게 되었다. 현재 범재기념사업회 추진위원장 겸 임시 회장을 맡고 있다.

김상구 ─────

　지은이 김상구는 종교인의 소득세 납부, 명의신탁 등 종교계의 전반적인 문제 해결을 위해 종교법인법 제정의 필요성을 촉구하는 시민운동을 하고 있다. 특히 근·현대사를 왜곡시키고 있는 영웅 만들기 과정에 관심이 많으며 그 진실을 찾는 작업에 매진하고 있다.

범재 김규흥과 3.1혁명

초판인쇄 | 2010년 2월 19일
초판발행 | 2010년 2월 19일

지은이 | 김상철, 김상구
펴낸이 | 채종준
펴낸곳 | 한국학술정보㈜
주　소 | 경기도 파주시 교하읍 문발리 파주출판문화정보산업단지 513-5
전　화 | 031) 908-3181(대표)
팩　스 | 031) 908-3189
홈페이지 | http://www.kstudy.com
E-mail | 출판사업부　publish@kstudy.com
등　록 | 제일산-115호(2000. 6. 19)

ISBN　　978-89-268-0824-5　03910 (Paper Book)
　　　　978-89-268-0825-2　08910 (e-Book)

이담 books 는 한국학술정보(주)의 지식실용서 브랜드입니다.